# 다시
# 시월
# 1979

# 다시 시월 1979

10·16 부마항쟁연구소 엮음

산지니

정성길, 〈10월 16일의 부산대학생들〉, 캔버스에 유채, 162×130cm, 2019.

정성길, 〈유신철폐, 독재타도〉, 캔버스에 유채, 130×162cm, 2019.

정성길, 〈계엄군의 만행〉, 캔버스에 유채, 130×162cm, 2019.

정성길, 〈물고문〉, 캔버스에 유채, 130×162cm, 2019.

정성길, 〈마산의 부마항쟁〉, 캔버스에 유채, 162×130cm, 2019.

정성길, 〈계엄군에 포박된 시민〉, 캔버스에 유채, 162×130cm, 2019.

정성길, 〈선언문 작업〉, 캔버스에 유채, 162×130cm, 2019.

정성길, 〈시위대를 포위하는 계엄군〉, 캔버스에 유채, 162×130cm, 2019.
정성길, 〈유신의 종말〉, 캔버스에 유채, 162×130cm, 2019.

**정성길 화백**

1941년 진주 출생

현 10·16부마항쟁연구소 고문

민족문제연구소 부산지회 고문

배고파서 못살겠다 먹을것을 달라
민주선언문
유신철

곽영화, 〈부마항쟁도〉, 캔버스에 아크릴, 110×47cm, 2019.

**발간사**

# 부산 시민과 청년 학생들에게 바치는 진실의 노래

이 책은 부마민주항쟁 주역들의 목소리를 담은 기록입니다. 부마항쟁 주역들이 한자리에 모여 그날의 사건과 진실을 밝히는 작업은 이번이 처음입니다. 꼭 40년 만입니다. 그래서 이 책은 40년간 묻어둔 그들만의 절절한 사연이 있습니다. 솔직하고 꾸밈없는 이야기를 담고 있습니다.

20대 초, 지극히 평범하고 순수했던 청년들이 자신의 인생을 걸고 투쟁의 길로 나선 그 과정은 한 편의 드라마입니다. 시대가 불렀습니다. 외면하지 않았습니다. 멀고 험한 길이었지만 피하지 않고 우직하게 그 길을 갔습니다.

"내가 감당할 수 있을까?"

물론 흔들리기도 했습니다. 하지만 무엇인가 해야 했고 청년들이 먼저 불을 지펴야 했습니다. 시대적 상황이 청년들에게 요구를 했습니다. 화약고와 같았던 청년들은 기꺼이 불을 지폈습니다. 유신독재와 민주화 탄압, 경제 불평등과 빈부 격차의 심화, 표현의 자유 억압 등 시대는 암울했고 국민의 좌절감은 커져갔습니다.

청년들이 나서자 시민들이 호응하고 동참했습니다. 경찰에 쫓기는 학생과 청년들을 일반 시민이 나서서 숨겨주고 막아주고 음식

물을 제공했습니다. 박수를 치며 열렬히 격려해주었습니다. 직접 동참해 시위대열의 전면에 나서기도 했습니다.

부마민주항쟁은 청년 학생이 앞에서 끌고 시민이 뒤에서 밀어준 청년 학생 시민의 합작품, 민주화 투쟁의 완벽한 오케스트라였습니다.

그러나 대가는 컸습니다. 경찰에 잡혀간 학생과 무고한 시민은 모진 고문과 구타 협박에 시달렸고 죽음의 문턱에까지 간 사람도 많습니다. 사건 조작으로 단순 참가자나 구경꾼이 방화 주범, 시위 주범으로 몰려 고초를 겪기도 했습니다.

이들은 독재정권의 탄압 시나리오에 걸려든 연약한 희생양에 불과했습니다. 용공 불순 세력, 재야인사의 사주, 체제 전복 세력 등은 이들에게 따라다니는 수식어였습니다.

박정희 유신체제 붕괴 이후에도 연장되어온 전두환, 노태우 군부정권에서도 이들은 감시의 대상이었습니다. 고문의 후유증으로 병마와도 싸워야 했습니다. 정상적인 사회생활도 어려웠습니다. 이들의 아픔은 현재진행형입니다.

다행히 40년 만인 올해 '10.16부마민주항쟁'은 국가기념일로 지정을 받게 됐습니다. 비로소 4.19혁명과 5.18광주민주화운동, 6.10민주항쟁과 함께 4대 민주화운동으로 자리매김하게 된 것입니다.

하지만 갈 길이 멉니다. 진상규명은 여전히 답보 상태고 부마항쟁 희생자에 대한 보상과 치료도 걸음마 단계입니다. 기념사업 또한 지지부진합니다. 많은 연구가 뒤따라야 하고 후대에 자랑스러운 민주화 역사의 산교육으로 활용돼야 합니다. 40년의 단절을

극복하고 그 항거 정신을 높이 기려야 합니다.

부마항쟁을 주도한 20대 열혈청년들은 이제 60대가 되었습니다. 더 늦기 전에 이들에 대한 정당한 평가와 보상이 있어야 합니다. 늦었지만 이런 증언의 기회를 가지게 된 데 대해 감사하는 모습을 보면서 가슴 한편에 찡한 마음이 들었습니다.

10.16부마민주항쟁은 유신정권의 18년 장기 군사독재체제를 무너뜨린 시민항쟁입니다. 아무리 강조해도 지나치지 않는 역사적 의의입니다. 그래서 10.16과 5.18은 군사독재정권에 온몸으로 부딪친 '민주 쌍생아'입니다.

다시 한 번 강조해봅니다.

부마항쟁! 부산시민의 자랑이자 대한민국의 살아 있는 역사입니다!!!

이 책이 나오기까지 생생한 증언을 해준 10·16부마항쟁연구소 정광민 이사장을 비롯한 부마항쟁 주역들과 뜻깊은 출판작업에 함께 해준 편집위원들에게 감사의 뜻을 전합니다.

또 사진과 영상작업을 도맡아 해준 박희진 교수와 역사적 사건을 화폭에 재현해준 정성길, 곽영화 화백, 40주년 기념시를 보내준 동길산 시인, 글로써 부마항쟁의 의미를 더욱 풍성하게 해준 한홍구, 구모룡 교수, 변영철, 서은경 변호사님께도 깊은 감사를 드립니다.

편집위원장 송성준

# 어디에 있었든 어디에 있든

- 부마민주항쟁 40주년 기념시

동길산 시인

1979년 10월 16일 오전 9시 53분
당신은 그때 어디 있었나
그렇게 묻는 나는 그때 어디 있었나
그로부터 사십 년이 지난 지금
당신은 지금 어디에 있나
그렇게 묻는 나는 지금 어디에 있나
돌아보면 걸어온 길은 하나
사십 년 너머 아득한 저기 갈래갈래 갈라진 길이
지금 여기 가까워지면서 하나로 모이느니
사십 년 다 다른 길을 걸어온 것 같아도
사십 년 다 같은 길을 걸어온 당신과 나
당신이 어디에 있었든 지금 어디에 있든
내가 어디에 있었든 지금 어디에 있든
당신과 내가 심은 나무는 다르지 않고 같았느니
곁 나무에게 갈 햇빛을 가리지 않는 나무
위에 난 잎이 아래 난 잎을 누르지 않는 나무

꽃은 잎에 스며들고
잎은 꽃에 스며들어
꽃과 잎이 경계를 허문 나무
돌아보면 아득한 저기에서 지금 여기로 이어지는 길에
어찌 눈물이 없었으리
어찌 상처가 없었으리
당신과 내가 심은 나무 한 그루 한 그루
이슬 같은 눈물 받아 마시며 자랐고
상처는 나무에서 가장 딴딴한 옹이가 되었다
나무를 심으면서
당신과 나, 우리가 어찌
나무가 휘어지지 않고 곧게 자라기만 바랐으랴
당신과 나, 우리가 어찌
가지 하나 다치지 않고 성하기만 바랐으랴
휘어져도 나무는 자라고
가지가 부러져도 나무는 자란다
보아라, 우리 앞에 놓인 저 길
사십 년 전 우리가 열어가려고 했던 저 길
사십 년 전에도 사십 년 후에도
당신이 어디에 있었든 어디에 있든
내가 어디에 있었든 어디에 있든
다 다른 길 같아도 다 같은 길
당신과 나,
우리

## 축사

사단법인 10·16부마항쟁연구소의 부마민주항쟁 40주년 기념도서 발간을 진심으로 축하합니다. 특히, 올해는 '10.16부마민주항쟁'이 국가기념일로 지정된 뜻깊은 해입니다. 우리 역사에 한 획을 긋는 중요한 시기에 10·16부마항쟁연구소가 항쟁 관련자의 증언을 모으고, 향후 기념사업의 과제를 정리한 것은 무엇보다 의미있고 큰 가치를 지닙니다.

이번 기념도서의 '회고와 증언'을 통해 40년 전 이 땅에 민주주의가 뿌리내릴 수 있도록 불씨가 되어준 10.16부마민주항쟁의 주역 분들을 뵐 수 있었습니다. 당시 현장을 담담히 기록하셨을 뿐인데 생생한 울림이 지금도 귓가에 맴도는 것 같아 가슴이 먹먹해졌습니다. 이 자리를 빌려 부마민주항쟁 주역들은 물론 한평생 민주화운동에 헌신해오신 많은 분들께 깊이 감사드립니다. 또 '10.16부마항쟁과 한국의 민주화'라는 통찰력 있는 글을 통해 오늘날 우리 역사가 나아갈 방향을 모색해주신 전문가 여러분께도 감사 인사를 드립니다.

지난 1979년 '10.16부마민주항쟁'은 우리 부산대학교에서 시작되었습니다. 권위주의 정권 아래 숨죽이며 살아가던 엄혹한 시절, '유신 철폐', '독재 타도'를 분연히 외치던 부산대 학생들의 교내 시위가 불쏘시개가 되었습니다. '10.16부마민주항쟁'은 1960년 4.19혁명 이후 19년 만에 발발한 시민들의 민주항쟁이며, 서슬 퍼렇던 독재정권을 무너뜨리며 민주화의 물꼬를 트는 시발점이 됐습니다. 이듬해 1980년 광주 '5.18민주화운동'에도 커다란 영향을 끼친 우리나라 4대 민주항쟁의 하나인 것입니다.

그러나 안타깝게도 그동안 여러 가지 이유로 '10.16부마민주항쟁'은 제대로 조명 받지 못했습니다. 40년 만에 정부가 공식 국가기념일로 지정하고, 10월 16일에 정부 주최로 공식 첫 기념식을 개최하는 것은 정말 다행스러운 일입니다. 시민의 힘으로 일군 우리나라 민주주의의 역사적 정통성이 한층 강조되며, 부산대학교는 물론 부산과 마산 시민들의 자부심이 될 것입니다.

이를 기념해 우리 부산대학교도 부마민주항쟁기념재단 등과 함께 국가기념일 지정을 축하하고 기념하는 여러 행사를 개최합니다. 특히, 부마항쟁에 앞장선 부산대 동문 서른 분의 증언집을 지난 2년의 시간에 걸쳐 준비했습니다. 부산대 재학생들의 항쟁 경험을 기록으로 남김으로써 10·16부마항쟁연구소가 이번에 발간한 기념도서와 더불어 부마민주항쟁의 진상규명에도 큰 기여를 할 수 있을 것으로 기대합니다.

그리고 우리가 또 하나 기억해야 할 점이 있습니다. 역사의 한 페이지에 기록되지 않은 수많은 시민이 '민주화의 그날 그 시간'을 함께했기에 오늘 우리가 여기까지 올 수 있었다는 사실입니다. 역사는 과거가 아니고 현재이자 미래입니다. 부산과 마산의 자랑스러운 민주화 전통과 역사, 그 정신은 시민 모두의 일상 속에 계속

이어져야 할 것입니다.

다시 한 번 10·16부마항쟁연구소의 부마민주항쟁 40주년 기념 도서 발간을 축하합니다. 40년 전 오늘, 민주주의를 위해 함께했던 모든 분께 존경과 감사의 마음을 전합니다. 고맙습니다.

2019년 9월 5일

부산대학교 총장 전호환

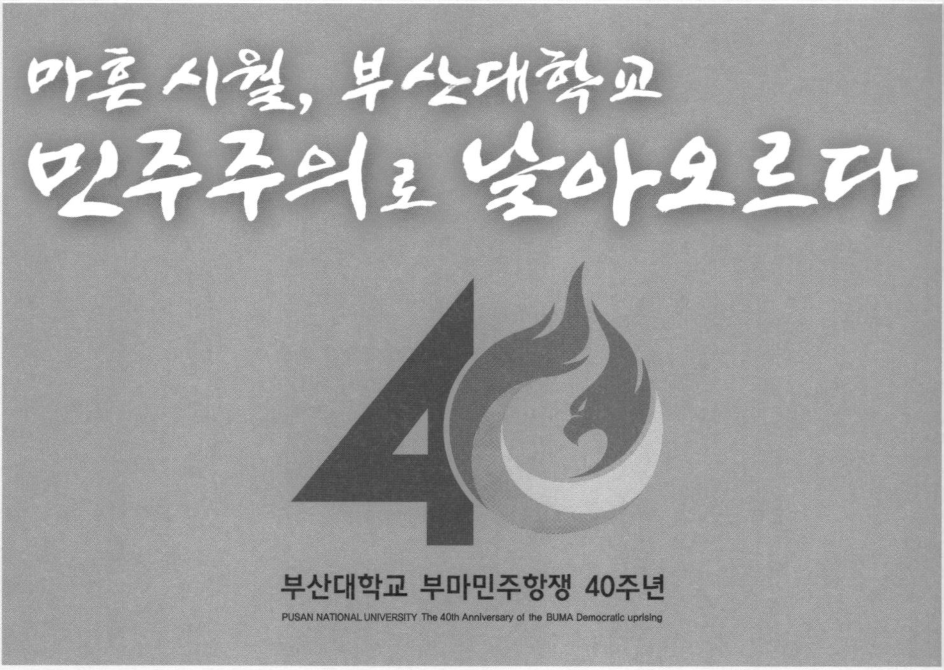

## 축사

민주주의를 이루는 데 결정적 계기가 되었던 부마민주항쟁을 기념 · 계승하며 그 의미를 다시 한 번 되새기는 부마항쟁 40주년 기념도서 발간을 진심으로 축하드립니다. 부마민주항쟁은 기본권조차 억압하는 유신체제의 암울한 정치상황에서 분출된 민주화의 과정에 일대 전기를 가져왔으며 전체 민족민주운동사에서 부산이 자랑스럽고 찬란한 위치를 차지하게 된 역사적인 사건입니다.

1979년 10월 16일 부산대 경제학과 2학년인 정광민 학생이 인문사회관에서 선언문을 낭독함으로써 시위가 전개되었고 이후 시민들이 합세하여 마산으로 퍼져나가 부마민주항쟁이 되었습니다. 나아가 10.16부마민주항쟁은 5.18광주민주화운동과 1987년 6월 민주항쟁으로 이어지는 대규모 민중항쟁의 시발점이 되었습니다.

올해는 대한민국 임시정부 수립 100주년, 6월 민주항쟁 32주년, 부마민주항쟁기념 40주년이 되는 해입니다. 4대 항쟁 중 유일하게 국가기념일로 지정되지 못한 부마민주항쟁이 국가기념일로 지정되는 역사적 의미가 담긴 해에 '부마항쟁 40주년 기념도서'가 발간되어 더욱 뜻깊다 하겠습니다.

'부마항쟁 40주년 기념도서' 발간을 통해서 부마민주항쟁을 이끌었던 학생과 참여한 시민들의 숭고한 정신과 가슴 벅찬 민주화 정신을 다시 한 번 되새기는 계기가 되길 바랍니다. 감사합니다.

2019년 9월 5일
부산광역시장 오거돈

**축사**

# 부마민주항쟁 규명과 신원, 잃어버린 자산을 되찾는 일

부마민주항쟁에 대해서라면 모교인 부산대학교에서 시작해 마산 등지로 퍼져나간 反유신 · 反독재 항거라는 정도만 알 뿐, 특별히 직 · 간접적 경험이라 할 것이 없습니다. 그다지 잘 알지 못하면서, 붙들고 앉아 쓰고 고치고 하면서, 좋은 글을 쓸 것도 사실 아니면서 한 달 넘게 굳이 출 · 퇴근길에까지 자료를 들고 다닌 건 왜였나? 한 달이 훌쩍 지나도록 비어 있는 워드 프로세서 화면 앞에서 생각해봅니다. 아무래도 빚진 마음, 부채감이 큰 모양입니다.

지난 2018년 지방선거 당시 부마민주항쟁을 재조명하고 국가기념일로 지정하자는 목소리를 낸 후보들이 다수 있었고, 그 외 굳이 공약이나 연설로써 밝히지 않아도 대부분의 부산 · 경남권 정당인들은 "부마민주항쟁의 진상을 규명하고 그에 따라 위상을 바로 세울 필요가 있다."라는 정서적 · 정치적 공감대를 갖고 있습니다.

쿠데타로 들어선 정권이 집권을 연장하기 위해 기어이 실행했던 유신체제, 그 폭압성과 비민주성, 심지어 반체제성을 보여주는 당시의 이야기들. 장구한 반만년 한반도 역사의 토대 위에 헌법과 법률에 의하고 민주주의라는 주권재민 이념을 표방하는 현대국가 대한민국에서, 국회의원과 법관 1/3을 대통령이 임명한다는 등의

'긴급조치'라는 것을 만들어 죄 없는 시민을 잡아들이고 가두고 고문하며, 그들에게 불이익이 돌아가게끔 했던 기괴한 것이 유신, 유신헌법, 유신체제였다고 하지요.

이 글을 쓰기 위해 찾아 읽은 자료와 기사들을 통해 맞닥뜨린 생각이 있습니다. 부마민주항쟁에 대해 '잘 알지 못하는' 상태, 그럼에도 뭔가 해야 한다는 마음이 들게 하는 '부채감'. 제가 부마항쟁에 대해 가졌던 기본적인 자세가 곧 우리가 부마민주항쟁이라는 역사적 사건을 대하고 있는 모습 그대로 아닌가 하는 것입니다.

10.16부마민주항쟁은 고 김재규 씨가 '야수의 심정으로 유신의 심장을 쏘기' 직전, 처음으로 박정희 정권의 불의함을 '유신독재'로 규정하고 나선 항거였습니다. 뒤이은 5.18광주민주항쟁과 1987년의 6.10항쟁은 부마민주항쟁으로 시작된 反유신 · 反독재 항거가 긴 호흡으로 계속된 것이라 해도 과언이 아닐 것입니다.

그럼에도 우리는 부마민주항쟁에 대해 아는 것이 없고, 들은 것이 없습니다. 저만 그런 것이 아니라 우리가 그렇습니다. 부산대에 있는 유일한 기념관은 현판뿐 제 구실이랄 것이 없고, 사료(史料)는 턱없이 부족합니다. 부산 사람들과 심지어 항거의 발원지라는 학교의 후학들마저도 당시 부산 · 창원 · 마산의 거리를 울리고 사람들의 마음을 흔들었던 그 함성을 잊었습니다.

3기 민주정부인 문재인 정부에서 헌법 전문에 남겨진 국민주권의 역사 그리고 호국보훈의 참뜻을 살리고자 하는 맥락 아래 부마항쟁 진상규명과 명예회복, 피해구제 등 의지를 천명해 종전보다

힘이 실리고는 있으나, 그것만으로 되지 않습니다. 정치적 질곡 때문에, 항쟁의 뿌리인 지역이 항거의 역사를 외면하고 거기 담긴 자랑스러운 정신과 억압하는 권력의 폭력에 흘린 피눈물을 가려버린 채 시간이 이렇게 흘렀습니다.

이제라도 부마항쟁의 역사적 의미와 위상을 바로 세우려면 증언과 사례를 발굴해 제대로 밝혀내고 무엇보다 부마의 시민과 후예들이 '우리의 역사'라는 공감을 더 넓혀야 할 것이라 생각합니다. '나는 알지도 못하는 걸, 그게 잘못은 아니지만 이대로 잊히는 건 좀 아쉽긴 하네.' 같은 소위 불편함이든, '누구 비판하는 댓글 달았다고 잡혀갈 걱정 안 해도 되는 건 그때 그 청년들, 시민들 덕일 텐데…' 하는 부채감이든 우리가 딛고선 바로 이 공간에서 조금 앞선 시간에 그토록 절박하게 '우리가 나라의 주인'이라고 외치던 사람들의 이야기를 찾아내고 기억하기를 포기하지 않았으면 좋겠습니다.

우리는 아픔을 기억하고 분노의 눈물을 서로 닦아주며 일어서 왔고, 세상이 조금씩 좋아지는 힘은 거기에 늘 있었다고 믿습니다.

부산 북구청장 정명희

## 차례

1부

# 그날의 기억과 기록

## 부마민주항쟁 주역 인터뷰

참석: 김창우, 박준석, 백하현, 엄태언, 옥상렬, 이동관, 정광민, 최자영, 황선용
사회: 송성준(SBS 부산지국장)
영상: 박희진(부산 동주대 교수)

## 참석자 소개

김창우(1961년생, 1979년 당시 외판원으로 일함)
박준석(1979년 부산대 경영학과 2년)
백하현(1979년 부산대 국문과 3년, 현 10·16부마항쟁연구소 연구원,
부마항쟁진상규명위원회 실무위원)
엄태언(1979년 부산대 경영학과 2년, 현 호치민시 거주, 개인사업가)
옥상렬(1979년 경남공고 3년)
이동관(1979년 동아대 법학과 3년, 현 부마민주항쟁 부산동지회 부회장,
부마민주항쟁진상규명위원회 실무위원)
정광민(1979년 부산대 경제학과 2년, 현 사단법인 10·16부마항쟁연구소 이사장,
부마민주항쟁기념재단 이사)
최자영(현 부마항쟁연구소 소장)
황선용(1979년 서면서점 근무)

## 들어가며

**사회** 올해는 10.16부마항쟁 40주년이 되는 해입니다. 우리에게 있어 부마항쟁은 무엇입니까? 잘 아시겠지만 부마항쟁은 우리나라 민주화 역사에 한 획을 긋는 사건입니다. 4.19혁명과 10.16부마항쟁, 5.18민주화운동, 그리고 6.10민주항쟁은 우리나라를 넘어 전 세계에서도 주목해 온 민주화운동의 살아 있는 징표입니다.

그런데 유감스럽게도 다른 3대 민주화운동은 국가기념 사업으로 지정됐지만, 부마항쟁은 올해 겨우 국가기념 사업으로 지정되어 이제 걸음마를 뗀 단계입니다. 부마항쟁으로 고통받았던 역사적 주역들은 여전히 변방에 머물러 있습니다. 권력의 감시하에서 젊은 시절을 힘들게 보냈지만, 국가적 배상은커녕 보상조차 쉽지 않습니다. 다른 3대 민주화운동과 비교해 봐도 초라하기 짝이 없습니다.

이유는 간단합니다. 부마항쟁의 역사적 진실과 실체가 제대로 밝혀지지 않았기 때문입니다. 부마항쟁의 역사적 의의는 박정희 유신정권의 18년 장기 독재체제를 무너뜨린 직접적 계기가 됐다는 것입니다. 10.16부마항쟁이 있은 지 열흘 뒤인 10월 26일 김재규 당시 중앙정보부장이 박정희 대통령을 시해하는 사건이 발생했습니다. 한 치 앞을 내다볼 수 없는 암울한 시기 부산과 마산에서 외친 독재 타도의 함성은 박정희 정권의 핵심 심장부에서조차 위기감을 느끼도록 했고 그 위기감이 대통령 시해사건으로 이어진 겁니다.

그리고 부마항쟁은 5.18민주화운동으로 연결됩니다. 10.16부마항쟁과 10.26사건의 반동으로 전두환 군사정권이 생겨났지만, 이번에는 광주에서 5.18민주화운동이 일어났습니다.

## 10.16과 5.18은 군사독재정권에 저항한 '민주 쌍생아'입니다

**사회** 오늘은 특히 의미 있는 날입니다. 10.16부마항쟁 이후 당시 항쟁을 일으켰던 역사적 주역들이 많이 모였습니다. 20대 피 끓는 청춘들은 반백을 넘어 이제 초로의 60대가 되어 나타났습니다. 오늘 참석자들은 10.16 이후 이렇게 함께 모여 당시를 회고하는 자리는 처음이라고 말합니다. 그렇습니다. 하지만 오늘 우리가 모인 이유는 10.16을 단순히 회고하기 위해서가 아닙니다. 그날 무슨 일이 일어났고 무엇을 준비했으며 그래서 어떤 상황이 벌어졌고 우리나라 민주화에 어떻게 영향을 끼쳤는지에 대한 핵심 참가자들의 증언을 듣기 위함이며, 역사적으로 복원되지 못한 마지막 빈자리인 10.16의 의미를 되새겨 제대로 된 부마항쟁의 자리매김을 하기 위해서입니다.

1차 인터뷰

## 1979년 10.16 전후 시대상… 암울, 분노, 독재에 대한 항거의 불씨 타올라

**사회** 지금부터 인터뷰를 시작하겠습니다. 40년 전 10.16이 일어나기 전, 당시 학생으로서 느끼고 있던 시국과 대학 분위기를 간단하게 얘기해주시죠.

**하현** 당시 시국과 대학의 정황을 보면 'YH무역사건'이나 '동일방직사건' 등 노동자들이 핍박받고 탄압을 받는 사건이 많이 벌어졌지요. 서민에게 아픔을 많이 줬는데, 공교롭게도 박정희 유신정권에서 당시 야당 총재였던 김영삼 씨가 제명됐어요. 제 기억으로는 신민당 서울 마포당사에 YH 여공들이 찾아가서 농성을 하고 있었는데, 그때 저도 당사에 찾아가서 지지 성금을 2천 원 냈어요. 강당 위에 있는 간이침대에 김영삼 씨가 단식 투쟁을 하느라 누워 있고, 김대중 씨는 문 쪽에 의자에 기대어 있었던 걸로 기억합니다. 당시 우리나라 정치 상황은 어려웠으며 우리 대학에서는 이미 유신체제에 반감을 갖는다든가, 저항하고자 하는 분위기가 많이 팽배해 있었어요.

**사회** 당시 백하현 님은 평범한 학생이었나요? 그런데 진보적 성향의 중부교회에 나갔다면서요. 정부에 비판적인 사람들이 많이 오는….

**하현** 네, 대표적으로 최성묵 목사님이 생각납니다. 당시는 사실 그런 것도 몰랐어요. 가니까 도시산업선교회 한다는 박상도 씨라든가 이런 사람들이 있었는데 어울리려고 하니까 겁도 나고, 당시 그 정도 의식은 안 됐는데… 그러던 차에 사람들이 모여서 중부교회 학습관에서 스터디 그룹을 만들어서 경제사 등을 공부했어요. 얼마 안 있어서 양서조합을 하길래 거기 가입했는데, 그걸 어떻게 알았는지 우리 아버지는 일요일만 되면 중부교회 골목을 쫓아다니며 날 찾는다고 야단이라. 하여간 의식이 있어서 이쪽으로는 가긴 가야 하는데 부모님은 걱정하고. 왔다 갔다 하다가 그런 세계에 발을 딛게 된 것 같아요.

**사회** 이동관 님은 동아대 학생이었죠? 그 당시 동아대 분위기는 어땠습니까?

**동관** 백 선생님께서 말씀하셨듯이 지독히 암울했던 시기 아닙니까? 유신헌법 생기고, 3선 개헌을 하고. 그때 뭐 젊은 대학생뿐이 아니고 약간의 의식이 있는 일반 시민들, 국민들에겐 정치적으로 참 힘들었던 시기였을 겁니다. 대학생들도 거의 울분에 차 있던 시기였던 걸로 생각이 나는데. 저도 지극히 평범한 학생이었어요. 의식화 책을 본 적이 없고. 당시

이동관 님

저는 동아대 법학과 3학년 간사로 있었어요. 그때는 학도호국단이 있을 때였거든요. 호국단에 소속된 간부 직책은 아니지만, 그런 분노가 있어도 학생들이 용기가 없어서 시위를 못 하는 거예요. 울분에 차 있어도 용기가 없어서 시위도 할 수 없고. 인생 망친다는 것을 아니까, 유신시대니까. 몸과 마음이 다 망가질 것 아닙니까. 용기가 없었는데 저 같은 경우엔 정광민 씨 때문에 이렇게 된 거죠.

**사회** 어떻게 연결됐습니까?

**동관** 저는 처음에 광민 씨를 몰랐는데, 10월 16일 광민 씨가 부산대에서 시위 주동을 하고, 이후로 시내에서도 가두시위가 이어지지 않았습니까? 동대신동에 자리한 동아대의 학생들은 항상 남포동에 많이 가곤 했습니다. 저는 16일 날 시위가 있었던 것도 몰랐습니다. 다음 날 17일 학교에 가서야 알게 됐죠. 당시 학도호국단 사단장을 하던 이용수라는 친구가 있었습니다. 지금은 작고했는데… 그 친구가 저와 같은 법학과 3학년이고, 친하게 지냈는데 전날 시위가 있었다는 걸 알려주더라고요. 저는 용기가 없다 보니까 시위를 주도할 생각은 전혀 없었고, 단지 부산대학교에서 시위를 했으니까 우리가 부산대학교에 지면 안 된다 생각했습니다. 특히나 우리 법학과는 부산대학교 법학과하고 경쟁심리가 있었어요. 광민 씨를 도와주자는 것도 아니었고. 우리도 가만히 있으면 안 된다. 학교 체면이 있다. 제가 3학년 간사니까… 도서관 옆이 법경대학인데 상대하고 법대하고 합쳐져 있었어요. 법경대학 강의실이 3층 건물에 있었고. 벤치 바로 위니까 법경대학은 내가 선동을 하겠다, 학생들을 동원하게 하겠다. 그리고 용수는 학도호국단 사단장이기 때문에 학도호국단 간부들을 소집해서 전 대학의 학생들을 동원하게 만들자. 이렇게 얘기를 하고 시위를 선동하게 된 거죠.

**광민** 저는 지금도 인상에 남는 게 'YH무역사건'과 'YS의 제명', 그게 아직도 선명하게 남아 있고요. 경제적인 부분과 관련해서는 박정희 시대. 사후에 평가하기로 굉장히 발전했다고 얘기는 하지만 경제개발의 실적이 뭔지는 사실 저는 잘 모르겠고요. 다만 경제학도였기 때문에 한국경제에 대해 비판적으로 다룬 글들이 선명하게 와닿았고. 우리가 경제학을 공부했기 때문에 사회를 사회과학적으로 인식한다는 거. 1학년 때 그것이 얼마나 깊은 수준이었을까. 하지만 경제학이라는 학문의 성격이 법학과하고는 다르게 상당히 비판적인 게 많았고. 특히 2학년에 올라가면서 경제사를 공부했는데, 사회를 보는 인식이 근본부터 바뀌는 거예요. 경제사를 통해 사회를 보는 새로운 눈을 떴죠.

## 10.16 전야 10월 15일에 어떤 일이? 불발로 끝난 교내 시위

**사회** 10.16이 일어나기 하루 전 10.16 주도 학생들과는 별개로 부산대 교내에서 불발로 끝난 시위 계획이 있었죠?

**준석** 10.16 하루 전날 이야기를 할게요. 아침에 수업을 받고, 내가 기억하기론 상대 게시판에 민주선언문이 붙어 있었어요. 친구들하고 도서관을 갔는데 웅성거리면서 있는 팀들이 여러 군데 보이더라고. 수업 끝나고 한 10시 20분 정도 되었을 겁니다. 군데군데 모여서 이야기는 하는데 시위를 주도할 사람은 안 나타나. 시간이 되면 될수록 사람들은 계속 모이고 정작 나타나야 할 사람은 안 나타나고. 이 정도 호응이라고 하면 나타나도 될 건데, 여기 있는 건가? 아니면 처음부터 나타나길 원하지 않았던 건가? 여러 가지 생각이 들더라고. 왔다가 강의를 들으러 갔나? 우리들 중에 그 사람이 있기는 있나? 선언문 쓴 사람이… 조금 더 사람이 모이면 나타날까? 이런저런 생각을 하면서 한 시간 정도 흘렀는데, 계속 나타나질 않았죠.

**사회** 그때 도서관 앞에 모인 사람이 어느 정도 됐나요?

**준석** 그때는 사람이 왕창 모이는 시절이 아니었죠. 주변에 서서 웅성거릴 뿐이지. 도서관 쪽에는 형사가 있다는 걸 알기 때문에 사람들이 중간에 서서 말을 한다든가 이런 분위기는 아니었어요.

**사회** 삼삼오오 짝을 지어서 주변에만 이렇게….

**준석** 그렇죠. 그걸(민주선언문) 본 사람들은 제법 많이 있었다고 생각합니다. 계속해서 말만 하지, 누가 앞에서 나오는 사람이 없어. 그래서 아쉬워서 한참 있었어요.

**사회** 10월 15일 교내 시위를 준비한 당사자 가운데 한 명인 황선용 선생이 나와 있습니다. 황 선생은 당시 학생이 아닌 일반인 신분이었죠? 10월 15일 그때 상황으로 돌아가 당시 무엇을 하고 있었고 어떻게 해서 시위를 계획하게 되었는지 말씀해주시죠.

## 10월 15일 부산대 이진걸 시위 제안, 민간인 황선용 동참해 유인물 작업

황선용 님

**선용** 당시 저는 서면서점에 근무했었고 책을 상당히 좋아했습니다. 그중에 시를 많이 좋아했습니다. 그래서 김수영, 신동엽, 김지하, 그 당시 판매 금지된 시를 많이 읽고 하는 과정에서 문학을 깊이 파고들게 되었고 금지된 시를 읽으며 시대의 암울함을 느낄 수밖에 없었습니다. 그러다가 전태일 분신, 동일방직 사건, YH무역의 노동자 탄압 등 이런 사건들을 보니, 시대현실을 방관한다는 것이 죄를 짓는 것 같고 침묵하는 것이 범죄를 저지르는 것처럼 느껴졌습니다. 하지만 일반인 신분이라 기껏 할 수 있는 것이라고는 등사기로 유인물을 나눠주는 것밖에 없었죠. 당시 김지하의 오적 같은 것은 1600원이었는데, 지금 돈으로 환산하면 3~4만 원 정도 하죠. 내 월급으로 사서 그걸 대량으로 나눠주기에는 한계가 있어서 등사기를 구입해서 집에서 혼자 프린트를 하고 필경을 해서 나눠줬어요. 그런데 그게 나중에 큰 문제가 되었죠. 그러는 과정에서 이전부터 알고 있었던 부산대 이상경이라는 사람이 페인팅 사건[1]으로 구속되었다 나오고 해서 참 마음이 아팠습니다. 할 수 있는 것도 마땅히 없고 그랬는데 부산대 학생인 이진걸이 처음 시위를 제안해 왔습니다. 그래서 구속되고 나온 상경이를 연결해주려고 했는데 상경이는 시기적으로 안 맞아서 동참 못 한다고 했어요. 그래서 그 전부터 알고 지내던 남성철, 이 사람이 괜찮아서 이진걸에게 소개를 했고 한번 잘 해보자고 했지요. 나는 사실 일반인 신분이고 교내에서 한다기에 그 당시 시대상으로 봤을 때 일반인 신분으로 학교 내에서 시위에 동참한다는 것은 완전 간첩으로 찍히는 일이라 생각해서 안 하려고 했어요. 그냥 서면 같은 곳에서 게릴라전으로 유인물을 뿌리는 것은 가능하다고 생각했지요. 물론 잡힐 확률도 있지만, 교내에서 하면 사복경찰이 상주하고 있으니 그것은 어렵다고 보았고 그래서 포기하려고 했는데 그 전에 약속했기 때문에 진걸이와 유인물 필경을 다 했어요. 논의를 하는 과정에서 성철이가 빠지고, 내가 등사기를 가지고 있으니 진걸이와 같이 둘이서 작업을 했어요. 원고는 진걸이가 썼습니다.

**사회** 당시 몇 부를 인쇄했나요?

---

1) 1978년 부산대학교에서 발생한 반유신 페인팅 사건. 이상경, 김성영, 이희섭은 한밤중에 부산대 운동장에 들어가 본부 스탠드에 스프레이로 "유신철폐" "교련반대" 등의 구호를 쓰고 귀가하였다. 이 사건으로 이들은 긴급조치 9호 위반으로 구속되고 실형을 선고받았다.(부산역사문화대전 참조)

**선용** 1000부였습니다. 그 당시 나는 돈을 벌고 있었기 때문에 등사기와 필경 등 인쇄를 내가 다 했습니다. 진걸이는 나중에 경찰에 붙잡힌 뒤 나를 보호하기 위해서 남성철과 같이 작업을 했다고 진술한 것으로 보입니다. 이미 등사를 한다고 했을 때 모든 것을 각오했고 서점도 그만두었지요. 서점에까지 누를 끼칠 수 없어서 그만두고 10월 15일에 부산대 앞으로 갔습니다. 등사에 참여했다는 것을 알고 서점 사장님이 일단 그만두라고 했고요.

**사회** 그러면 이진걸 씨와는 어떻게 만나게 되었습니까?

**선용** 진걸 씨가 책을 사러 자주 왔었지요. 그전에도 시국에 대해 종종 이야기를 나누는 사이였고요.

**사회** 처음 제의가 왔을 때 두렵진 않았습니까?

**선용** 전에 말했다시피 상경이가 안 한다고 해서, 성철이와 내가 친했고 진걸이도 별도로 친했기 때문에 의기투합해서 이렇게 세 사람이 준비하게 되었습니다.

**사회** 배포는 어떻게 했나요?

**선용** 성철이와 진걸이가 배포를 맡았습니다. 10월 15일 10시라는 것도 내가 이야기를 했는데 그것이 시기적으로 안 맞은 것 같습니다.

## 못다 핀 불씨를 살려낸 10.16 전야 "이대로 끝낼 수 없다"

**사회** 굉장히 아쉬웠을 것 같은데 그 불씨는 어떻게 살렸나요?

**준석** 한 12시가 다 되어가는데… 이 사람이 결국엔 안 나타나는 거예요. 장소를 옮기다가 정광민 씨를 그때 만났어요. 광민이는 1학년 때 같은 반이었고 하니까, 광민이가 생각하는 사회의식이라던가, 가진 생각, 이런 부분은 1학년 생활하면서 알고 있었고. 그래서 그날 일어난 사건을 이야기하면서 참 아쉽다, 이 정도 되면 사람들 호응도가 낮은 편이 아닌데, 글을 쓴 사람이 안 나타났다고 아쉽다고 했죠. 그러니 광민이 다시 해보자는 거예요. 나는 "준비한 게 아무것도 없는데, 유인물이라든가 기본적인 것들이 있어야 하는데, 그런 것들이 갑자기 준비가 되나" 했죠. 그러니 광민이가 "나는 있다" 하더라고. 그래서 그때부터 등사기를 찾았죠. 옛날에는 복사기가 없으니까 등사기를 찾으러 다니는데 광민이가 아는 사람들한테서 구하지를 못했더라고. 가만히 생각해보니까 고등학교 친구가 서클활동 하면서 등사기를 갖고 있는 걸 본 적이 있어서 "그쪽으로 가자" 했죠. 그래서 전화를 하고 찾아갔어요. 등사기 있느냐고 했는데, 아마 그 친구가 부산대학교 3학년이었기 때문에 분위기를 알았을 거라. 그래 있다더라고. 좀 빌려 달라 했더니 일단 오라고 해요. 아무 말 없이 빌려주더군요.

**사회** 일종의 묵시적 동의였겠죠?

**준석** 네, 그냥 잘해봐라. 고맙다면서 그냥… 그리해서 그 다음에 전도걸 씨하고 만나 거기서 줄판을 구하고, 우암동 쪽으로 넘어갔지요.

박준석 님

**사회** 우암동이 그 당시에 정 이사장님 집이고.

**광민** 저희 집 다락방에서….

**사회** 네, 그 당시 긴박했던 분위기를 말씀해주시죠.

**광민** 학교 가니까… 저는 몰랐죠. 교련 때문에 늦게 갔는데. 분위기가 뒤집힌 것 같더라고요. 준석이가, "뭔지 모를 이상한 게 터졌다." 그래서 나는 "야, 이건 너무하다." 왜냐하면 저도 4.19 기념일 때 1인 시위도 했고. 솔직히 한국 사회에 대해서 희망이 없었어요. 그런 차에 15일에 준석이를 만나서… 이래서 안 된다. 즉석에서 해야겠다. 지금 생각해봐도 내가 어찌 이런 생각을 했는지 불가사의한 일인데. "이렇게 끝나면 안 된다." 했죠. 준석이하고 의기투합해서. 준석이가 엄청난 큰일을 했죠. 그때 우리가 뭐가 있습니까? 유인물이라도 찍어야 하는데, 준석이가 주저 없이 등사판 구하러 가자길래 전증욱이란 친구한테 전화 걸어서. 세월이 가면 갈수록 이 부분이 결정적인 역할을 했다고 봐요. 부마항쟁 부산대 부분은 정광민 이야기를 많이 하지만, 제가 볼 때는 준석이 하고 또 알려지지 않은, (등사기) 빌려준 친구 전증욱이 굉장히 중요한 역할을 했죠. 만약 그때 준석이가 거절했으면… 나 혼자서 어떻게 했겠습니까? 그래서 부마항쟁의 진짜 폭발적인 힘, 전개력, 추진력은 일반 학우들의 순수한 열정에 있었다고 보죠.

**사회** 당시에 복사기가 있지 않았습니까?

**동관** 복사기가 없었죠.

**사회** 제 기억으로는 학교 앞에 복사기가 있긴 있었는데, 복사를 하게 되면 정보 경찰들이 그걸 다 파악하는 거예요. 그래서 유인물 같은 걸 만들려고 하면, 비밀리에 등사기와 줄판을 이용해서 만들 수밖에 없는 상황이었죠. 마치 항일 독립운동 하듯.

**광민** 저는 지금 생각해봐도, 내가 학생운동권도 아니었고 무슨 조직이 있습니까? 당시에 등사판, 등사기를 구한다는 게 어떤 의미인지 알 거 아닙니까? 잘못하면 자기가 다치는데. 40년 지나서 생각해보면 그때 당시의 운동권은 오히려 몸을 사렸습니다. 어떻게 보면 지극히 평범한 준석이, 도걸이조차 아버지 줄판을 들고 나와서 우리 집까지 와서 어떻게 등사를 했는지… 그래서 역사는 바뀌었다고 생각합니다. 이미 세상은 뒤집힌 거죠.

## 선언문엔 유신독재 비판, 재벌 특혜, 저임금 등 적폐 구체적 명시

**사회** 선언문은 어떻게 나오게 됐습니까?

**광민** 선언문은 내 기억으로는 뭔가 옛날에 적어 놓은 게 있어. 평소 시국에 대해서….

**준석** 다 적혀 있더라고요. 읽어보고… 다른 부분이 있는가 보고 고치고, 크게 수정할 만한 시간적 여유도 없었고.

**사회** 당시 선언문을 보니까 지적할 수 있는 내용들은 다 나와 있더라고요. '고도성장의 부조리, 재벌 특혜금융 및 권력층 비호, 서민 가계 압박, 저임금 구조 및 극심한 소득불균형, 나아가 유신 헌법의 문제, 독재와 정권의 탄압' 등 당시의 시대적인 문제가 다 언급되어 있단 말이죠. 그리고 7대 폐정개혁안까지 제시하고….(선언문 전문은 143쪽 참조-편집자 주)

정광민 님

**광민** 그 부분을 이야기하면, 당일에 유인물 3종이 뿌려졌다고 하는데, 이진걸 씨의 민주선언문, 신재식 씨가 썼다고 하는 민주투쟁선언문, 그리고 내 것인데. 그 두 사람이 쓴 것은 주로 정치적인 겁니다. 경제에 대한 걸 따로 언급한 건 아니고, 구체성 있게 소득분배의 불공정, 공평한 소득분배를 얘기했다는 거. 당시 수준에서 상당한 문제의식이 있었고. 폐정개혁안은 내가 동학에서 갖고 온 겁니다. 전봉준 일대기를 보면서…. 그래서 7개조의 개혁안을 제시했는데, 그게 조금 특징적이죠.

**사회** 어쨌든 선언문 초안을 작성하고. 준석 님과 도걸 님과 함께.

**광민** 같이 검토했지요.

**준석** 선언문을 자세하게 읽지는 못했는데, 맨 앞부분이 '짓궂은 두 독재자의 의해, 남북한의 지도자들이 서로를 이용해서 국민을 유린한다.'는 부분이 아직도 기억에 남더라고.

**사회** 어쨌든 당시에 경찰이 교내에 상주하다시피 했고, 학생들의 일거수일투족을 다 감시했던 시기였는데 또 경찰에 끌려가서 감방에 가는 그런 것들이 굉장히 공포스러운 이미지로 남을 수 있을 텐데. 당시 준비하면서 그런 두려움은 없었나요?

**준석** 자기 인생을 걸고 한다고 봐야죠. 여기서 끝이다. 그중에 제일은 부모한테 미안한 거고…. 그 당시에 사람들이 늘 생각한 것은 사회 부조리를 지적하고 이야기해줄 층이 없었다는 거고. 국민들의 고통을 드러낼 수 있는 층이 학생뿐이었다는 거였지.

**동관** 덧붙이자면, 정 박사(광민) 같은 경우는 평소에 생각한 바가 있어서 메모도 해놓고, 쉽게 폐정개혁안을 포함한 선언문이 나왔을 건데. 저희 같은 경우는 학교에서 공부하기 바빴어요. 법학과 가는 이유가 있었으니까, 공부하기 바빠서 속으로 분노만 했을 뿐이지. 긴급조치에 위배될 정도로 학교에서 행동하면 인생이 어떻게 된다는 걸 다 알고 있거든요. 그 당시에 대학생들 구속되고… 서울 쪽에서 얼마나 많았습니까? 그런 내용을 알고 있으니 하질 못하는 거예요. 그런데 부산대에 자극받아서 동아대가 시작했다고 생각하고 있거든요. 저도 자극받아서 했기 때문에… 그런 계기가 있어야만 앞뒤 생각 안 하고 하는 거지. 그런 계기가 없으면 앞뒤 계산해보고는 절대 못 합니다. 그럴 시기였으니까.

**사회** 정 이사장님 집에서 유인물 인쇄 준비는 어떻게 했나요?

**광민** 새벽 4시까지 작업했습니다. 완전히 초짜였죠. 서툴기 짝이 없고. 선명하게 나와야 하는데 흐릿하게 나오고. 폐정개혁안도 잘 보이지 않고. 몇 번이나 실패하고. 어느 시점에서 100% 완벽한 유인물은 포기하고. 기억엔 400장인가? 기록엔 300장이라던데… 아무튼 그렇게 만들었어요. 도걸이는 새벽에 집에 갔고, 준석이도 중간에 갔고. 나 혼자서 밤에 누웠지만 잠이 옵니까? 거의 뜬눈으로 보내고. 다음 날 아침에 유인물을 가방에 넣어 학교에 왔지요.

**태언** 저는 친구를 잘못 둬서 부마항쟁에 관여하게 되었죠.(일동 웃음) 10월 15일 늦은 오후 정광민으로부터, 시위를 하기로 결심했으니, 다음 날 유인물을 배포해 달라는 부탁을 받은 뒤, 10월 16일 아침에 경영학과에 유인물을 배포하고 정광민과 함께 부산대 초기 학내 시위를 주도했지요.

**사회** 당시 그런 제의를 받았을 때 심경이 어떠했습니까? 두렵지 않았습니까?

**태언** 그게 몇 분이 흘렀는지 모르겠으나 바로 대답을 하지 못했지요. 내가 '예스'라고 대답을 하는 순간 그다음부터 내 인생은 완전히 달라질 것이니 여러 가지 생각이 많이 들었지요. 일단 구속은 당연하고. 그 당시 잡혀 갔다 하면 정부에서 전형적으로 간첩으로 몰아붙인다는 소문이 있었지요. 간첩으로 몰리든 죽임을 당하든 병신이 되든 어떤 형태로든 상당한 각오를 하고 들어가야 하는 부분이기 때문에 대답하는 시간이 굉장히 오래 걸린 것 같은 느낌입니다. 제의를 받고 약 15초가 지나서야 '예스'를 했습니다. 광민이가 나한테 도움을 요청한 이유와 관련해서, 회상해보니, 10월 16일 부마항쟁이 일어나기 2주 전, 10월 초순쯤이었던 것으로 생각됩니다. 그날 밤 도서관에서 내려오다 혼자서 울분을 토하고 있는 정광민과 우연히 만나서 정문 앞 다방으로 이동해서 그 당시 이화여대에서 가위를 보낸 이야기[2)]부터 우리가 처해 있는 현실에 관한 이야기를 많이 나누었습니다. 자유로워야 할 캠퍼스에 사복경찰들도 많이 와 있고 상담지도관실에서도 학생들을 다양한 형태로 감시를 하는 상황이었습니다. 개인적으로 생각했을 때 학교가 음침하게 죽어 있는

엄태언 님

2) 1970년대 말 이른바 〈이화여대 가위〉 사건은 종종 회자되는 에피소드다. 여기에는 여러 설이 있다. 이화여대에서 진짜로 부산대 학도호국단으로 가위를 부쳤다는 설도 있고, 일부에서 학생들을 자극하기 위해 일부러 소문을 흘렸다는 이야기도 있다.

분위기였습니다. 말을 하고 싶어도 하면 안 되는, 예를 들어 정부에 대한 비판을 함부로 하지 못하는 분위기였습니다. 그래서 만약 시위를 한다면 목적 달성을 위해서는 많은 사람들의 동원이 필요하다고 주장했습니다. 동원되는 사람은 주로 가까이 있는 학과 친구들, 대학 친구들일 텐데, 때를 기다렸다가 친구들과 분위기 조성을 하고 나면 그때 도와준다고 약속을 한 적이 있었습니다. 그때 한 그 약속을 지키기 위해, 의리를 지키기 위해 초기 시위에 가담하게 된 것이지요.

**사회** 두 분은 그 전에 서로 알고 계셨나요?

**태언** 1학년 때 과가 나뉘기 전에 상대 같은 반이었습니다. 그런데 부마에 관련된 상대 사람들 중에 우리가 B10반이었는데 이 B10반 학생들이 많이 참여했습니다. 박준석, 정광민, 이성식, 조서현, 최태은 이런 사람들이 1학년 때 같은 반, B10 멤버들이었습니다. 광민과는 둘이 개인적으로 얘기한 적은 한 번도 없었습니다. 딱 한 번 다방에서 얘기하고 전화를 받은 것이 다였습니다. 그 당시 정광민이 왜 나를 콕 집어 전화를 해서 협조 요청을 했는지 그 이유는 아직도 정확히 모르겠습니다. 아마도 당시 친구들과 두루두루 친하게 지내던 쾌활한 성격 때문이었을 거란 추측만 합니다.

## 부산대에서 시작된 10.16의 서막… "학우들이여 동참하라"

**사회** 10.16 당일 오전 상황. 그러니까 시위에 불을 붙이게 된 상황을 말씀해주시죠.

**광민** 그 상황을 얘기하자면, 당시 시커먼 비닐 가방 있지 않습니까? 대학생 가방. 거기에 유인물 집어넣고. 표 안 나게 하려고 교련복 입고 학교에 갔던 것 같아요. 집에서 나설 때만 해도, "이거 체포되는 거 아니가." 하면서 온갖 걱정을 다 하고. 상대 앞에 9시 40분쯤 기다리다가 나타난 게 엄태언이라는 친굽니다. 15일 태언에게 전화를 걸어서 "태언아, 내가 내일 거사를 하는데 너 수업시간 들어와서 유인물 나눠줘라."라고 도움을 요청했고 이 친구는 상당히 고민하다가 "알았다." 해서 결합을 했죠. 수업시간 전에 나와 만나서 유인물 배포 작업에 들어갔죠. 이건 서울대 나온 김맹규 씨에게도 이야기하니 깜짝 놀라더군요. 당시만 해도 수업시간에 들어가서 학생들을 규합해서 나온다는 거는 자기들도 상상하지 못한 방법이었다. 이건 혁신적인 방식이라는 평가를 하더군요. 과 학우들과 같이한다는 건 80년대 이후에 나온 방식이고. 주로 나가서 뿌리고 이런 거였는데. 저는 왜냐면 조직이 없다. 그리고 그 전날 실패한 걸 봤지 않습니까? 어쨌든 수업시간에 들어가서 해야겠다. 이건 사후적인 평가긴 하지만, 100% 적중했어요. 조직이 어디 있습니까? 그렇다고 해서 이진걸 씨가 하던 방식으로 하면 잡혀가면 끝인데.

**사회** 당시에 상대 수업하는 교단에 서서 선동을 하신 겁니까?

**광민** 예. 그런데 그렇게 하려면 수업 중에는 예의가 아니지 않습니까? 수업이 시작되기 전에 가야 한다. 늦어도 9시 50분에 들어가서 이끌고 나와야 한다. 9시 30분쯤 도착해서 기다렸다가 안 오길래 일어나자 그때 태언이가 나타났죠. 그래서 태언이에게 주고, 태언이는 경영학과 가서 뿌리고 나는 경제학과 올라가고. 나오면서 상대 학우 40~50명이 인문사회관에 결집했다가, 상대 앞으로, 지금 자연과학관인데, 거기로 이동했습니다. "유신철폐, 독재타도." 처음으로 상대 앞에서 구호를 외치고… 부산시경 분석 자료에 의하면 9시 53분입니다. '상대생 50명에 의한 데모 시발.' 경찰이 딱 그렇게 기록해놨어요. 국가기록으로는 이게 유일합니다.
그때 제가 교단 앞에 나가서 "나가자! 여러분, 때가 왔습니다. 이제 피를 위해서 투쟁합시다. 나갑시다!" 했는데, 처음에는 학우들이 웅성웅성하고 그러더니만 나오는 거야.

**태언** 그때 10시에 수업이 있었으니 수업하기 전에 유인물을 배포해야 했죠. 그래서 상대 건물 앞 벤치에서 만나자고 했어요. 그 시간이 9시 40분쯤이었던 것 같아요. 나하고 조서현이라는 친구는 9시 30분에 가 있었죠. 그다음 무역학과 이성식이라는 친구, 이어서 정광민이가 왔어요. 거기서 유인물을 나눠줬는데, 무역학과는 이성식에게, 경영학과는 나에게 줬어요. 경영학과는 10시에 인문사회관 2층에서 강의가 있었기 때문에 나는 유인물을 받자마자 바로 인문사회관 2층 강의실로 쏜살같이 뛰어갔고 무역학과는 상대에서 수업이 있었기 때문에 성식이는 상대 쪽으로, 경제학과는 인문사회관 3층에 강의가 있어서 광민이는 거기로 갔어요. 광민이가 경제학과에 먼저 가서 학생들에게 동참을 호소하고 유인물을 나눠준 뒤 바로 아래층 경영학과 강의실로 오기로 돼 있어서, 나는 들고 있던 유인물을 광민이가 교실로 들어오자마자 뿌렸어요. 광민이가 앞에서 학생들에게 호소하는 동안 굉장히 빠르게 유인물을 나눠줬습니다. 대부분은 별 저항 없이 유인물을 받았어요. 유인물을 가지고 있다는 것만으로도 위험이 있었기 때문에 절반 정도는 받지 않을 것이라고 예상을 했는데 의외로 학생들이 거의 다 받았어요. 받는 학생들의 표정을 보니 '기다렸다.'고 말하는 것 같았어요. 그러고 나서 광민이와 거의 동시다발적으로 앞에 나서 "때가 왔다. 나가자"라고 했지요. 그러자 학생들이 같이 우르르 내려갔습니다. 가니깐 처음에 인문사회관 앞에 20명 정도가 내려와 있었는데 내려간 학생들이 위에 있는 학생들에게 내려오라고 동참을 호소했어요. 이렇게 40명 정도 모여 있다가 상대 쪽으로 이동하니깐 한 2배 정도(80~100명)로 늘어났습니다. 거기서 최소한의 시위대 형태가 갖추어졌어요. 그다음에 도서관 쪽으로 갔지요. 광민이가 A4 용지 뒤에 두껍게 '자유'라고 쓴 뒤 들고 구호를 외치면서 앞장섰습니다. 나는 세월이 흘러서 기억을 잘 못 하고 있었는데, 저번에 부산대 기계학과 2학년 학생이 경찰 측에 보고한 자료를 보니 엄태언이가 상대에서 도서관으로 갈 때 구호를 주도적으로 외치면서 갔다고 해요. 그것은 일종의 '가짜 시위대(프락치)'

의 보고인데 순수한 학생들의 시위에 가짜 시위대가 들어와 같이 동참을 하고 누가 주도하는지를 파악을 해서 보고를 하는 것이었죠. 그 당시 우리 시위대 내에 그런 프락치가 있었다는 것을 알고는 큰 충격을 받았지요. 아무튼, 광민과 나의 주도하에 시위대는 그렇게 도서관으로, 구호도 외치고 노래(우리의 소원은 자유)도 부르면서 행진해 갔어요. 그렇게 도서관에서 점점 사람이 늘어나 초기 100명에서 200명 그리고 400명 정도 되었던 것 같아요.

**하현** 그 당시 분위기가, 누구든지 하나 터지면 들고 일어난다. 분위기가 팽배해 있었어요. 무언의 약속인 것처럼….

## 본격적인 교내시위, 학우들 대오 형성. "유신철폐, 독재타도" 외쳐

**사회** 시위대를 끌고 나온 뒤 벌어진 상황에 대해 전해주시죠.

**광민** 상대에서 구 도서관까지 갔죠. 수업시간에 학생들을 데리고 상대에서 도서관까지 간 걸 1차 시위라고 한다면, 10월 16일 부산대에서 최초로 일어난 시위지요. 시경 분석 자료에 나옵니다. 상대생 50여 명이라 해놨던데, 숫자를 줄일 수도 있고. 시위하면서 불어났거든요. 나는 앞에 있었기 때문에 뒤를 몰라요. 그런데 상당히 불어났고. 도서관 앞에 도착해서는 사복경찰이 나를 잡고 연행하려고 했어요. 그 옆에서 학생들이 "정광민이 잡혀간다"라고 몸싸움이 벌어진 거야. 정광민이 구출되고 그때부터 사기가 충천한 거야. 바로 도서관 아래 본관 뒤쪽으로 내려가는 계단이 있었는데, 거기서 스크럼 짜고 그때부터 그냥 와~ 내려가. 그게 2차 시위입니다. 본관 뒤로 해서 운동장 한 바퀴 돌고 교문 쪽으로 나갔거든요. 경찰이 밀고 들어오면서 뿔뿔이 흩어지고. 다시 학생들이 도서관 앞에 모여든 거야. 다시 결집했고, 그때 비로소 선언문을 낭독하고, 구호를 외치고 그랬는데. 시종일관 적어도 3차 시위까지 선언문과 구호를 외칠 때까지 부산상대생들이 주도했어요. 시위 조력자들, 낭독자들, 구호 외치고 전부 다 상대 학우들이었습니다. 나보고 피신하라고 한 사람도 태언이었고, 경찰 추적을 피하려고 윗옷을 바꿔 입었고. 돈을 모아준 친구들도 상대 친구고. 나에게 유인물 전해줬다는 사람도 경제학과 선배고.

**하현** 시위… 아마 분위기는 10월 14일서부터 어느 정도 느낌이 오는 것 같았어요. 나는 문리대니까 본관 앞 잔디밭에 앉아서 분위기를 보고 있는데 이상한 사람들이 본관 쪽으로 왔다가 지프차 같은 게 갔다가 하는 걸 보니, 뭔가 심상찮은 느낌이 들더라고. 15일인가? 소문에 누구누구는 잡혀갔다, 본관 쪽으로 오는 대로변에서 잡혀갔다, 싱숭생숭한데, 16일 수업이 있는데 수업은 안 들어가고 본관 앞에 있고 싶더라고. 그런데 본관 앞에서 보니까, 한 무리의 학생들이 공대 구관 쪽으로 오더니만 운동장 쪽으로 안 내려오고 도서관 쪽으로 올라가더라고. 도서관 마당까지 따라 올라갔어. 노래가 아침이슬이 제일 먼저 나왔지 싶어. 대다수가 민중가

요라던가 운동권의 가요를 모르고 있었어. 본관에 있는 애들이 몰려가 도서관으로 올라가기도 하고, 도서관 밑의 극장 앞에 모여 있기도 하고. 그러더니 20~30분 있다가 내려오더라고. 나는 무언가 있을 것 같은데, 나도 저기 한번 참여해봐야지. 운동장에서 스크럼을 짜고 돌고.

**준석** 광민이하고 10월 15일 밤에 나오면서 다음 날 오전 10시에 만나기로 하고 헤어졌거든요. 시간 맞춰서 올라가는데, 본관을 지나 올라가고 있는데 내려오더라고. 거기서 만나서 도서관 쪽으로 가서 농성하니까. 얼마 지나지 않아 형사들이 나오더라고. 광민이를 잡는데 그게 가장 기폭제가 되었을 거예요. 형사가 있다는 걸 알고, 애들이 거기서 성질이 오를 대로 오른 거예요. 형사를 떼어내고, 그 사이에 광민이가 가지고 있던 유인물을 가지고 도서관

1979. 10. 16. 부산대학교 대운동장을 돌고 있는 시위대(부마민주항쟁기념재단 제공)

안으로 들어갔어요. 안으로 들어가서 사람들을 불러내고, 뛰어 들어가니까 알아서 나오더라고. 도서관에 있는 학생들이 나오고. 그래서 거기서부터 교내를 돌기 시작한 거예요.

**사회** 몇백 명 정도 되었나요?

**하현** 많으면 600명에서 800명 정도. 운동장 돌 때. 그러더니만 공대생들이 밑에서 올라오고….

**사회** 그럼 경찰과 페퍼포그차가 어디까지 들어왔습니까?

**광민** 안에 들어와서 휘젓고 다녔어요.

**사회** 교내에서 진압경찰과 시가전이 벌어진 거네요?

**광민** 쫓겨났죠. 도망가고.

**사회** 그러면 도서관에서 가두 진출을 시도했습니까?

**태언** 도서관에서 운동장으로 갔죠. 운동장으로 가기 전에 시위대 규모를 확장하기 위해 본관 뒤쪽으로 둘러서 운동장으로 갔지요. 의식적인 것은 아니었지만 400~500명은 너무 적어 보일 것 같아서 규모를 좀 더 크게 만들기 위해 교내를 돌며 갔습니다. 어쨌든 그렇게 규모가 커져서 1000명 정도로 불어나 운동장으로 갔습니다.

**사회** 운동장으로 내려간 이후에는 어떻게 했습니까?

**태언** 운동장으로 갔다가 광민이는 빠졌습니다. 운동장을 세 바퀴 정도 돌고 나서 도서관 앞에 다시 모였을 때 광민이와 옷을 바꿔 입으면서 먼저 학교를 빠져나가라고 했습니다. 광민이와 형사들에게 노출되었기 때문에 보호해야겠다는 생각이 들었어요. 당시에는 부마항쟁 규모가 이렇게 커질지도 모르고 대통령이 죽을지도 몰랐기 때문에 광민이가 도망치면 일단 무마가 될 수도 있다는 생각이 들었어요. 그래서 광민이에게 "너는 이제 할 일을 다 했다. 빨리 피신해라. 이제 우리가 알아서 할게" 이렇게 말하고 옷을 바꿔 입었습니다. 그게 나중에 어떻게 발전되는가 하면 그 이후에 내가 16일 한밤중에 동생이랑 자고 있는데 형사 둘이 대문을 박차고 들어와서 나를 체포해 갔지요.

**하현** 처음에 한 20~30명은 교문 앞에서 대치하고. 교문을 뚫고 나가야 했는데, 거기 농구대가 몇 개 있었어요. 학생들이 농구대를 끌고 왔다 갔다 하고. 농구대가 쉽게 굴러갈 건 아니고. 그러다 스크럼 짜고 두 바퀴 돌다… 뿔뿔이 흩어지는 것 같은데, 사대부고를 막 넘어가더라고. 사대부고 담벼락이 넘어지는 바람에 애들이 밖으로 넘어갈 수 있었던 거야.

**광민** 페퍼포그차로 치고 들어오면서 피신하고 도망가고 학내에서… 그러가 다시 조금 지친 상태에서 재결집한 게 도서관 앞이야. 거기서 선언문 낭독하고, 구호 외치고. 나는 솔직히 말하면 학내시위만이라도 성공하면 다행이라고 생각하고 그 이후는 정말 상상도 못 했어요. 시민항쟁은 그 당시에는 책을 봐서도 할 수 있는 생각이 아니었고 우리는 현장에서 다 연행될 것으로 생각했지요. 그래서 그 이후에 도피 생활을 어떻게 한다는 아무런 계획도 없었고 솔직히 지금 생각하면 황당할 정도로 계획이 없었어요.

**사회** 그게 몇 시쯤 됐나요?

**광민** 11시쯤 넘었어요. 시경 분석 자료를 보면 나오는데, 그때 학우들이 우리 이제 어떻게 할 건가, 이야기를 하다가 시내로 가자. 그때 나왔어요. 일부는 사대부고 뚫고 나가고, 일부는 구 정문 부수고 나간 거예요.

**태언** 운동장에서 돌다가 그때만 해도 전경대가 정문 앞에 이미 배치가 되었을 때였죠. 거기에서 명확한 진로를 사전에 계획 잡아놓은 것이 없었어요. 그래서 정문 앞에서 누군가 시내로 나가자 하든지(서면, 남포동 등 가두 진출) 그런 것이 없었지요. 그러던 와중에 교수들이 나와서 "이제 됐다. 그만해라" 이렇게 말리는 상황이었고 밖에서 대치하고 있던 상황에서 경찰이 최루탄을 쏘면서 교내로 들어왔어요. 그것이 학생들에게 많은 자극이 되었죠. 그때부

부산대학교 교정에 진주한 계엄군(부마민주항쟁기념재단 제공)

터 쫓기면서 시내 진출로 방향을 틀었어요. 이날 시위는 부산대 역사 이래로 최대 규모 시위가 아니었나 싶습니다.

**하현** 경찰이 앞에서 진을 치고 있다가 진압이 안 되니깐 경찰 물러가라고 학생들이 돌을 던지고 하다가 경찰들이 들어오는 바람에 해산이 돼서 밖으로 나가는 계기가 되었죠.

**사회** 민간인 신분으로 15일 시위를 계획했던 선용 님은 16일 뭘 했나요?

**선용** 15일 서점에서도 해고가 되고 나서 16일 아침에 일찍 부산대학교로 갔어요. 태백산맥서점에 있던 승일이 형을 그전부터 잘 알았습니다. 부산대 앞에서 책방을 하라는 제의도 내가 한 것입니다. 승일이 형이 '조짐이 안 좋다.' 이렇게 말을 했는데 아니나 다를까, 조금 있으니까 학생들이 정문 앞에 막 무리 지어 가는 것을 보았습니다. 그래서 경찰들과 대치가 됐겠죠. 그 상황이 생생하게 기억나는데 농구 골대를 막 치우는 것을 보았죠. 그게 10시 반쯤 되었고, 정확하게는 기억이 안 나지만 1시간쯤 지나 학교 안으로 들어가니 학생들은 다 빠져나가서 조용했습니다. 그때 우연히 문리대 국문과 다니면서 시도 쓰고 하던 학생을 만났어요. "조용하네."라고 하니 "말도 마세요. 밖으로 다 나가고 뒷문 부수고 벽도 허물고 하면서 다 빠져나갔습니다." 하더라고요. 당시에는 광민 씨가 16일 시위를 주도했다는 생각을 못 했고 나는 15일에 있었던 일이 문제가 되겠구나 싶어서 당시 손님들이 오면 만들었던 비망록 같은 것, 책들도 다 없애고, 불 태웠죠. 책도 육촌동생한테 라면상자로 60개를 싸서 옮겨 놨고요.

## "가자! 남포동으로" 교내에서 도심으로 진출… 시민 호응 폭발적

**사회** 그날 진압경찰이 페퍼포그 차량까지 동원해 교내를 마구 휘젓고 다녔네요. 지금은 상상도 할 수 없는 상황인데. 당시는 일반적이었죠. 교내시위가 한계에 다다랐을 때 시내 진출 이야기가 자연발생적으로 나왔군요.

**광민** 나는 선언문 낭독하고, 구호 외치고. 그다음에 태언이가 오더니 "광민이, 너 할 일은 끝났다. 빨리 피신해라." 옷 바꿔 입고. 그때 돈으로 2만 원인가 모아줬어요. 도서관 옆에 담벼락 개구멍을 통해 피신했지.

**태언** 그래서 그때 뚜렷한 계획이 없었기 때문에 시위대가 분산되고. 저 같은 경우에는 사대부고 담을 넘고 온천장, 미남로터리를 거쳐 부산역, 그리고 남포동까지 진출했어요. 우리 생각은 부산대 학생이 시위진압으로 여러 갈래로 흩어지면 그 당시 남포동이 시내 중심가니깐 남포동으로 올 것으로 생각했고. 그래서 남포동으로 갔어요.

**하현** 온천장 네거리를 지나 그 밑에 시외버스 타는 네거리까지 진출했던 것 같아. 온천장쯤 가면서 구호가 뭐냐 하니까, "남포동에서 만나자". 그때 처음 나왔지 싶어요. 그래가 한 무리는 시내버스 18번, 19번 노선 따라가고 다른 사람들은 사직동으로 가고. 사직동 가보니 경찰도 없고, 아무것도 없고. 지금 법조타운 뒷동네지. 사람들이 삼삼오오 있는데 집에 갈 사람은 가고, 저는 남포동쪽으로 버스를 타고 가는데 부산진역에서, 18번 19번, 82번을 탄 학생들은 다 붙들려 내리는 거야. 부산진경찰서 거기 가서 격리되어 집으로 가기도 하고, 그래도 빠져나가는 학생들은 남포동으로 집결하고.

**사회** 어쨌든 16일 오후 남포동에 갔을 때는 사람들이 있었나요? 그게 몇 시쯤 되었죠?

**일동** 있었어요.

**태언** 있었죠. 남포동에 갔을 때는 늦은 오후였어요.

**사회** 어디 집결했었나요?

온천장을 통과하는 시위대(부마민주항쟁기념재단 제공)

**태언** 남포동에 있는 그 부영극장 앞쪽. 그곳으로 가니깐 학생 같은 사람들이 모여서 소규모로 무리를 지어서 시위하다 보니 그곳에 있던 사람들이 산발적으로 시위대에 합류하고 그런 산발적 시위가 곳곳에서 일어나면서 쫓고 쫓기는 시위가 시작됐죠.

**사회** 경찰이 페퍼포그차로 최루탄도 쏘고 그랬나요? 물리적인 진압이 있었나요?

**태언** 페퍼포그는 안 쏘고 진압을 했죠. 경찰이 시위대 뒤쪽을

광복동에서 시위대를 향해 질주하는 페퍼포그차(부마민주항쟁기념재단 제공)

공략하면 뒤쪽에서는 당하고 잡혀가기도 하고 또 흩어졌다가 다시 모여 시위대를 형성하고 그렇게 했습니다. 일종의 시가 게릴라전 같은 형태로….

**사회** 그럼 16일 저녁에는 몇 명 정도 시위에 참여했나요?

**태언** 당시 남포동이 굉장히 소란스러웠기 때문에 시위대가 여러 갈래였어요. 하여튼 여기저기서 구호가 터져 나오고 남포동, 광복동 골목 쪽으로 계속 산발적으로 시위대가 스쳐 지나가고 또 다른 골목에서 시위대가 나오고 서로 다른 시위대가 이렇게 시위를 했기 때문에 수천 명은 된 것 같아요.

**동관** 16일 시내까지 다 들어와서 시위를 시작한 게 부산대 학생들입니다. 거기 나와 있던 시민들의 참여도는 17일 2차 가두시위 때보다는 규모가 작았어요. 부산대학 학생들이 시위를 시작하니까 일부 시민도 동참한 겁니다. 16일까지는 제가 보기엔 학생시위였던 것 같고, 시민들이 본격적으로 가세한 민중시위는 17일부터입니다.

**사회** 17일은 부산대에서 교내시위는 더 이상 없었나요?

**동관** 학교를 못 들어갔으니까. 학교가 봉쇄되어 있었던 것으로 압니다.

## 10.16 부마항쟁 2일 차, 동아대생 본격 참여. 가두시위 주도

**사회** 부마항쟁 이틀째부터 동아대 학생들이 본격적으로 참여하게 됐죠. 17일 상황을 들어보겠습니다.

**동관** 마찬가지입니다. 학생들 선동할 때 저는 직접 교탁 위에 서서 하진 않았지만, 법학과 학생들은 거의 다 알고 있었어요. 아침에 '도서관 앞 잔디밭에 동원시킨다'는 결정을 하고 올라가면서, 도서관 앞에서 강명규라고 정외과 2학년 간사를 만났어요. 내 고등학교 동기입니다. 대학은 한 해 밑인데, 그 친구한테 "2학년 정외과 애들, 잔디밭으로 동원시켜라." 했어요. 시간은 정한 게 없었어요. 그리고 올라가면서 김백수, 법학과 2학년 간사를 만나서 "2학년 애들 동원시켜라." 그리고 법경대학 교실마다 들어가면서, 복도에 뛰어다니면서 수업이 있는 곳은 못 들어가니 수업 준비하는 데는 문만 열고 "지금 데모할 거니까, 잔디밭으로 즉시 모여라." 했어요. 상대에서도 친목 모임을 하던 친구들은 호응을 다 했죠.

**사회** 그래서 몇 명쯤 모였나요?

**동관** 처음에 한 10시쯤 잔디밭에… 제가 한 바퀴 다 돌고 내려오니까 30명 정도가 모여 있더라고요. 처음에는 실망했죠. '어? 왜 이렇게 적어?' 그리고 용수한테도 연락이 없고. 용수는 학도호국단 사무실로 가서 간부들 소집을… 그런데 10분 정도 있으니까 또 몇십 명이 더 내려와요, 법대에서. 도서관에서도 몇 명이 나오고. 그러다가 시위 시작… 처음에는 연좌농성을 했죠. 잔디밭이 제법 큽니다. 처음 30~40명 모여 있다가 법경대에서 계속 10여 명씩 계속 나오는데, 한 30분 있으니까 100명 이상이 되는 거예요. 연좌농성을 시작하다가 문리대 학생들이 내려오기 시작한 거예요. 잔디밭에 인원이 모이면 한 1000명 가까이 모입니다. 굉장히 크거든요. 한 500~600명이 모였을 때, 자연적으로 연좌농성을 하면서 노래가 나오기 시작한 거예요. 누가 선창을 한 거죠. 아침이슬, 선구자, 그런 노래가 시작되니까 문리대에서 나오기 시작한 거예요. 문리대 나오고 난 뒤에, 거의 자리가 찼을 때 교외 진출을, 교문 밖으로 진출을 하자고 했습니다. 잔디밭에서 교문까지는 50m도 채 안 돼요.

**사회** 연좌농성을 하다가 교외 진출을 시도했다? 동아대도 경찰의 교내 진압이 있었나요?

**동관** 운동장에 1학년 법대 애들이 교련을 받고 있었어요. 오전 11시 가까이 되었을 겁니다. 시위대가 내려가는데 운동장에서 교련 받는 애들이 합세가 된 거예요. 교문 밖으로 한 10m 정도 나갔을 겁니다. 교문 밖에 나가면 구덕운동장까지 길이 하나밖에 없어요. 구덕상회 앞 10m 지점에서 전투경찰들이 진을 치고 있었고, 페퍼포그차를 동원해 최루탄을 쏘니까 더 이상 진출을 못한 거죠. 퇴각을 하게 됐어요. 경찰이 안으로 진입하는 걸 당시 학생처장하고 이용수 학도호국단 사단장이 경찰을 막았어요. "여기는 학내다. 경찰이 진입하면 안 된다. 내가 학도호국단 사단장인데, 내가 책임질 테니 더 이상 들어오지 말라"고 해서, 교문을 잠그고, 그때는 제가 옆에 있었기 때문에 확실히 알고 있죠. 신순기(당시 학생처장)와 이용수가 경찰 진입을 막았어요. 다시 잔디밭에 올라가 연좌농성을 하게 되었습니다.

**사회** 17일 몇 시간 정도 농성이 계속됐나요?

**동관** 한 10시부터 연좌농성한 게… 1시간에서 1시간 20분 정도? 1차 농성이? 그리고 교외진출을 하려고 40분에서 1시간 정도 다툼이 있었고. 쫓겨 와서 잔디밭에서 농성할 때가 12시 조금 넘었던 것 같습니다. 그때 점심시간이었어요. 학생들이 뿔뿔이 흩어졌죠. 농성하는 친구는 농성하고, 노래 부르고, 밥 먹으러 가는 친구는 구내식당에서 식사하고 오면, 계속 농성하고 있으니까 다시 합류하고. 1시 30분쯤 2차 교외 진출을 하게 됩니다. 그때는 교문 밖으로 일체 나가지 못했어요. 교문에서 대치하다가 40~50분 대치하다가 잔디밭에 다시 와서 제3차… 그때는 짧은 시간이었는데 노래 없이 연좌농성을 했는데, 누군가 "6시에 남포동 부영극장 앞에 모여서 시위를 하자." 그 얘기가 퍼졌어요. 16일은 부산대학교 학생이 주도했는데, 17일 시내 시위는 동아대학이 먼저 시작을 한 거나 다름없어요.

**준석** 재밌었던 상황이… 동아대나 부산대나 그때그때 즉흥적으로 사람들 행동이 나타난 거예요. 사대부고 담도 발로 차면 밀 수 있다 해서 한 거고. 즉흥적으로 남포동 6시에 만나자 하고. 순간적으로….

**동관** 체계적으로 계획된 바가 아니었던 거지. 지도부가 있어서 일사불란하게 지시전달 사항이 있어서 된 것이 아니고. 부마항쟁은 비조직적이고 그런 식으로 성공한 항쟁이었죠.

**17일 2차 가두시위, 시민 본격 호응. 시내 중심가 곳곳에서 게릴라 시위**

**하현** 17일 남포동을 갔는데. "미화당 앞에서 만나자." 지금도 미화당 앞을 보면 로터리가 있는데, 거기 사람들이 쭉 모여서.

**동관** 몇 시였죠?

**하현** 아마 5시 정도 됐을 겁니다. 사람들이 모여서 시위를 준비했는데 내가 볼 때 미화당 앞에는 한 200~300명?

**동관** 그때 저도 남포동에 있을 때입니다.

**하현** 조금 이따 보니까 부영극장 있는 곳에서 사람들이 골목으로 미화당 앞으로 오더라고.

**동관** 그게 6시.

**하현** 나는 참여를 못 하고 비앤씨 있는 쪽에서 보고만 있는데, 그때부터 스크럼을 짜더라고. 한 조는 시청 쪽으로 올라가고, 또 한 조는 보수동 법조타운 쪽으로. 나는 또 보수동 쪽으로 합류했죠. 보수동 저 윗길로 골목을 타고 올라가는데, 그 당시는 학생들 숫자는 파악이 안 되지만, 적지 않게 환호하는 시민도 많았고, 같이 참여하는 사람이 많았어. 그래서 보수동 네거리 가니까 경찰에 왕창 깨지더라고. 흩어지니까 보수동 헌책방 있는 데서 막히고 저지당하고 했는데, 나는 거기서 결국은 중부교회 뒤로 피신하다 남의 집 슬레이트 지붕 위에 떨어져서….

**동관** 동아대 상황을 계속 이야기하면 "6시에 부영극장에 모이자." 이렇게 된 거예요. 그러고 학교에서 한 3시, 4시 사이에 교문이 통제되어 있으니까, 교문을 못 나가는 겁니다. 저 같은 경우는 우리 도서관 뒤가 구덕산입니다. 그곳에는 학교 담이 없어요. 조금만 올라가면 나가는 길이 있어서, 거기로 거의 다 빠져나갔죠. 남포동 부영극장 앞에서 6시에 시위하기로 약속이 다 되어 있으니까. 그걸 누가 얘기했냐는 아직 밝혀지지 않았어요. 5시 조금 넘어서 도착했는데 남포동 골목을 쭉 훑어보니 거의 다 학생들이었죠. 안면 있는 애들은 동아대학교 학생들이고. 학생들이 남포동, 광복동까지. 미화당 앞에도 보통보다는 엄청 많았죠. 6시 가까이 되어서 부영극장 앞을 딱 갔는데, 학생들이 빽빽할 정도로 있었어요. 부산 부영극장 옆에 극장이 또 하나 있었어요. 그 옆에 경찰차들이, 닭장차들이 몇 대인지 모를 정도로 쫙 서 있더라고요. 옛날 완당집 앞에 스피커가 있었어요. 여기 스피커에서 6시 정각에 국기강하식 노래가 나오는 거예요. 강하식 다 하고, 애국가 끝남과 동시에 "와~" 하고 시위가 시작됩니다.
"와~" 하는 함성과 동시에 옆에 있는, 대기하는 경찰들이 밀고 들어오는 겁니다. 그러니까 학생들이 어디로 가는가 하면, 남포동 골목 쪽으로 빠지고, 일부는 자갈치 쪽으로 빠지는 학생들도 있었는데, 중간중간 또 골목이 많지 않습니까? 그쪽으로 흩어지고 하는 거죠. 시위대의 주력부대가 광복동을 해서, 시청 앞으로 해서, 그게 인원이 제일 많았어요. 저는 거기 있었거든요. 광복동으로 나가서 시청 앞에서 부산역 쪽으로 진출하려고 했던 거예요. 큰 대로변이지 않습니까? 인원이 어마어마했었어요. 그때부터 시민들이 본격적으로 호응하기 시작했습니다 나중에 저희들이 부산우체국 사거리까지 진출했어요. 부산역까지는 못 가고, 부산우체국 사거리에 진압부대가 어마어마하게 집결해 있는 거예요. 거기서 도저히 뚫고 나가지 못하고. 그때는 곤봉으로 사정없이 때렸어요. 그대로 머리든 뭐든 치고. 후퇴하기 시작했죠. 거기서 대청동으로 빠진 인원도 있고, 대청동으로 빠진 인원은 나중에 보수동으로 해서 법원까지도 갔을 거고, 경남도청까지 간 팀도 있을 거고. 주력 시위대가 후퇴해서 광복동으로 빠지고, 동명극장, 자갈치 시장 쪽으로 돌아 나갔는데. 그 시간이 8시 30분쯤 되었을 겁니다. 그때

남포동, 인파와 최루가스로 뒤덮인 부산극장 부근(부마민주항쟁기념재단 제공)

상렬이가 남포파출소 불붙는 걸 보고… 저도 근처에서 그 장면을 목격했어요. 한참 바라본 기억이 납니다. 보니까 사복경찰 같은 사람도 있고, 물론 경찰 옷 입은 진압부대도 있는데. 상렬 씨는 아마 사복경찰에 걸렸지?

**상렬** 네.

**동관** 거기서 저도 구경을 하다가 다시 부영극장 앞으로 갔죠. 그때는 대청동, 충무동, 보수동, 부평동 등 중구 갈래에 학생과 시민들이 쫙 깔려 있었어요.

**사회** 그때 시위 참여 규모는 어느 정도 되었을까요?

**동관** 통계를 내기가 어려워요. 광복동에서 시위하다가 경찰에 밀려서 피신할 적에 그 국제시장 가게 있지 않습니까? 가게 주인들이 피신을 도와줬어요. 학생들을 숨기고, 셔터 닫고. 그런 식으로 해서 또, 진압부대가 지나고 나면 셔터를 열어줘서 다시 모이고. 완전 게릴라전이죠. 모였다가 흩어졌다, 모였다가 흩어졌다. 거의 중구 전체에 한 11시까진가 계속 이어졌을 겁니다.

**광민** 숫자를 많이 잡은 걸 보면, 5만 명.

**준석** 계엄령이 내려질 정도였으니까, 그 숫자가 상당했을 거야.

**사회** 17일 밤늦게까지 가두시위가 계속 진행되었고, 시민들 호응은 굉장히 폭발적이었다?

**동관** 도움도 주고, 물도 주고, 음료수도 주고, 피신도 시켜주고, 경찰한테 욕도 하고.

**하현** 경찰들이 탄압하면 "하지 마라" 욕을 하면서, "왜 그러냐고". 내가 미문화원 쪽으로 해서 보수동으로 쫓겨 갔는데, 사람들이 그러더라고.

**사회** 그때 경찰들의 진압방식은 어떠했습니까?

**동관** 처음에는 최루탄만 가지고 대응했지요. 뒤에 제가 당한 건 부산우체국 사거리입니다. 그때는 곤봉을 막 휘둘렀어요.

**광민** 그때가 17일 몇 시부터입니까?

**동관** 그때가 밤 8시.

**사회** 곤봉도 사용하고, 악명 높았던 백골단 투입은 안 되었나요?

시청 앞 계엄군의 장갑차(부마민주항쟁기념재단 제공)

**동관** 그때는 백골단이 없었어요. 그냥 전투경찰. 카키복. 체포조.

**하현** 하얀 제복 입고? 없었어요.

**사회** 저 때는 있었거든요. 백골단이 투입되어서 무자비하게… 공포의 진압….

**하현** 그건 5.18을 경험하고 난 다음부터….

## 고등학생 신분에서 한순간에 파출소 방화주범으로 조작된 옥상렬

**사회** 옥상렬 님은 당시에 고등학생이었습니까?

**상렬** 네 그렇습니다.

**사회** 그런데 억울하게 연루가 되어서 옥살이도 하셨죠. 그 당시에 어떻게 해서 연루가 된 겁니까?

**상렬** 그때 저는 경남공고 3학년 실습 준비할 때였거든요. 고등학교에서는 사실 부마항쟁 일어난 것 아무도 몰랐습니다. 저도 몰랐고, 17일, 학교 마치고 집에 와서 동네 친구 생일이라 남포동에 저녁 먹으려고 놀러 나갔죠. 용두산 공원에 올라갔다가 집으로 가려고 내려왔는데 차 타려면 남포파출소를 지나야 하거든요. 그런데 지나려 하다 보니 불이 이미 많이 붙었더라고. 안에는 청년? 나이는 확실히 모르겠고. 세 사람, 네 사람이… 경찰 말고, 불 지르고 있는 상태라. 각목으로 책상 두드리고 있더라고. 40~50명쯤 되는 사람들은 구경하고 있고. 구경한 지 한 5분 정도 됐나? 누군가가 "진압 경찰 온다."라는 고함을 지르더라고. 안에서 두드리는 사람도 나오고, 구경하는 사람도 다 뿔뿔이 흩어지는 사이에 나도 바로 옆에 있는 영도 가는 정류소로 가려고 지나가는데 사복경찰이 배를 그대로 차더라고. 배를 맞아서 쓰러졌는데, 경찰서에 가자마자 "방화범이다." 하더라고요.

**사회** 경찰에 연행되고 나서 어떻게 되었습니까?

옥상렬 님

**상렬** 중부경찰서에 연행되고 나서는 무조건 방화범으로 몰아서. 그때는 나이가 몇 살인지 물어보지도 않고. 제가 그때 덩치가 지금과 똑같거든요. 대학생이라고 보고 잡아갔어요.

**동관** 방화범 조작이 3명입니다. 황창문, 황상윤, 옥상렬. 이 세 명이 방화범 조작인데, 이들을 경찰에서 조사한 내용을 보면, 세 명이 아는 사람인 걸로, 공범인 걸로 조사가 되었어요. 그런데 생전 처음 보는 사람입니다. 증거 조작인 거죠.

**사회** 그러면 경찰에 끌려가서 고문을 당했습니까? 구체적으로 진술해주시죠.

**상렬** 경찰서 가서, 취조실인가 어딘가 모르겠어요. 끌려가서 책상에 목을 젖히게 하고 그 위에 수건을 올리고 물을 붓는데 숨을 못 쉬겠더라고요. 그러고 나서도 북부경찰서 뭐 여러 군데 많이 끌려다녔습니다. 북부경찰서로 갔다가 또 거기서 조사할 형사가 없으니까, 조서를 못 꾸미더라고. 그래서 다시 중부로 오게 됐죠.

**사회** 며칠 동안 경찰에 있었나요?

**동관** 10월 29일까지 있었습니다.

**하현** 유치장으로 바로 갔어요?

**동관** 10월 29일에 저희들과 함께 헌병대로 넘어갔죠.

## 또 다른 민간인 피해자 김창우 씨

**사회** 이 자리에 민간인 신분으로 시위에 참여하게 된 또 다른 한 분이 나와 있습니다. 김창우 님인데요. 당시 어떻게 참여하게 됐습니까?

**창우** 빠른 61년생이라 60년생과 친구 사이였는데 대학을 가려니 집안 형편이 어려워 책 외판원을 했습니다. 그 당시 동아 전집 같은 것을 아이들에게 팔았지요. 나는 관심이 없었지만, 그날 친구 따라 참여하게 되었는데요. 16일 남포동과 다른 곳에서 시위한다는 소식을 듣긴 했지만 크게 관심이 없었어요. 집안 형편도 어려웠기 때문에. 친구들과 거의 매일 저녁 6~7시쯤에 모임이 있었는데 한 친구가 "시위하는데 우리도 참여를 해야 하지 않겠냐." 해서 같이 내려갔지요. 지식도 많이 없고 놀기 좋아했었는데 그냥 일반

복장에 슬리퍼 끌고 가서 참여했습니다.

**사회**　김창우 님이 시위대에 합류한 그 뒤 상황을 설명해주세요

**창우**　저녁 먹고, 친구 두 명과 함께 내려갔는데 법원 앞에서부터 시민들이 거의 2000명 정도였던 것 같습니다. 그 당시 왕복 2차선이었는데(기억이 정확하진 않지만), 거기 군중들이 꽉 찼어요. 남포동에서 시위하던 시민들이 "구덕운동장까지 가자." 하며 쭉 올라왔어요. 그 당시 남포동에는 학생들보다 시민들이 훨씬 많았습니다. 선봉에는 학생들이 30명 정도 있었던 것으로 기억합니다. 부평동 법원 앞에서 합류해 "유신철폐, 독재타도" 구호를 외치며 계속 따라갔지요. 다양한 나이의 사람들이 다 있었는데 올라가면서 구호를 외치니 굉장히 시끄러웠습니다. 그렇게 2일 동안 시위에 참여했습니다. 시위는 16일부터 본격적으로 시작되었고 저는 17일 저녁 8시쯤에 참여를 했습니다. 시민이 거의 80~90%였고 선두는 안 보였죠. 제가 중간 후미에 있었으니깐. 그 길이가 2차선 왕복에, 앞 팀이 경남학원에

김창우 님

있으면 후미는 부평동 사거리 지금의 서부교회 있는 쪽까지, 그 정도 되었죠. 나중에 들은 얘긴데 부평동 사거리(서부교회)에서 걸어 내려오는 과정에서 흑교파출소가 불타고 법원 안에는 경비가 있으니깐 못 들어가고 시민들이 대학 병원 쪽에서 올라오고 보수동 쪽에서 올라오고.

**사회** 그러면 경찰에 어떻게 잡혔나요?

**창우** 그 이후에 운동장까지 행렬이 쭉 올라갔고 운동장에서 우리는 화염병 던지거나 그런 상황은 없었고 마침 시위대 끝이 구덕운동장이었습니다. 운동장 옆, 문화아파트 바로 앞에 파출소가 하나 있었는데 거기서 시위를 하다가 결국은 끝나버렸습니다. 거기서 애국가도 부르고 구호도 외치고 돌도 던지고 하고서 여기서 헤어지자 이렇게 되었습니다. 저의 집이 영주 터널 인근 보수동 쪽에 있었는데 마치고 그쪽으로 가고 있는데 (17일 밤 10시 조금 넘은 시간에) 영주 터널 나오는 곳에서 경찰들이 대기해 있었던 거죠. 그것이 군인인지 경찰인지는 모르겠고 갑자기 차들이 일자로 서 있고 헤드라이트가 한 20개 팍 켜지니 눈이 엄청나게 부셔서 사방분간을 못 했죠. 친구 두 명은 보수동 쪽으로 달아나고 나는 분간을 못 해서 다시 운동장 쪽으로 도망갔어요. 친구 두 명은 안 잡혔는데 나는 올라가다 보니 막다른 골목에 다다라 결국에는 숨는다고 숨은 것이 남의 집에 들어가서 2층으로 갔는데, 거기서 결국 잡혔어요.

## 본격적인 시위주동자 검거, 준비 안 된 도피와 학교 당국의 경찰 협조

**사회** 시위 후 도피 과정과 검거 또는 자수 과정을 들어 보겠습니다.

**광민** 그 당시만 하더라도 학내시위를 하다 보면 당연히 현장에서 체포될 것으로 생각했죠. 장기간 도피할 생각도, 준비조차도 못한 상태에서 피신을 했어요. 16일 그날 경남 고성 친구 집에 갔죠. 이틀인가 있었는데. 상상을 초월하는 일이 벌어졌으니까. 친구 집에 피신하고 있는데 좌불안석이고, 도대체 나는 어떻게 해야 하는가. 친구는 없고 나이 든 모친이 계시는데. 아무런 얘기도 없이 도피만 한다는 건 도저히 말이 안 되는 상황이고. 18일 비상계엄 터지고 오후에 부산으로 다시 왔죠. 그곳에 있다가는 노모가 어려운 일을 겪게 되고 해서 올라왔는데 갈 데가 없는 거예요. 전화를 걸어보면 다른 친구들도 쉬쉬하고. 그러다가 초등학교 친구 집에서 하룻밤 자고, 다음날 고등학교 동기 집에서 하룻밤 자고. 19일 밤에 그 누나가 여비 1~2만 원하고 옷가지를 챙겨줘서 20일에 나왔죠. 전전하면서 어떻게든 친구하고 선이 닿아 전화 걸면 전부 다 겁이 나서. "경제과 너 때문에 난리 났다. 폐과한다고 한다. 선생들도 말이 아니다." 들리는 얘기는 그랬어요. 그런 상황에서 내가 도망자처럼 전전할 수도 없는 거고. 그때 부산상대 경제학과 모 교수가 수업시간에 굉장히 비판적인 말들을 많이 했거든요. 나름대로 괜찮은 교수라 보고, 나는 그때까지만 해도 자수한다는 생각도 안 했고. 워낙 내 상태가 불안정하니까, 믿을 만한, 신뢰하는 교수한테 찾아가서 상담한다는 차원에서 교수 집으로 찾아갔거든요. 서대신동이었어요. 운동장 바로 앞에서 처음 보자마자 "이게 무슨 짓이고. 기분 같으면 뺨이라도 한 대 때리고 싶다. 무슨 일이 벌어졌나." 나는 격려라도 들을까 했는데… 이런 게 아니고, 오히려 뺨 한 대를 때리고 싶다는… 상상을 초월하는 얘기를 들으니… "와 잘못 왔네." 싶더라고요. "네가 벌인 일이니까, 사내답게 수습해라. 자수해라." 이러더라고. 어떡합니까? "하겠다." 하니까, 바로 학생처로 연락을 하고 학생처 차인지 경찰서 차인지 모르지만 그 차로 동래경찰서까지 태워서 넘겼지요. 그게 20일 밤 상황이었어요.

정광민 님

**태언** 부산대에서 시위가 일어났고 난리가 났는데 피신하려고 하룻밤 자러 왔다 그러면 잘 안 재워주는데 재워준 것도 대단한 것이죠.

**하현** 우리 등록금이 한 학기 12만 원 정도 할 당시 장학금도 2

만 원이었는데, 그때는 1~2만 원도 엄청나게 큰돈이었습니다.

**준석** 광민이하고 데모 계획할 때에는, 이것이 되면 어떻게 하고 그다음 과제는 전혀 생각을 못 했죠.

**동관** 저도 광민 씨하고 비슷한데. 18일 비상계엄하고 아침에 학교에 가니까. 우리 동아대학에는 광주에서 악명을 떨쳤던 3공수 여단이 진입을 해 있었거든요. 교문을 막고 학생들 출입이 안 되는 겁니다. 와 이거 큰일 났다 싶더라고요. 그때는 서울에서 학생들이 구속되고, 회합하다가 걸리면 긴급조치 위반이 되고 하지 않았습니까? 그래서 이거는 무조건 걸리겠다, 몸을 피하자, 이렇게 된 거예요. 제 고향이 진주입니다. 진주에 삼촌 집이 있었어요. 18일 고향으로 도망갔죠. 피신해 있는데, 19일 학교에서 아버지가 전화를 한 겁니다. "협의해서 수습을 해야 한다. 동관이 동아대학교로 보내 달라."고요. 그래서 제가 "학생과장하고 전화해서 혼자 나올 것을 약속해주십시오." 그랬더니 학생과장이 혼자 나오겠다고 한 거에요. 20일 오후 4시

이동관 님

쯤 됐습니다. 동아대 정문. 지금은 병원 정문이죠? 그 부근 구덕다방에서 만나기로 했습니다. 저도 순진하지 않습니까? 학생과장 이야기만 철저히 믿은 거예요. 다방에 들어가니까, 형사 같은 사람들이 대여섯 군데 앉아 있더라고요. 가운데 학생과장이 앉아 있고. 그 앞에 앉으려는데, 옆에서 일어나더니만 수갑을 딱 채워 연행해 갔죠.

**하현** 저는 단순가담자니까 도망갈 필요도 없고, 현장에서 붙들린 것도 아니고. 10월 24일 집에서 아침밥을 먹고 있는데 형사 한 사람이 오더라고. 나보고 가자 해요. 어디서 왔냐 하니까, 중부서에서 왔다. 느낌이 묘해. 동래서에서 왔다 하면 이해가 되는데, 중부서에 왔다. 내가 뭐 잘못한 일도 없고, 단순가담자인데 날 죽일 건가 싶어서 함께 갔죠.

**태언** 저는 16일 남포동에서 시위를 하고 밤도 늦고 사람들도 해산하는 분위기라서 집으로 갔죠. 집에 들어가니깐 동생이 오더니 "형 지금 큰일 났으니 빨리 피신해야겠다."라고 하더라고요. 내 동생은 내가 뭘 하고 다니는지도 모르는 상황이었는데 고등학교 선배 한 사람이 "무조건 피신해라." 전했다는 말을 들었어요. 나는 그 선배가 보안대에 근무하고 있다는 것도 몰랐는데 그날 우리 집에 와서 그렇게 피신하라고 말해준 겁니다. 고마웠지요. 솔직히 그때는 그렇게 대단한 일이 벌어지리라는 것을 몰랐고, 내가 집에서 나오면 도피할 경제적인 상황도 안 됐고 어디 갈 곳도 없어서 동생한테 "내가 무슨 죄지을 나쁜 짓을 하고 온 것도 아니고 나는 그냥 집에 있을 거다." 하고 자려고 하는 순간 형사 두 명이 대문을 박차고 들어왔습니다. 그리고 옷 입고 나가는데 지프차에 타자마자 "일호 체포 완료"라고 하는 소리를 들었죠. 그래서 순간적으로 내가 광민이와 옷을 바꿔 입고 나니깐 어디서 사진 찍고 찾아와서 광민이로 알고 잡았겠구나 하는 생각을 했죠.

## 고문과 폭행, 사건 조작 반인권적 공권력의 횡포

**사회** 경찰에 연행되어 가서 어떻게 됐나요? 본격적인 폭행과 고문이 시작됐겠죠?

**광민** 20일인가 자수를 해서 동래경찰서에 들어가니깐 핵심적인 것은 '배후'였어요. 그때는 박정희 죽기 전이었고 그 당시 상황은 나중에 알았는데 중앙정보부에서 부마사태 시나리오를 만들었다는 것을 알았죠. 주로 재야세력과의 연계 또는 이북과 연계된 것을 물었죠. 저 같은 경우는 황선용 씨 말대로 안대를 끼고 위로 올라갔다 내려갔다 하면서 결국 지하 고문실로 데려갔어요. 그러고 다리 사이에 곤봉을 끼워 넣고 뒤로 딱 들고 그러면 완전히 머리가 뒤로 젖혀지고, 손도 묶고 그 곤봉을 책상 사이에 걸어놓는지는 모르겠고, 젖혀진 상태에서 코를 물수건으로 막고 거기다 물을 부어버렸어요. 물이 들어오는 속도가 숨 쉬는 속도보다 빠르니깐 몇 초 상관없이 으윽거렸죠. 그러고 첫 번째 질문이 배후였습니다. 배후가 없으니 없다고 하면 시나리오대로 부친이 피란민이고 하니깐 "너희 아버지 고정간첩이지?"라고 했어요. 기절초풍할 이야기지. 상상을 할 수 없는 이야기지. 편하기 위해서 그렇다고도 못하겠고 그건 내가 결사적으로 버텼어요. 아버지가 고정간첩이 아닌 걸 어떻게 그렇다고 합니까. 한 서너 번 공사를 당했지요. 그러다가 실신을 했고 그러고 깨어나니 대동병원 응급실이었어요. 몇 시간이 지났는지는 모르겠지만 흰 가운을 입은 의사, 간호사들이 지나가고 동래경찰서 정보과 형사들이 앉아 있고, 이런 상황에서 자기들끼리 수군수군하고 그래서 나중에 링거를 맞으면서 회복을 했어요. 박정희가 죽기 전까지 그렇게 했고 나 같은 경우에는 털어도 나올 게 없었어요. 내가 뭐 재야하고 연계가 있는 것도 아니고. 선용 씨가 재야 배후의 돈을 나눠줬다는 이야기는 기억이 없습니다.

**선용** 그때 내가 고문을 당하고 유치장에 내려오니깐 합방을 시키더라고. 그때 광민 씨가 여기 혹시 황선용 씨 있냐고 묻더라고요. 그래서 "난데요" 하니깐 "그 왜, 재야 돈을 안 받았는데 받았다고 합니까?" 그랬지요. 그 당시는 광민 씨가 16일 시위 주도한 것을 경찰들이 크게 이야기를 안 했어요. 정광민파 이러더라고. 그래서 "아 16일 주동을 했구나." 대충 유추는 했어요. 지금 생각하니 그 당시 16일은 광민 씨가 주도했고, 나는 15일 배후 조종했고 하니 지하로 내려가 고초를 당했고 그 고문은 두 사람만 당했지

거리의 계엄군(부마민주항쟁기념재단 제공)

싶습니다.

**동관** 부연설명을 하면요, 처음에는 정보계통이나 계엄사에서 광민 씨를 몰랐었어요. 의식화된 인물이 아니었기 때문에 몰랐어요. 누가 주동인지 누구로부터 시작되었는지를 모르고 있었는데 체포된 진술자들이 정광민, 정광민 하니까 뒤에 안 거예요. 뒤에 알아서 더 고생한 거죠.

**동관** 저는 잡혀간 후에 관할서인 서부경찰서에 갔어요. 그때 계엄 합수단에서 경찰마다 담당 학생들을 분류시켰나 봐요. 4시 반쯤 서부서에 가서, 다시 영도서에 들어가게 된 게 밤 9시나 10시 쯤 될 겁니다. 그때 영도서가 동아대학 담당 수사본부였어요. 동아대학 애들만 잡아서 수사하던 곳이었는데, 들어가자마자 죽도로 수사과장실에서 수사과장이 폭행을 했어요. 형사가 때리는 건 이해를 하겠는데, 수사과장이 폭행해서 엄청 맞았어요. 고정간첩, 이북지시, 김영삼 사주 등 이런 거로 조사를 하는 겁니다.
최근 정보를 보면 당시 전두환도 부산에 왔고 김재규 중앙정보부장도 왔어요. 직접 자기 눈으로 보고 서울 가서 박정희한테 얘기한 거니까. 중정에 8국장이, 정 박사 때문에 8국장이 부산 왔다는 걸 몇 년 전에 알게 됐는데. 학생 신분으로 8국장을 만난 사람은 유일하게 제 증언에만 있습니다. 영도서에서 조그만 방이에요. 가운데 책상이 있고, 약간 어두침침한 방인데, "나는 중정국장이다." "더 이상 몸 다치지 마라, 이미 시나리오가 짜여 있다. 너는 곧 서울로 간다." 소위 남산이죠. 남산이라는 표현은 안 했는데…. "서울로 간다. 더 이상 몸 다치지 말고 그냥 시인해버려라. 그게 편하다." 이런 이야기를 하더라고. 섬뜩했어요. 그 얘기 듣고 '죽었구나.' '간첩으로 몰리는구나.' 소름이 끼치면서… 그 대화 나눈 기억이 아직도 생생하게 나요.

**광민** 그 심정이 이해가 갑니다.

**사회** 백 선생님은요? 그 당시에 어찌 됐나요?

**하현** 첫 마디가 "양서조합이 어디 있어요?" 그러니까, 양서조합이라는 게 벌써 파악이 된 모양이라. 그래서 "양서조합 했습니

백하현 님

다.” 하니, “들어가 있어라.”라는 거예요. 형사 앉아 있는 자리에 조그만 칠판이 있어. 칠판에 A, B, C, D 해놓고. 형사 보호실에 12명 정도 있었지 싶어. 나이 많은 통일당 소속 노인도 있고, 그 사람도 남포동에 있다 끌려온 모양인데. 딱 보니 내가 A에 가 있더라고. A, B, C, D가 무슨 의미인지도 몰랐어. 거기서 이틀 있었는데, 27일 새벽에, 라디오에, 노래가 처연하더라고. 아침 일찍이 4~5시 되어서 경찰들이 출근하더라고. 신문을 들고 있는데 보니, 서거. 10월 26일이야. 함께 수감돼 있던 통일당 소속 할아버지가 “너희는 살았다.” 그러더라고.

**동관** 고문 방법을 제가 상세하게 설명해 드릴게요. 저는 정 박사 고문 증인으로 나갔던 사람입니다. 폭행은 예사고, 의자 차는 것도 예사예요. 흔한 고문 방법은 경찰 곤봉을 무릎 사이에 끼웁니다. 그리고는 봉을 넣은 상태에서 꿇어앉히고는 허벅지를 구둣발로 짓이깁니다. 제가 상해 인정을 받았는데 그 고문 때문에 지금도 마비가 있어요. 그리고 상렬이가 당한 고문은 통닭구이 고문에서 변형된 고문이거든요. 우선 발가벗겨서 수갑을 채웁니다. 발은 밧줄로 묶어요. 긴 봉을 발목과 손목 사이에 끼웁니다. 책상과 책상 사이에 봉을 걸칩니다. 그럼 몸이 하늘을 보게 되겠죠? 뭐가 연상됩니까? 오븐 속의 통닭이 연상되죠? 그 상태에서 얼굴에 수건을 덮어서 맹물을 부어요. 맹물도 5초 정도? 독한 사람은 10초 정도 견딜 건데, 고추냉이나 고춧가루를 탄 물은 1~2초도 못 버텨요. 이걸 저는 영도서에서 받았거든요. 이용수(학도호국단 사단장)하고 같이 시위선동을 했다 해서 고문도 같이 받고, 조사도 같이 받았는데, 이용수는 공수부대 출신이에요. 단단하고 체격이 좋습니다. 근데 고문에는 약하더라고요. 저는 되게 연약하게 보였었거든요. 저는 고문을 견디는데, 그 친구는 못 견디라고요. 용수가 영도서에서 자살을 시도하는 걸 직접 목격했습니다. 통닭구이를 받다가 자살 시도를 한 거예요. 진술서를 쓰면서, "이북에 몇 번 갔다 왔어?", "북한 고정간첩은 언제 만나서 어떻게 지시받았어?", "돈 받았어? 지시받았어?" 그럼 당연히 아니라고 하죠. 우리는 순수한 학생입니다. "아닙니다." 그러면 폭행하다가 통닭구이 고문을 하지 않습니까? 그러면 "간첩이지?" 네, 간첩입니다. 어쩔 수 없어요. 못 견뎌요. 그러면 풀어줄 거 아닙니까? "너 간첩이라고 써." 어쩌겠어요? 아닙니다, 하면 다시 고문이 시작됩니다. 풀어줄 때 용수가 몸을 날렸는데, 거긴 지금도 영도서 건물이 있는 자립니다. 지금이야 컬러로 된 유리겠지만 당시에는 선팅을 했었는데, 영도다리를 바라보는 위치가 높은 곳입니다. 뒤쪽에 보면 지하가 있고 지대가 낮아요. 저는 3층이라고 느끼고 있었는데 알고 보니 2층이었대요. 쇠창살이 있었는데 창문에 선팅이 되어 있으니까 창살이 안 보였던 겁니다. 안 보여서 밖인 줄 알고 몸을 날리더라고요. 유리창이 깨지면서 창살이 있으니까 몸에 찰과상을 입고 튕겨 나갔죠.. 그렇게 심하게 고문을 받았습니다. 그 당시에 경찰서에서는 거의 물고문, 통닭구이 고문을 썼습니다. 이 고문의 유래가 일제시대입니다. 당시 영도 수사과장이 일제 고등계 형사였다고 합니다. 자기 아들이 동아대 학생이었어요. 일제 강점기에서 해방된 이후에 일제 경찰들이 한국 경찰로 많이 전향했지 않습니까. 그때 고문 관례가 부마항쟁까지 이어진 것 같아요.

**태언** 그렇게 잡혀가고 나서 그날인지 다음 날인지 심문하는 형사가 "그냥 다 불어라. 다 말해라."라고 회유하는 것을 보고 "광민이가 아직 안 잡혔구나." 하는 생각이 들었죠. 이 사람들이 누구 누구와 주모를 했냐고 묻기에 "주모를 한 사람 없이 나는 단순가담을 한 것이다."라며 버텼어요. 그런 과정에서 자기들 나름대로 파악을 해서 다음 날인가 지하실로 데려갔어요. 거기서 "네가 마음을 단단히 먹은 모양인데 오늘은 전기고문실로 데려갈 테니 각오를 단단히 하라." 했어요. 동래경찰서에 전기고문실이 있는지 없는지는 아직도 모르겠으나 아마 겁을 준다고 그렇게 했던 것 같습니다. 밤에 지하실에서 부산상대생의 사진이랑 신상명세서를 다 가지고 와서 하나씩 넘기면서 주동자들을 실토하라고 추궁했습니다. 같이 참여했던 서현이, 성식이 다 나오더라고요. 같이 했던 우리 과 친구들과 그다음 1학년 때 반 학생들 사진이 다 나오는데 모른다고 잡아뗐어요. 당시 느낌은 내가 이 사람들을 한 명이라도 불면 평생 이 사람들을 바로 쳐다보지 못할 것 같은 느낌이 들었어요. 그다음부터는 무차별 구타를 당했죠. 그리고 유인물 증거를 확보하지 못해서 내가 뿌린 유인물이 어디에 있냐고 물었어요. 그래서 인문사회관 교탁 안에 뿌리다 남은 것을 넣어 놨다고 했더니 학교로 같이 지프차를 타고 찾으러 갔는데 거기에 남아 있는 유인물이 없었어요. 나는 구타만 심하게 당했었는데 나중에 알고 보니 우리 친형님이 동래경찰서에 아는 형사가 있었어요. 그러니깐 개인적으로 부탁을 한 모양이었어요. 나를 때리고 협박을 하던 와중에 정광민이 들어왔는데 그때부터는 광민이가 고생했죠.

엄태언 님

## 일면식도 없는 민간인 3명 방화주범으로 몰려, 모진 고문 당해

**사회** 옥상렬 선생님이 당시 경찰서에서 당했던 것에 대해 증언을 해주시면요?

**상렬** 새벽이 되면 북부경찰서에서 3명씩 오더라고요. 한 번씩 조사받는다고 데리고 나가면, 조사받고 밥도 못 먹어. 그렇게 몇 번을 나가고.

**사회** 당시 고등학교 학생 신분을 밝혔습니까?

**상렬** 네, 다 알고 있었습니다.

**사회** 알고 있는데도 계속 그렇게 했어요? 그러면서 폭행은 기본으로 하고 고문도 가하고?

**상렬** 때리는 건 기본이고.

**사회** 고문을 받으면서 내가 불 안 질렀다고 진술했죠?

**상렬** 처음부터 나는 바로 얘기했습니다. 안 질렀다고 했는데, 무조건 그때부터 때리기 시작하는데. 형사가 말하고 나는 그대로 받아서 적고.

**동관** 아, 도장 찍어….

**사회** 10일간 경찰서에 있다가 헌병대로 넘어갔습니까? 헌병대 넘어가서는 어땠습니까?

**상렬** 헌병대 넘어가서도 바로 조사 들어갔는데, 헌병대도 조서를 꾸미더라고요. 거기도 마찬가지였습니다. 저는 아니라 했는데. 거기서도 때리더라고요. 고문은 없었고. 대신 목봉으로….

**사회** 거기서 두 분(옥상렬, 이동관)이 만난 겁니까?

**동관** 네.

**상렬** 황창문 씨하고 황상윤 씨 그분도 생전 모르는 사람이었거든요. 경찰서에서 처음 봤어요. 내가 먼저 잡혀가고 한 5분 있다가 황상윤 씨인가? 한 사람이 더 왔어. 그가 오니까 무조건 공범이라 하는 거예요. 나하고 같이 불 지른 사람 맞지? 나는 겁이 나니까 맞다 맞다 했고. 5분 있다가 또 한 사람이 왔어. 그 사람도 공범이라 이거예요.

**사회** 세 사람은 전혀 일면식이 없었나요?

**상렬** 없었어요. 나이 차이도 많고.

**동관** 나이 차이가 많았어요. 열 살까지 차이 났어요. 황창문 씨와는 열 살 차이 났지?

**사회** 지금 이야기를 들어보면 경찰이 학생은 주로 재야라든지

정치권 관련 배후를 캐는 질문을 했고 일반 시민으로 잡혀간 사람들은 뒤에 배후자가 없으니깐 무조건 주모자급으로 간첩 연계해서 엮는 쪽으로 기획 수사한 것 같아요. 특히 잡혀 온 일반 시민을 제일 약한 고리로 삼은 것 같아요.

**광민** 그래서 엄청나게 공사(조작)를 한 것이죠. 나는 보안대(삼일공사)에 안 끌려갔고 집중적으로 캐물은 것이 배후, 특히 부친이 고정간첩이라든가 그런 것이었어요.

**서점 종업원에서 간첩으로 몰려, 모진 고문을 당한 민간인 선용 씨**

**선용** 아는 형이 잠을 자도 뒷문을 열어놓고 자라고 했어요. 집문을 두드리면 뒷문으로 도망가라고. 특히 걱정되는 게 서점에 판매 금지된 서적이 상당히 많이 있었어요. 나로 인한 피해는 주지 말아야겠다는 생각이 들었어요. 사실 20일 정도 절에 들어가려고 했습니다. 그 당시 공심재라고 부산대학교 학생회장이 내 친구였는데 그 친구가 아는 절이 있다고 해서 거기로 가기로 하고, 서점에 육촌동생을 데리고 가서 판매 금지된 서적을 치우려고 했는데 사장도 없고 이모도 없고 아가씨 한 명만 있었어요. 그리고 들어가니 경찰 두 명이 와 있었어요. 육촌동생 효영이가 나를 보더니만 눈치를 보다가 또 고개를 돌리고 하니 경찰이 눈치가 빨라서 "저 사람이요! 저 사람이요!" 하고 외쳤죠. 나는 서점 안쪽으로 가면 뒷문이 있어서 그쪽으로 도망가려고 했는데 육촌동생과 같이 잡혀서 동래경찰서로 갔습니다. 그리고 진걸이도 잡혀 왔는데 성철이가 안 와서 성철이 올 때까지 한두 시간 됐나? 엄청나게 맞았죠. 그렇게 한두 시간 구타를 당하고 나니 성철이가 잡혀 오더라고. 발길질이고 곤봉이고 사정없이 맞았어요. 나는 성철이가 어디 있는지 모르는데 경찰은 내통한다고 알았겠지요. 구타가 끝나고 바로 삼일공사(당시 보안사)로 지프차 태워서 가더라고요. 가서 발가벗겨서 내복만 입힌 채로 엄청나게 또 구타를 당했습니다. 그때 '아 여기서 살아나가기 힘들겠구나.' 하는 생각이 처음으로 들었습니다. 그 사람들이 "여기서 수많은 간첩들도 죽어 나갔다. 깨끗하게 불고 가라"고 했죠. 자백할 게 없는데 이미 얘기할 건 다했는데 자꾸 불라고 했지요. 그때 김영삼 제명 사건과도 연계시켜봤다가 아버지가 일찍 돌아가셨는데 또 뭐 일본 조총련 쪽으로도 연계시키고. 그때 내 다리가 아픈 걸 누가 말했는지 주로 상체 쪽으로 고문을 하더군요. 모포를 깔고 고문하는데 조갑제 기자는 뒤에 통닭구이라고도 하고 어떤 사람들은 닭날개구이라고도 하더라고요. 그거 당하니깐 실신하고 분뇨까지 하고 그랬습니다. 그러고 나니 옷도 다시 갈아입으라 하고 다시 또 당하고….

**사회** 어떤 고문을 주로 당했습니까?

**선용** 도포를 깔고 손은 뒤로하고 상처가 나면 검찰에 가서 떠들고 하니깐 상처도 안 나게 상당히 과학적으로 고문하더군요. 손

황선용 님

을 뒤로해서 넘기는데 이게 완전히 잘려나가는 줄 알았습니다. 그러고 팔굽혀펴기를 시키는데 그게 됩니까? 그래서 엎어지니깐 발로 막차고 그랬는데 상처는 안 나더라고요. 경찰들하고 달라요. 나는 그 3일 동안 무진장 죽으려고 애를 썼어요. 2층에 화장실이 있는데 가기 싫은데도 조금 틈이 있을까 싶어서 갔는데 보안대 애들이 항상 둘이서 팔짱을 끼고 갔죠. 혀도 한번 깨물어봤는데 실제로 잘 안되더라고요. 벽을 박으면 가능성이 있을는지는 몰라도 모르겠어요. 안 되더라고요. 그렇게 3일 있으니 "너희는 이제 끝났다." 하더라고요. 이제 고문을 안 한다고 하더라고. 그러고 경찰서로 지프차 타고 가는 중에 햇빛이 쫙 드는데 '이제 살았다.' 싶더라고요. 근데 경찰서 가도 고문은 계속하더라고요. 좀 과학적이지는 못해도 곤봉이나 발길질, 구둣발로 차이고. 뒤에 크게 당한 것이 내가 시를 등사해서 나눠준 것이 문제가 되었죠. 나는 다 없앴는데 나눠줬던 애들의 가택수색에서 걸렸어요. 괜히 같이 엮이면 서로가 어려우니깐 죄도 더 커지고 해서 내가 받기 싫어하는데 부탁을 했다. 나 혼자 했다고 했죠.

**사회** 주로 어떤 시였습니까?

**선용** 김지하의 시를 일부 발췌하고 조태일, 황지우의 시도 일부 발췌했습니다. 그래서 그 담당 경찰이 "김지하는 완전 간첩인데 너도 완전 간첩이다, 간첩!"이라고 하더라고요. 이미 나는 각오를 했지만 나눠준 사람들 신원을 밝히라고 하는데 나한테는 그게 참 괴롭더라고요. 진걸이는 이미 잡혔으니깐 이름을 대면서 줬다고 하고, 나머지는 내 입에서 이름만 나오면 다 연행돼 오니깐 가명을 얘기하고 그랬죠. 이름을 정확하게 모른다고 했어요. 자꾸 닦달하니까 그렇게 했어요. 그러고 나니 경찰이 "앞에 조서는 다 집어치워라. 얘가 총 주모자다." 하더라고요 그래서 광민 씨랑 나만 당했을 텐데 지하 벙커에 내려가서 수건으로 가리고 경찰이 팔을 양쪽으로 잡고 "앉아!" "일어서!"를 반복하면서 들어가는 과정에서 위협감을 느끼게 했어요. 지하로 가니까 책상 하나에 녹음기 하나 있고 누워서 다리하고 발하고 묶인 상태에서 나는 그게 고추냉이라고 생각했는데 경찰이 "이걸 먹으면 서른 안 돼서 고자가 되고 마흔도 안 돼서 죽는다."라고 하더라고. 압박이 가해지니 안 먹으면 안 되겠더라고요. 그래서 먹었죠. 먹으니깐 목구멍에 틈이 있으니깐 조금 낫더라고요. 그러니 큰 보자기 같은 데 넣어서 또 꽉 누르더라고요. 다 불어서 불 것도 없는데 계속 그렇게 고문을 하니 김영삼 그 당시 총재는 차마 끌고 들어가지는 못하겠고 최성묵 목사나 김광일 변호사는 전혀 몰랐지만, 그 사람들과 연관성을 하도 묻고 하니깐 고문에 못 견뎌 최성묵 목사를 끌고 들어갔죠. 최성묵 목사가 총책을 맡고 김광일 변호사가 부총책을 맡고 나한테 지시를 내렸다고 했어요. 그러니 돈을 얼마 받았냐고 하더라고요. 전부 돈과 연관되어 있었어요. 최고로 가슴 아픈 것이 그것입니다. 전부 돈과 연관되어 있다는 것. 그래서 돈이 금액이 커지면 위에서 지시를 내렸다고 생각하고 일이 커질까 봐 조금 축소해서 나는 30만 원 받았다, 성철이 13만 원 주고 진걸이 7만 원 주고, 광민이 5만 원 줬다, 이렇게 거짓 자백을 했죠. 광민이는 생전 모르는 사람이었는데 그랬어요. 성철이랑 대질 신문 시켜달라고 했을 때 바로 그 자리에서 고문 끝나고 나서 "거짓으로 자백했습니다. 도저히 못 참을 것 같아서 죽을 것 같아서 거짓 자백을 했습니다."라고 했어요. "차라리 죽이려면 죽이소."라고 하니 "이 새끼." 하면서 남성철을 데리고 오더라고. 내가 너무 고통스러워서 받았다고 하려다 이거는 아니다 싶어서 안 받았다고 했습니다. 뒤에 생각해보니 그게 더 다행이었어요. 받았다고 하면 나를 더 조질 거니까. 진걸이도 종일 털고 했는가 봐. 그래서 조서를 끝내고 다른 사람들은 다 수사과에 있는데 나한테는 나올 게 많다고 생각해서 정보과에서 나를 수사과에 안 보냈나 봐. 그래서 맨 위에 '김일성과 최성묵 목사 그리고 황선용과의 관계' 이렇게 빨간색으로 쓰고 밑에 이제 육촌 팔촌까지 직업이랑 다 쫙 적어 놓았더라고. 당시에는 연좌제도 있고 나로 인해서 최성묵 목사나 김광일 변호사를 볼 면목도 없고 비록 내가 거짓 자백이라 했지만, 이 상황에서 살아서 나간다는 것이 고통이라, 나로 인해 들어온 사람도 있고 해서 복도로 나와서 정보과가 3층이었는데 내려와서 2층인가

3층인가 정확히 기억은 안 나는데 복도가 있더라고. 그래서 일단 뛰었습니다. 그때 그냥 뛰면 안 죽겠다 싶어서 차라리 깨끗하게 죽자고 생각하고 머리부터 넣고 뛰었죠. 그런데 떨어지면서 전기선에 한 번 감기고 떨어졌는데 그 밑에 또 전선줄이 있었어요. 나는 죽으려고 했는데 두 번이나 전선줄에 감겨서 어깨부터 떨어졌습니다. 어깨가 다 나가버린 줄 알았어요. 그래서 그때는 이미 죽음을 각오해서 별소리를 다 했죠. "일반 시민을 간첩으로 몰고 민주열사를 이 나라 정권은 막." 하면서 별의 별소리를 다 했어요. 그렇게 쓰러져 있으니 끌고 가서 엑스레이 찍고 하더라고. 그러다가 간호사가 한 명 들어왔어요. 나한테는 전부 경찰들이 둘러싸고 있으니깐 그래서 간호사를 붙잡고 "이 사람들이 형사들인데 나를 간첩으로 몰고 있다"라는 등 또, 별소리를 다 했죠. 그러니깐 간호사는 표정 관리가 안 되고 내 손을 내치기는 내쳐야 하는데 듣고 있으려니 형사들도 보고 있고 멋쩍어서 조금 있으니 수건으로 딱 막아버리더라고. 그래서 일단 임시 감호실에 일반 죄수들하고 격리

출동하는 경찰기동대(부마민주항쟁기념재단 제공)

해 놨어요. 이렇게 누워 있으니 밥도 못 먹고 다음 날부터 몸도 부어서 꼼짝을 못 하겠더라고. 그리고서 26일인가 김재규가 박 대통령 죽였다는 말을 들었어요. 그러고 조금 있으니깐 형사가 들어와서 "황선용 네가 각하를 죽였다."고 하더라고요. '뭐 내가 죽였을까 자기네들 알력이 있어서 권력다툼이었겠지'라고 생각했지요. 그리고 "너는 어느 정치인을 존경하나?" 하더라고. 그래서 "김대중 씨를 존경합니다." 했더니 "이 새끼 간첩 아이가!" 하더라고.

**사회** 그 당시만 해도 대학 진학률이 8%밖에 안 되고 대학생은 겁을 내서 함부로 시위에 참여하지 못하고, 또 대학생이라면 뭔가 학생이라는 사회적 울타리가 있는데 일반인 같은 경우에는 예외 없이 주모자급으로, 약한 고리로 조작하기 좋으니까 그렇게 했던 것 같아요.

**태언** 동래경찰서에서 생각나는 것이 안에 유치장에 있는데 아마 그때 황 선생 같아요. 그냥 막 형사가 구타하면서 하는 얘기가 "학생들이야 교과서대로 한다고 할 수도 있는데 너는 학생도 아닌데" 하면서 마구 구타하는 것을 보았어요.

**선용** 그 당시 발길질하고 그런 구타는 일상적이었죠.

**광민** 내가 알기로는 부산에서 제일 심하게 고문을 당한 분이 황선용 씨인 것 같아요.

**태언** 동래경찰서 유치장에 있을 때 한 사람이 괴로워서 유치장 안 저쪽에서 갑자기 속도를 내서 뛰어오더니 벽에다가 얼굴을 박았죠. 그렇게 얼굴을 박은 그 사람이 조금 이따 보니깐 옆에 철조망인가 그 위를 또 막 올라가고 그랬어요. 나는 그래서 "저분이 정신적으로 상당한 충격을 받았구나"라는 생각을 했었지.

**선용** 나는 25일 그날 뛰어내리고부터 또 박정희가 죽고 그래서 학생들에게 지나친 고문은 무리다 해서 고문이 좀 없어졌다고 생각해요. 그래서 뒤에 부산교도소[3]로 넘어가 나를 담당하던 사람이 김두희 부장검사였는데, 법무부 장관도 하고 했던 그분이 음료수도 주고 담배도 피우라고 하고 잘 대해줬어요.

**광민** 나도 그때 기소한 사람이 김두희 전 법무부 장관이었어요.

## 또 다른 10대 민간인 피해자 김창우 씨도 시위주동자로 조작

**사회** 창우 씨도 잡혀가서 심한 구타와 함께 주동자로 몰렸다면서요?

**창우** 잡혀가서 그 당시에는 닭장차라고 있는데, 그 차에 실려

3) 부산교도소는 1979년 당시에는 주례에 있었다.

바로 동부경찰서로 갔죠. 그렇게 한 5일 있었는데 조사를 받았어요. 조사받는 과정에서 나이가 어리니 "아니요."라고 대답하면 바로 주먹이 날아오니깐 겁에 질렸어요. 당시에는 만으로 18살, 고등학교 3학년이었으니 겁에 질려서 "그렇지?, 이렇지?" 할 때 "예." 라고 안 하면 바로 때리니깐 어쩔 수 없이 그렇다 할 수밖에 없었습니다.

**사회** 주로 어떤 질문이 많이 나왔습니까?

**창우** 처음에는 간첩, 용공, 불순분자 이런 쪽으로 '어디서 사주를 받았느냐.' 하는 질문이었죠. 당시 수사 기록이 국가기록원에 사본이 있으니 그것을 보면 자세히 알 수 있을 겁니다. 그래서 실제 상황과 진술서를 비교해 보면 내가 주동자가 되어 시위대 앞에서 지휘하고 그런 내용으로 완전 도배를 해놓았습니다. 정확히는 모르겠지만 동부경찰서에서 3~4일 정도 거의 밤 되면 불려 나와 조사를 받았고 보안대에서 나왔느니 정보과에서 나왔느니 하면서 무조건 불러 조사를 했습니다. 그렇게 한 5일 있다가 서부경찰서로 넘어갔어요. 정확히는 모르겠지만 거기서도 하루 이틀 있었죠. 거기서는 아무것도 안 하고 그냥 있었는데 그러다가 중부경찰서로 오니깐 마지막으로 진술서를 작성하면서 몇 번 더 조사를 받고, 있는 그대로 했죠. 단순가담자인데 진술서에는 데모주동자로 기록됐습니다. 그리고 일주일쯤 뒤에 바로 15P(양정에 있던 2관구 헌병대)로 넘어갔습니다. 거기서 한 일주일 있다가 단심제로 군사재판을 받고, 바로 부산교도소에 가서 43일을 더 있다가 11월 말쯤 나오게 되었죠.

### 박정희 대통령 시해사건 이후, 군사재판 받고 풀려나

**사회** 그러면 심문조서를 다 작성하고 나서는 어떻게 했습니까?

**태언** 조서를 다 작성하고 동래경찰서에서 며칠 있었는지는 모르지만 15P로 넘어갔죠. 동래경찰서에 있을 때 형사가 박정희가 죽었다는 말을 해주었어요.

**선용** 10월 30일까지 있었을 겁니다. 왜 그러냐면 10월 26일 박정희 죽고 30일에 구속될 사람들은 다 구속되고 훈방할 사람은 하고 그렇게 했어요. 30일 이상은 잡아놓지는 못하니 그렇게 했을 겁니다.

**태언** 형사가 묘한 말을 하더라고요. 너희는 이제 살았다고도 하고 한편으로는 너희 때문에 대통령이 죽었으니 너희는 이제 정말 골치 아프게 됐다고도 했어요. 어떤 상황으로 바뀔지 모르니까….

1979년11월29일 木요일

부산일보

# 釜山·馬山사태 20명에 實刑

釜山·慶南지구 戒嚴軍裁 宣告

## 大學生6명등 징역5~2년

## 총1千5百63명 連行

7百92명訓放·6百51명即審·31명檢察송치

89명軍裁회부, 단순가담67명公訴취하釋放

## 學園自律性 확대

安保가 時局타개 제...

國家유공단체 代表들도面談

앞줄 왼쪽에서 세번째(긴머리에 얼굴 시선이 우측으로 향한 모습)가 김창우 님

**하현** 유치장 안에 있었으니 몰랐을 텐데 나 같은 경우에는 중부경찰서 피의자 대기실에 있다 보니 형사들 보고 있는 신문을 보고 박정희가 죽었다는 것을 27일 새벽에 알게 되었어요. 그다음부터는 경찰서 분위기가 조금 유화적이었습니다.

**사회** 15헌병대로 넘어가서 재판을 받았습니까? 군사재판이었나요?

**태언**　　내 기억으로는 15P로 갔다가 구치소로 가서 계엄사령관이 하는 군사재판으로 받았는데 거기서 공소기각으로 11월 28일에 바로 나왔습니다.

**창우**　　부산일보인가 국제신문에 재판받는 날 호송차를 타고 와서 흰 수의를 입은 제 사진이 1면에 났습니다. 날짜는 정확히 모르겠습니다. 군사재판을 받고 바로 부산교도소로 가서 43일 있다가 11월 말쯤 나오게 되었죠.

## 수감 생활 끝난 뒤에도 끝나지 않은 감시

**사회**　　그러면 어쨌든 10.16부터 박 대통령 시해까지 그런 상황이 전개되리라는 것은 아무도 생각하지 못했을 것이고 결과적으로 역사의 한 중심에 섰던 상황이 되었는데 그 이후에 감옥에서 나와서 부마항쟁이 삶에 끼친 영향이랄까 가족들 문제랄까요. 어땠습니까? 살아가면서 불이익 당한 건 없었나요?

**동관**　　우선 저는 전과가 생겨버렸죠. 1심에서 징역 3년. 3년 선고받고, 2심 서울 가서 징역 1년에 집행유예 2년 선고받고 석방되었는데. 그게 80년 3월 6일이었습니다. 학교 복학은 했는데, 그때는 집이 조금 곤란할 때였는데 그래도 제가 성적이 괜찮아서… 당시 장학금 받기가 참 어려웠는데 눌원문화재단이라고, 동방유량에서 재단을 만들어서 부산에 있는 학생들에게 장학금을 줬었습니다. 제가 2학년 때부터 받고 있었거든요. 액수가 많았어요, 등록금 전액하고 교과서 책을 다 살 수 있는 금액이었으니까. 그런데 복학하니, 전과자라고 사회에 물의를 일으켰다고 그게 중단되어 버린 거예요. 우선 직접적인 피해는, 눈앞에 닥친 피해는 그거죠. 졸업하고 난 뒤에는 이루 말할 수도 없고요. 정보과에 담당 사찰 경찰이 생기지 않습니까? 집에도 수시로 오고, 가족들한테 어떻냐고 수시로 묻고….

2차 인터뷰

**사회** 동향파악이었겠죠.

**동관** 네, 여동생이 한성여대 다닐 때인데, 이 동생한테도 오빠 어떻냐고 물어보고. 매형이 학교 선생인데 학교 가서 물어보고. 사찰을 많이 당했죠. 그때는 제가 알기론 광민 씨하고 80년 5월 17일에 같이 잡혀 들어갔거든요. A급. 광민 씨도 치안본부 A급입니다. A급들은 무조건 예비검속을 했었으니까. A급이니까 사찰이 항상 붙어 다니는 거예요. 학교에서 신원보증을 서고, 시험을 쳐도 취직이 안 되는 걸… 신원조회에서 통과 안 되면 무조건 취직이 안 됐었으니까. 서울도 몇 번 갔었습니다. 직장 구하려고. 학교에서 학장님이, 학교에서 보증을 서줄 테니까… 우리 법학과 선배가 있는 회사가, 세신실업이라고 있었어요. 옛날에 학장에 있었습니다. 거기 총무과장이 저희 선배였는데, 그분한테 제 얘기를 했나봐요. 학교에서 보증을 서줄 테니 시험을 치게 해 달라 해서, 시험 쳐서 직장생활을 하게 됐죠. 그것 말고도 경찰들이 시시때때로 사찰을 하니, 회사에서도 피곤한 겁니다. 조그만 회사를 많이 옮겨 다녔어요. 몇 달 다니다 형사가 흔들어 놓으면, 나가 달라고 해서 또 나오고. 제가 86년도에 서울을 갔는데, 그전에 81년부터 86년까지 5년 동안 부산에 있으면서 엄청 고통을 받았습니다. 서울 가서는 점차 A급에서 B급, C급으로 낮아졌지요.

**사회** 그 당시에 법대생이었잖아요, 고시 같은 건….

**동관** 아예 응시를 못 하죠. 4학년 때, 전두환이 우리 졸업할 적에 정권을 잡지 않습니까? 정통성을 확보한다고, 법대 출신들을 경찰에 조사계 주임으로 상당히 많이 특별채용 했었어요. 제 법학과 동기들도 몇 명 있습니다. 들어가기 쉬웠어요. 그런데도 저희는 아예 못 들어가죠. 공무원은 될 수가 없었으니까.

**사회** 아예 공무원 시험 자격 자체가….

**동관** 일반 회사도 못 들어갔는데, 공무원은 더더욱 안 되죠.

**사회** 그 당시 집에서 걱정이 많지 않았나요?

**동관** 많았죠. 어머님은 일찍 돌아가셨는데, 아버지는 저 때문에 병에 걸렸죠. 당뇨병이 생겨서. 가족들 고생 많이 했습니다. 제가 독자입니다. 딸 다섯 명에 아들 하나예요. 갇혀 있을 적에도 엄청나게 걱정을 하고, 부산이나 서울… 서울에서는 서대문구치소에 있었는데, 서울까지 아들 면회 가려면 경비가 얼마나 듭니까? 교대 교대해서 서울 와서 면회하기도 하고. 고생을 많이 했죠. 이 친구(옥상렬)도 서대문에 있었고, 서대문에 있었지?

**상렬** 네.

**사회** 옥 선생님 같은 경우는, 억울하게 옥살이를 하게 됐고. 몇 년형을 받았습니까? 어떻게 됐습니까?

**상렬** 저는 나이가 어려서 장기 단기로 했는데, 장기 2년에 단기 1년인가? 서울에서 1년인가 1년 6개월 형을 받았는데, 그때 우리 군법을 받았거든요? 마지막에 군사령관 확정이라고 들어가더라고요.

**동관** 고등법원에서 형을 받았어요. 저희들은 고등법원에서 징역 1년에 집행유예 2년을 받고 풀려나왔고 이 친구는 조금 더 있었죠.

**상렬** 저는 2심에서 실형을 받았는데, 사령관 확정에서 형 집행정지로 해서… 재판받고 선고받고 일주일인가 뒤에 형 확정….

**동관** 방화범 두 명은, 한 명은 3년 꼬박 살았고, 한 명은 죽었습니다. 또 한 명은 징역 3년 받고 2년 만에 형 집행정지 받아서 나왔죠.

**사회** 그 뒤로 또 불이익을 받은 게 있나요?

**상렬** 당시 졸업을 못 하고, 퇴학을 하면 복학이 안 되고 전학도 못 하니까 자퇴를 하라고 하더라고. 자퇴를 하면 다른 학교로 전학을 할 수 있으니까, 자퇴서를 내라고 해서 냈죠. 80년도 3월

이십 며칠에 퇴소했거든요. 다른 학교를 알아보니까, 제가 화공과를 나왔는데, 화공과 전공자를 뽑는 공고가 없어서 아무 데도 안 받는다고 하더라고. 집에서 보냈죠. 81년도 3월쯤 복권장이 왔더라고.

**동관**　전두환이 취임식 할 적에.

**상렬**　복권장 들고 가면 복학이 된다고 하더라고. 그래서 2학기에 복학하고 82년에 졸업했는데, 이미 82년 7월에 영장이 떨어져 있어서 기간이 얼마 안 되니까 취직도 못 하고. 군대 가기 전까지 용돈이나 벌어 쓰려고 부산진시장엘 갔죠. 그 앞에 가면 보세 옷 만드는 공장이 있었습니다. 거기서 한두 달 일했는데, 일할 동안에 미문화원에 불이 났을 거예요.

옥상렬 님

**사회**　미문화원 방화사건이죠.

**상렬**　일하는데 형사가 와서, 제가 방화죄가 있으니까, 미문화원에 대청동 파출소가 있어서 불려가서 조사받고. 맞은편에 보니 특별수사본부를 만들었더라고요. 거기 가서 또 조사받고. 일하고 있을 때니까 알리바이가 맞지 않습니까. 그래서 그냥 풀려나고….

**사회** 그 뒤에 나오고 나서도 형사 보호관찰 이런 거… 몇 년도까지 받으셨나요?

**상렬** 몇 번 있었죠. 졸업하고 군대 갔을 때는 안 오고, 제대하고 나서 몇 달 동안은… 부모님들이 놀랐지. 몇 번 왔다 갔다 하니까.

**사회** 두 분은 언제 복권이 됐습니까?

**동관** 복권은 81년 3월 3일 날 전두환 취임식 하는 날, 복권사면이 됐어요. 근데 치안본부 조회는 남아 있었고.

**사회** 나중에는 형사사범으로 기록은 없는 거네요?

**동관** 지금은 없죠. 과거 치안본부 조회를 하면 나와 있죠. 사면받고도 신원증명서 떼면 나오다가, 몇 년 있으니까… 그때는 신원조회가 필요 없는 세상이 되어서 떼어보지는 않았죠.

**선용** 내가 연행되어 갈 때 장롱 안에 전봉준 초상화를 가지고 있었는데 경찰이 이게 뭐 되는가? 해서 그것을 가지고 왔어요. 그런데 경찰들이 참 무지한 것이 "이 사람 뭐 하는 사람이야, 이 영감쟁이 뭐 하는 사람이야?" 했죠. "녹두장군 전봉준 동학혁명 일으킨 사람 모릅니까?" 하니깐 "뭐 이런 영감쟁이가 있나" 하더라고요. 그리고 내가 잡혀가고 난 뒤부터 동네 사람들이 모친하고 얼굴도 안 마주치고 옆에 있어도 말을 안 했죠. 그래서 항상 다른 동네에서 이상한 사람을 하나 심어서 누구와 접촉하는지 우리 집에 누가 오는지 관리를 했어요. 뒤에 미문화원 사건 때도 그렇고 정보과 김 모 형사가 내 담당이었는데, 집에서 외출할 때는 항상 파출소로 연락을 했어요. 그래서 한 번은 친구가 다쳐서 병원에 입원했었는데 내가 거기 3일을 있었더니 담당 형사가 그동안 나를 지켜보고 있었어요. 내 거취에 대해서는 일거수일투족 모르는 것이 없었지요. 미문화원 사건 때도 연행돼 가고 광주 때도. 그때는 집에서 거의 은둔 생활하다시피 했습니다. 우리 동네가 회동수원지 상류라서 사촌이랑 고기도 좀 잡고 했는데, 어느 날은 또 상부에서 시켰는지 나를 연행해서 갔어요. 잠시 가자고 해서 3일을 붙들려 있었어요. 일단 위에서 상부의 지시가 떨어졌기 때문에 내게 아무 죄명이나 붙이고 연행해서 들어가 있어야 한다고 했습니다. 근데 아무 혐의를 잡을 것이 없으니, 나중에 알기로는 상수원 보호구역에서 삼촌과 고기 잡으면서 옆에서 망태기를 들고 서 있었다고 그 당시 벌금 5만 원을 물어줬어요. 죄목도 수도법인데 이렇게 적어놨었습니다. 그리고 3일 이상 감금은 못하니깐 나오긴 나왔죠.

**사회** 그 이후 취직에는 영향이 없었나요?

**선용** 취직도 마찬가지로 어떤 서점에서 책임자를 구한다고 해서 내가 거기 영업부장 겸 관리부장으로 갔었어요. 거기서 한 1년 근무를 했나. 보안대 사람들한테 이야기를 했는지 보안대에서 나에게는 바로 말을 안 하고 사장하고 동네 동생 하나를 연행해 가서 하루 종일 조사를 하고 그랬나 봐. 그리고 책 목록도 뽑아 오라고 그러고. 그 동생이 다음 날 오더니만 두리번거리면서 그 이야기를 했어요. 사장도 가서 한 이틀 조사를 받아야겠다고 하더라고. 신학기라 할 일도 많고 납품도 많이 깔려 있는데 막 다그치고 하니까 "내가 나갈게요." 하고 나왔지. 그러고 나서도 계속 요시찰로 따라다니고 그때 부림 사건이 났을 때도 호철이가 안 잡혔나 봐. 나는 그때 집에 은둔생활을 하느라 밖에 안 나갔어요. 그렇게 한 5년을 숨어서 지냈어요. 부림 사건 났을 때도 논에 모 심는다고 도와주고 있는데 숙모한테 친구라면서 형사가 와서 뭐 하고 있는지 꼬치꼬치 물었다고 해요. 호철이를 못 잡

시민과 경찰이 섞여 있는 모습(부마민주항쟁기념재단 제공)

고 있는데 너희 집에 왔지? 라고 물어봤는데 “호철이는 우리 집도 모르고 진걸이는 왔어도 호철이는 안 왔다. 모른다.”라고 했어요. 그 뒤 LG에 다니던 외사촌 누나가 86년도쯤 하청업이 처음 생겼을 때 그때 자형이 인원 관리도 할 겸 “네가 맡아라.”라고 해서 거기 과장으로 자형 밑에서 일을 했어요. 그때 부마항쟁 10주년인가 해서 신문에 크게 난 적이 있었는데 그게 또 문제가 돼서 도경에서 전화가 와서 “시대가 어느 때인데 이런 놈을 앉혀놨나.” 하면서 그래서 그것이 화근이 돼서 그만두고 나왔습니다. 그때부터 일을 못 구하고 집사람이 경제활동을 하고 그랬죠.

**사회** 잡혀가셨을 때 부모님들 걱정은 많으셨겠네요.

**선용** 많았죠. 동생도 연행되어 왔다 하고 엄마도 와 있다 하니 그것이 참 고통이었어요. 뒤에 알고 보니 사실은 아니었지.

**사회** 김창우 이사님은 어쨌든 주모자급으로 들어갔다가 나온 뒤에 어떠셨나요.

**창우** 군사재판 후에 43일간의 옥살이를 하고 석방이 되었는데, 이후에 원래 하던 외판원 일도 하지 못하게 되었어요. 한 달 동안 연락이 안 됐으니깐. 그래서 아예 다시 생업도 못 했죠. 그 당시에는 경상도에 여당인 민주정의당의 분위기가 깔려 있었기 때문에 데모한 사람들은 전부 야당으로 보았죠. 그러니깐 동네에서 나 혼자

김창우 님

만 데모하다가 교도소까지 갔다 왔는데 완전 각인이 되어서 "재가 데모하다가 교도소까지 갔다 왔단다."라는 인식이 파다했죠. 그때 데모를 하기 전에 아버지가 통장을 하고 있었습니다. 아버지가 그 당시 서구청장과도 인연이 있었고 개발위원도 하고 그래서 그런지 어떻게 연출이 되어 동사무소에 임시로 취직을 했어요. 동사무소에서 근무하는 도중에 나중에 알았는데 서부경찰서 정보과에서 저를 요시찰인물로 보고 제가 어떻게 움직일 것이냐에 대해서 계속 감시를 한 것이었죠. 그렇게 봄부터 12월까지 근 10개월을 일하다가 군대에 갔습니다.

이후에 나이 들어서 군대 갔다 와서 35세까지는 경리 쪽에서 회사생활 하면서 35살에는 회계사무소에서 사무장도 했었는데 그 이후에는 개인택시를 했죠. 정리하자면 군대 가기 전에 그런 불이익을 당했었고 군대 갔다 와서 일반 회사생활 할 때는 몰랐습니다.

**창우** 아까 동부경찰서에서 고문당했던 사람들에 대한 이야기가 나왔었는데 그 당시에 구속된 사람들, 훈방이나 며칠 구류 산 사람들은 1500명 정도라고 알고 있습니다. 지금 부마항쟁진상규명위원회에서 관련자로 인정된 178명 이외에 드러나지 않은 사람들 가운데 많은 피해자들이 분명히 존재합니다. 그들의 이야기를 들어보면 황 선생 같은 분들이 굉장히 많습니다. 진상규명은 반드시 되어야 하고 굳이 이름을 드러내지 않으려는 피해자들을 밝혀야 한다고 봅니다.

**하현** 제가 부마위원회 실무위원을 하면서 쭉 보니깐 마산에는 구류를 산 사람까지도 희한하게 모두 기록이 남아 있습니다. 부마위원회에서 광주사태처럼 큰 규모의 사람들이 안 나오니깐 그 사람들에게 개별적으로 연락을 해서 이렇게 찾고 있는데 부산에는 이상하게 이 자료가 모두 망실되고 없습니다.

**선용** 아까 말했던 것 중에 누락된 부분이 있는데, 내가 서른 한 살쯤 서점에 근무하고 나와서 할 게 없어서 개인 사업을 한다고 동의대 앞에 사회과학 서점을 열었는데 성철이는 부산대 앞에 서점을 냈죠. 내가 하는 서점에는 학생들이 한 사람도 안 왔어요. 젊은 사람이 항상 그 앞에서 상주하고 있었는데 어느 날은 한 학생이 와서 "여기 서점 안 됩니다. 하지 마세요. 여기 사복경찰이 매일 지키고 있는데 안 됩니다." 해요. 그래서 할 수 없이 서점을 접고 범일동 앞에 친구가 하던 남해도서를 인수해서 했는데 당시 박종철 죽음도 있고 해서 그때 좀 어수선할 때 호철이가 한 번씩 오더니만 유인물을 주더라고. 그 당시 '장길산 4번' 하거든 이걸 주고 그런 암묵적으로 합의된 걸 나눠주기도 했죠. 그러다가 검찰에 내 친구가 김병하라고 있다 하니 "그 친구 지금 난리더라 조심해야 한다."라고 해요. 그래서 또 서점도 그만두고 겸사겸사 좋은 꼴 못 볼 것 같아서 싫어서 창원으로 갔죠. 창원에는 연고도 없었고, 부산을 떠나면 죽는 줄 알았는데 창원으로 이사를 간 이후로 지금은 괜찮아요. 김영삼 정부 들어오고 나서는 괜찮아진 것 같습니다.

**사회** 엄 이사님은 졸업하고 어떤 길을 걸었습니까?

**태언** 졸업하고 나서 LG화학에 입사했어요. 학생 신분이 아닌 상태에서 구금이 돼서 향후에도 사회생활에 고통을 받은 분들에 비하면 나는 정상적인 삶을 살았습니다. 물론 신체상으로는 다양한 후유증들이 나타나고 했는데 직업을 갖는 데는 그런 것이 없었어요. 단지 입사를 했을 때 그 상사들이 '학교 다닐 때 조금 했네' 라고 하더라고. 그 기록이 회사에 따라온다는 것이죠. 따라 왔는데 운 좋게도 성적이 좋아서 차석으로 입사를 했고, 수석 입사자가 안 나오는 바람에 수석 입사 비슷하게 되었는데, 과거에 시위를 했다고는 하지만 징역을 받았던 것은 아니었기 때문에 기록은 남아도 입사하는 데는 그렇게 문제가 없었어요.

**사회** 학교 다닐 때는 어땠습니까?

**태언** 물론 교도소에서 나오고 나서 형사들이 사찰을 계속했습니다. 우리 아버님이 스트레스를 많이 받아서 결국은 중풍으로 쓰러지셔서 한 10년 이상을 앓아누워 계시다가 돌아가셨는데 우리 어머니도 아버지 돌아가시고 나서 3년 뒤에 똑같은 증세로 돌아가셨습니다. 사찰하는 형사하고 아버지하고 싸움도 많이 했어요. 이게 뭐냔 말이지 교도소도 갔다 오고 군에 가고 정상적으로 하는데 도대체 왜 계속 따라다니느냐 그랬지요. 그런 어떤 죄스러운 마음을 아직도 항상 가지고 있어요. 신체적으로는 여러 가지 후유증이 있습니다. 예를 들어 한 35년 동안을 계속해서 악몽에 시달렸죠. 고문을 당하신 분들에 비하면 굉장히 다행스럽게 나온 사람이지만 그래도 광민이 들어오기 전까지는 구타도 많이 당하고 위협을 당하는 그런 공포 같은 것은 굉장히 오래갔죠. 항상 외길로 쫓기는 악몽을 아주 오랫동안 꿨어요. 절벽 바로 앞에서 쫓기는… 스트레스가 심하니깐 피부병도 오고. 근 40년 동안 스트레스성 난치성 피부질환을 앓고 있는데 이게 한국에서 어지간히 잘한다는 병원에 가서 치료를 받아도 결국에는 스트레스성으로 잘 낫지도 않고 사타구니까지 확장되어 의사가 낫는 것이 아니라고 진단했어요.

**사회** 베트남으로는 언제 옮겼습니까?

**태언** 2000년도부터 갔죠. 2000년도에 LG화학 지사장으로 발령이 나서 2005년도까지 근무를 하다가 그 이후에 눌러앉아서 살게 되었습니다. 후유증이라는 것이 피부병뿐만 아니라 뇌의 말초

인터뷰 참석자

신경이 부분적으로 죽어서 평생 뇌의 피(혈류)를 잘 돌게 하는 약과 혈전 방지제는 거의 25년 동안 계속 지금도 먹고 있는 그런 상태죠. 그다음 스트레스성 신경성 위장병이 있어서 사람들이 많이 모인 곳에 잘 가지 못해요.

**창우** 그것은 저도 비슷합니다. 괜히 사람들이 나를 의심한다는 그런 게 알게 모르게 있었던 것 같아요.

**태언** 사찰 때문에 온 것으로 보이는데 증세가 뒤에 사람이 있으면 앉아서 뭘 집중해서 일을 못 합니다. 항상 가스가 나오고 신경이 곤두서서 일을 못 해요. 그런 게 한 40년 동안 지속돼왔습니다. 다른 사람도 비슷한 증상을 겪는 경우가 있을 거예요. 겉으로는 멀쩡해서 당사자가 아닌 사람들은 이상하게 생각할 수도 있지만 그런 것들이 다 후유증입니다.

## 끝나지 않은 고문과 감시의 후유증에 지금도 시달려

송성준 사회자

**사회** 이 부분은 1차 인터뷰 때도 시간관계상 못 물어봤던 부분이므로 돌아가면서 한 분씩 이야기해보시죠. 부마항쟁으로 인한 생활의 영향이나 후유증을 말해주세요.

**준석** 저 같은 경우에는 박정희가 죽고 난 뒤에 더 이상 수사가 이루어질 수 없어서 흐지부지돼서 끝났어요. 끝나고 취직한다거나 이러한 부분들에서 신원 조회서를 떼더라고. 근데 별로 문제가 없었던 것 같아요. 졸업하고 극동 석유회사에 들어가게 되는데 아무런 제재 없이 잘 들어갔죠.

**사회** 김창우 이사님은 신체적으로나 정신적으로 어떤 이상이 있습니까?

**창우** 사실 작년까지만 해도 아예 잊고 살았습니다. 왜냐하면, 사회에 발설하면 내가 불이익이 있으니깐, 그 당시에는 박 대통령 죽고 나서도 계속 군부가 이어지니까요. 오히려 5공 때 더 강했을 수도 있습니다. 그 이후로 문민정부 들어와서도 우리한테 해준 게 하나도 없었어요. 광주 같은 경우에는 인명피해가 있고 하니까 여러 학자들의 연구 등 파고들어서 보니깐 이런저런 결과가 나오고 하는데, 공수부대가 와서 어찌어찌 수습했다지만 우리는 짧은 기간에 끝난 상황이니 그사이에 무덤덤해져서 근 40년을 왔단 말입니다.

**사회** 황선용 님 같은 경우에는 어떤가요?

**선용** 저는 정신적인 그런 것은 조금 있지만, 당시 경찰서에서 뛰어내렸어도 대동병원에서 물리치료를 받을 수 있는 상황도 아니었고 그냥 유야무야 넘어왔는데 지금 생각하니 그때 완벽하게 치료를 받았어야 했죠. 1985~86년쯤 회사 다닐 때 반신마비가 온 적이 있어요. 하필 집사람이 물건 하러 간다고 서울로 갔을 때 아침에 회사 가려고 일어나려 하는데 넘어졌죠. 그게 딱 왼쪽이었어요. 그 전부터 오른쪽 머리가 아팠어요. 딱 절반이었죠. 혀도 절반이고 말을 못 하겠는데 모친을 부르려니 말도 안 나오고 그렇게 조금 있으니깐 출근도 안 하고 하니깐 모친이 오고 말도 못 하고,

우우우 하고 있었어요. 나중에 집사람이 와서 한의원에 가서 한 일주일을 다니고 했는데 차도가 없었죠. 그래서 그다음 종합병원에 갔는데 가니깐 의사가 겁을 많이 주더라고요. 내과에서 심전도 검사를 포함해 각종 검사를 해도 원인이 없었어요. 병명도 안 나오고.

**사회** 정서적으로는 어떠신가요?

**선용** 항상 불안했죠. 요시찰이 되다 보니 항상 감시를 받고 팔송파출소 담당이 연락하고 하니 밖을 나가지를 못했습니다. 그냥 없는 사람으로 있었습니다.

**사회** 부모님이랑 가족들에게 미안한 마음은 없었나요?

**선용** 많지요. 동네 사람들이 모친을 대하기도 어려워하고 눈길도 안 주고 하니 힘들었겠지요. 시골이 되다 보니 더 그랬었죠.

**사회** 백 선생님은 특별히 불이익을 받거나 그런 것이 없었나요.

**하현** 저는 대학을 졸업하고 한 6개월 정도 대학원을 다니면서 학교 선생님으로 취직했는데 야간 중학교였습니다. 낮에 부산대 앞에 와서 바둑을 두고 하는데 같이 바둑 두는 공대 3학년인가 하는 학생이 어느 날 "아 형님, 경찰이 찾아왔었습니다."라고 해요.

그게 뭐냐면 경찰이, 이 사람은 요새 어떻게 지내는지, 사상이 이상한 행동을 안 하는지 확인하는 거죠. 한 2~3개월에 한 번씩 그렇게 했어요. 그것 외에는 별 그런 것은 없었어요.

**광민** 저는 지나고 보니 거의 평생을 요시찰을 달고 다녔던 것 같습니다. 솔직히 저는 그 이후로 변변한 직장생활도 못 해봤고 또 복학하고 나서는 사회운동을 하려고 단체생활을 오래 하다가 정상적인 직장생활을 할 기회를 다 놓쳤어요. 그러다가 이제는 진짜 다른 준비를 하겠다 해서 일본에 공부하러 가면서 북한 전문가가 되어서 그걸로 남은 인생을 먹고 살아야겠다는 생각을 했어요. 어쨌든 겨우겨우 일본에서 '북한경제'를 가지고 박사학위를 받았죠. 마침 그때가 노무현 정부 때여서 어떻게 인연이 닿아 국정원 산하 국제문제조사연구소, 지금은 국가안보전략연구원입니다, 거기에 선임연구원으로 들어갔습니다. 그때그때 주요 현안에 대해서 보고서를 쓰는 것이 주요한 일이었죠. 그런데 정권이 바뀌면서 이명박 정권이 또 내 전력을 문제 삼았어요. 스크랩해 보니 정광민이 부마항쟁 주동자고 이 사람이 여기 왜 들어왔냐고 자기들끼리 막 얘기했습니다. 이사장이 바뀌었는데 이명박 대통령의 사람이었죠. 그래서 처음에 와서 조례를 마치고 상견례를 하는데 같은 자리에 앉았는데도 눈을 안 마주치는 거예요. 아찔했죠. 눈을 안 마주칠 때의 내 심정은 참담했습니다. 결국에는 얼마 못 버티다가 나왔는데 한국에서 말하는 우파, 어느 쪽이든 간에 그들은 나를 있는 그대로 안 보는 거죠. 내 사상이 그 이후에 어떻게 변했으며 내 박사 논문이 무엇인지 그런 것이 중요한 것이 아니라 이 사람은 부마사태 때 주동자인데 이 사람이 왜 여기에 들어왔나 이런 것만으로 문제 삼는 이해를 할 수 없는 상황이 벌어졌어요. 그래서 결국 제거 대상이 되는. 나는 평생을 불이익을 당했습니다. 이제껏 정상적인 직장생활을 하지 못하고 마지막으로 할 수 있는 것, 연구자로서 살려고 작심하지 않았다면 내가 어떻게 그런 선택을 했겠어요? 하지만 그조차도 나에게는 허용되지 않았습니다. 물론 내가 왜 하필 거기로 들어갔나. 이렇게 말을 한다면 할 말은 없겠지만 그때 나이도 많고 해서 나한테 선택지가 많지도 않았습니다. 일본에서 어렵게 박사학위도 받고 왔는데 허무했지요. 제가 생각하기에 아까 여러분들이 말씀하신 것들에 공통점이 있는 것 같습니다. 백 선생이나 엄 이사나 준석 씨는 정상적인 직장생활을 했는데, 나중에 교도관들이 작성한 기록(수용자 기록)을 살펴보니 거기에 '좌경', '요시찰'이라고 적혀 있었어요. 그 당시에 이미 우리는 요시찰이었던 거죠. 그 당시부터 우리가 들어오면 중앙정보부, 보안대, 경찰서에 보고하고 우리는 그런 처지였습니다. 그리고 그것이 계속 우리를 따라다녔어요. 정도의 차이가 있지만 적어도 우리 같은 급은 평생 그렇게 관리를 당했죠. 그래서 지금 명예회복 어쩌고저쩌고하지만, 물론 정상적인 사회생활을 하는 사람이 있다 해도 이런 딱지를 벗겨내고 있는가. 수십 년 당했던 그 고통을. 물론 보상, 몇천만 원 주고 이러는 것, 진짜 부마 희생이 크지 않다 하고 죽은 사람이 없다고 하지만 그것을 우리가 진짜 밝혀내었는가? 진상규명을 하였는가?

아니다. 우리는 못 했다. 얼마나 그 딱지가 지독하게 붙어 있었는데 그것을 제대로 국가가 사과하고 명예회복을 하였는가 하면 저는 조금 의문입니다.

**하현** 초읍에 국가기록원 부산기록관이 있는데 거기 가서 나에 대한 과거사 자료를 신청하니까 나온 서류 가운데 교도소에서 나간 결재 서류가 있더라고. 그날 11월 23일에 나온 사람이 이호철 등등 12명이었죠. 총 12명으로, 결재 서류에 참고란이 있는데 거기에 중정 또 뭐 뭐 뭐 쭉 이렇게 있더라고. 그럼 이 서류가 거기서 끝나는 것이 아니라 중앙정보부라든지 경찰서라든지 법원, 경찰청에 다 분배된다는 것이지. 그러니깐 그 이후로 우리는 계속해서 국가에 의해 관리된 인물이라는 것입니다.

## 진상규명과 관련자 보상 및 치료, 책임 있는 정부의 사과 있어야

**사회** 마지막으로 돌아가면서, 어쨌든 이제 재단이 설립되었고 국가기념일 지정도 확정적인데, 그렇지만 10.16은 아직까지 제대로 밝혀진 것이 없고, 그래서 국가나 사회에 바라는 것이 있다면, 이것은 개선했으면 좋겠다는 바람이 있다면 한 마디씩 부탁드리겠습니다.

**태언** 무엇보다도 부마항쟁이라는 어떤 역사적 사건, 이에 대한 진실규명, 명예회복, 또 필요한 보상 그다음 더 나아가 트라우마 치료가 필요한 사람들에 대한 지원 그런 부분들이 이루어져야 합니다. 지금 부마항쟁위원회가 만들어지고 했지만, 그동안 전 정권에서 형식적인 위원회로 운영되어왔었고, 진상규명이다 피해보상이다 명예회복이다 대외적으로는 그렇게 말해왔지만 그런 의지조차도 없었다고 봅니다. 이제는 또 언제 문을 닫을지 모르는 굉장히 애매한 상황에 있는데 만약에 이 상태에서 그냥 흐지부지되고 형식적인 연출만 하고, 실질적으로 밝혀지고 정리되고 역사적으로 평가되고 이러한 것들 없이 지나간다고 하면 정말로 역사에 죄를 짓는 것이라고 생각합니다. 그래서 부마위원회가 해야 할 일이 정말 많으니 반드시 연장되어야 합니다. 부마항쟁 진상규명은 그동안 의지도 없었고 정치적으로도 서로의 입맛에 맞게 이용만 되어왔습니다. 부마와 진짜 관련된 사람들이 앞으로 계속해서 부마를 재조명하고 평가해 역사적인 자리매김을 해야 하지 않을까 그렇게 생각합니다.

**준석** 4.19의거가 대학생 위주의 사건이었다면, 부마항쟁은 우리 학생들이 불쏘시개 역할을 한 것뿐이지 실질적으로 그 마지막은 등불처럼 일어난 시민들이 승화시킨 운동이라고 봅니다. 이런 게 역사적으로는 처음이 아니었나 생각합니다. 그런 부분들이 5.18로 이어졌고, 부마가 없었다면 5.18이 가능했겠나 하는 것이지요. 다음으로 부산 민주공원 같은 경우, 설립 의도도 10.16을 기념하기 위한 것으로 알고 있습니다. 그런데 점차 10.16일에 관한 부분들이 희석되어서, 4.19를 위한 것인지 6.10을 위한 것이지 5.18을 위한 것인지 모르겠어요. 부산에 지어진 민주공원은 부산에서 일어난 항쟁이 주가 되어야 합니다. 광주는 광주에서, 6.10은 서울에서 일어난 일인데. 왜 이러한 부분들을 간과하고 넘어가는 건지 모르겠어요. 정체성을 보다 분명하게 해야 합니다. 민주공원 자체에 10.16과 관련 없는 사람들이 자리에 앉아 있음으로써 이러한 문제들이 생겨난 것이 아니냐? 하는 의문이 드는데, 그러한 부분들은 다시 재조명되어야 한다고 봅니다.

박준석 님

**창우** 부마민주항쟁에 대한 탑이나 시민공원이나 기념관이나 그런 것들에 대해 사회단체에서 잘 협조를 해주셨으면 좋겠습니다. 부산시민의 민주화니까 부산시민들이 주체가 되어 기념비를 설립했으면 좋겠습니다.

**선용** 국가가 공권력을 이용해서 가한 폭력, 잔인할 정도로 시민들의 인권을 유린한 점, 이 부분들에 대해서 사과가 없습니다.

지금 40년이 흘렀는데 이는 나중에 우리 후손들에게 떳떳하지 못한 겁니다. 국가가 잘못했으면 잘못을 인정하고 거기에 따르는 보상은 물론 진정성 있는 사과도 이루어져야 하죠. 그런데 정권이 여덟 번인가 바뀌었는데 아직도 책임을 지는 정권이 없어요. 이것은 민족정기를 바로 세우는 차원에서도 국가가 책임을 져야 하는 부분입니다. 누구든, 어느 정권이든 잘못에 대해 책임지지 않으면 누가 그런 잘못된 부분들을 바로잡으려고 하겠어요. 지식인은 많지만 진정한 지성인은 없는 것이죠. 권력을 좇다 보면 지식이 총, 칼보다 더 위험한 것이 될 수 있습니다. 진정성 있는 지성인이 나와서 정권도 바로잡아야 한다고 생각합니다.

**하현**　보상에 대해서 구체적으로 한 말씀 드리고 싶습니다. 작년에 부마위원회가 보고서를 내고 종결된 것으로 나왔는데 그 보고서 너무 부실하다고 해서 위원회를 올해 말까지 운영하는 것으로 알고 있습니다. 거기에 부마항쟁과 관련해서 적지 않은 사람들이 관련자로 신청을 하고 있는데 마산의 경우에는 제가 경험하면서 보니깐 자료가 남아 있는 데 비해 부산에는 그 자료가 전무하다시피 하여 관련자로서 선정하는 데 많은 어려움을 겪고 있습니다. 아까 보상에 대해서도 말씀하셨는데 40년 전에 일어난 사건이다 보니 또 그 당시 우리 삶, 의식의 수준이 경찰에 맞았다고 해서 머리가 깨지면 병원에 가기보다는 된장을 바르는 시절이었죠. 그러다 보니 당시 병명이나 치료에 대한 기록이 거의 전무하다시피 하고 보상 관련 결정을 할 때 적지 않은 어려움이 있는 것으로 알고 있습니다. 또 부마항쟁 관련 참여했던 사람들이 관련자로 인정을 받고 보상을 받고 하는 부분에 대해 애착을 가지고 달려드는 만큼, 위원회 내부의 일에도 조금 더 열린 마음을 가지고 더 잘 해결할 수 있는 방법이 없을까를 같이 논의했으면 좋겠습니다.

백하현 님

**자영** 저는 대구 출신이고 부마항쟁에 직접 관여하지 않았기 때문에 그런 측면에서 할 얘기가 있을 것 같습니다. 요즘 문재인 정부를 욕하는 사람들이 많아졌는데 오늘 이 자리를 보면서 저는 역시 문 정부가 지난 정부보다 낫다는 생각을 했습니다. 왜냐하면 그동안 토론의 장이 한 번도 열린 적이 없었는데 그래도 이 정권에 들어서 정말 김창우 이사님 말씀처럼 기억의 저편에 사라졌던 것을 다시 끄집어낼 수 있었다는 것은 정신적인 트라우마를 치료하는 데에도 상당히 도움이 될 것이기 때문입니다. 부마항쟁연구소 소장으로서 참 의미가 있다고 생각하고, 감사드립니다. 그다음 보상 문제를 말씀해주셨는데, 40년 전이지만 일제강점기 시절 독립운동도 마찬가지로 공개하지 않고 몰래 했기 때문에 그들의 행적이나 사료를 찾아내기 어려운 문제들이 있겠다, 그러니

상이를 인정받기 위해서 의사를 찾아간다면 미리 부마항쟁의 후유증으로 어려움이 있다는 이야기를 나누고 결과적으로 유리한 방향으로 상이를 인정받을 수 있도록 했으면 좋겠습니다. 그분들의 피해에 비해서 얼마 안 되는 돈이지만, 받는 사람에게는 조금이라도 보상이 될 수 있으니까요. 마지막으로 이제까지 부마항쟁에 대해서만 이야기를 했는데 국가 권력 구조에 대해서 조금 말씀드리고 싶은 부분이 있습니다. 아까 국가가 책임을 지지 않는다고 말씀하신 부분이 있었죠. 세월호도 그렇고 여순항쟁 등 여러 문제에 대해 아무도 책임을 지지 않으려고 하는 것 같습니다. 부마항쟁뿐만 아니라 많은 사건들을 수습하는 과정에서 국가에서 권력을 휘두르기만 하고 책임을 지지 않으려고 한다고 봅니다. 그런데 그 잘못이 누구에게 있냐 하면 다 우리 자신들에게 있다고 생각합니다. 왜냐하면 책임을 질 수 있는 권력 구조를 만들어야 하는데 1948년 제정한 헌법에는 공직자가 잘못을 했을 때 철저하게 처벌을 하도록 하는 규정이 있었는데, 지금은 없어졌죠. 그래서 공직자는 막 칼을 휘두르기만 하고 처벌을 받지 않고 있는데요. 법관, 검찰, 엉터리 수사를 하는 경찰까

최자영 님

지 다 그러합니다. 그래서 우리가 이 권력을 어떻게 견제할 수 있는가 하는 부분에 대한 논의를 부마항쟁연구소에서부터 시작하는 것이 좋다고 봅니다. 부마항쟁을 부마항쟁만으로 생각하지 말고 이런 것들을 다 같이 해결할 수 있는 방안을 이제부터 찾아가야겠다고 생각합니다.

**태언** 공권력이 시민을 대상으로 해서 잘못을 저질렀을 때는 피해를 본 사람에게 모든 것을 증명하라고 하기보다는 공권력이 나서서 그 문제를 밝혀야 할 것입니다. 그 사람을 보호하고 그 사람에게 유리한 측면에서 해결해야 합니다.

**사회** 두 차례에 걸친 인터뷰에 응해주셔서 감사합니다. 40년 만의 증언이군요. 참 오래도 걸렸습니다. 가슴 깊이 묻어두었던 여러분의 증언이 역사적으로 의미 있는 기록으로 남고 나아가 부마항쟁이 우리나라 민주화 역사에서 제대로 자리매김할 수 있는 작은 밀알이 될 것이라고 믿습니다.

2부

# 회고와 증언

# 10.16의 기억… "투쟁할 때가 왔다"[1)]

정광민(당시 부산대 경제학과 2학년)

## 前夜

1979년 달력을 찾아보니 10월 15일은 월요일이었다. 이날 오전에 수업이 없었던 터라 느지막하게 학교로 갔다. 교련수업이 오후에 있었던 것으로 기억한다. 얼룩무늬 교련복을 입고 학교로 간 시간은 1시가 넘어서였다. 겉으로 드러난 대학 풍경은 평온했다.

그러나 이 평온함은 불안한 것이었다. 이날 오전 10시경 부산대 도서관에서 유인물이 뿌려졌다. 내가 학교에 도착했을 때 유인물을 뿌렸던 이도 서성였던 학우들도 모두 흩어지고 아무 일도 없었던 것처럼 조용하기만 했다.

이날 시위가 무산됨에 따라 여기에 기대를 걸었던 학생들은 못내 아쉬워했다. 일부에서는 '부산대는 안 된다'는 자조적인 패배감에 젖어들었다. 이날의 시위 실패 소식을 어디서 들었는지 기억이 없다.

역사적 사실을 재생하는 데 일조한 이는 박준석이었다. 얼마 전

---

1) 이 글은 「부마항쟁은 어떻게 시작되었는가」(『시월의 노래』, 2018)를 다시 고쳐 쓴 것이다.

부마항쟁 관련자 그룹인터뷰가 있었는데 박준석은 이렇게 말했다.

"그날 오후 광민이에게 학내 소식을 전달했던 사람은 나였다."

15일 오후 내가 만난 학우는 두 사람이었다.[2] 한 사람은 경제학과의 황헌규였고 다른 한 사람은 경영학과의 박준석이었다. 헌규를 만난 곳은 본관 아래 운죽정이었다. 헌규는 "경찰이 쫙 깔렸는데 가능하겠는가"라고 물었다. 나의 기억으로는 부정론이 강했다. 그렇다면 준석이 말이 앞뒤가 맞는 이야기였다. 준석이는 등사기를 구하는 데도 앞장섰고 선언문 인쇄를 위해 우암동 다락방까지 다녀갔던 친구였다.

아무튼 나는 이 소식을 접하고 가만히 있을 수가 없었다.

다시 싸워야 한다.

이렇게 끝나서는 안 된다.

지금부터 준비하여 내일 새로운 투쟁의 깃발을 들어야 한다.

나는 순식간에 이런 생각을 갖게 되었다. 지금 생각해보면 무엇에 홀린 듯했다. 준석이의 말을 듣고 즉시 결심을 하고 행동에 나섰다는 것은 참으로 신기한 일이었다. 조용히 지낼 수도 있었지 않았겠는가. 그런데 왜 굳이 행동에 나섰을까. 마치 그런 일이 일어나기를 기다리기라도 했다는 듯이… 당시 여러 가지 일들이 있었지만 하나하나의 개별적인 사건으로 나의 행동을 설명하는 데는 한계가

---

2) 2016년 4월 25일 자의 재심무죄 판결문에는 1979년 긴급조치 위반 사건의 공소요지가 적시되었는데, 황헌규와 박준석이 공모자로 나온다.

있지 싶다.[3] 크게 보면 나의 행동은 '시대'의 산물이었다.

나는 준석이와 의기투합했다. 내일 시위는 반드시 성공한다! 이렇게 해서 우리들은 '거사'를 도모하는 혁명동지가 되었다.

우선 거사에 필요한 것은 등사기였다. 거사를 함에 있어서 선언문이 없을 수 없었다. 선언문을 인쇄하려면 등사기가 있어야 했다. 아는 사람을 찾아 학교를 돌아다녔다. 이때 우연히 수학과 3학년생 김종세를 만났다. 김종세는 잘 아는 사이가 아니었다. 그를 알게 된 계기는 4월 19일 '1인 시위' 때였다.

나는 그날 친구하고 산성에 올라가서 막걸리를 한잔하고 내려왔다. 4.19 19주년을 아무 일도 없이 그냥 보낸다는 것이 견디기 어려웠다. 나는 검은 매직으로 4.19 19주년이라 쓴 한지를 들고 도서관 안을 한 바퀴 돌았다. 도서관이 발칵 뒤집혔다. 이때 웅성거리는 학생들 틈에 있던 누군가가 내게 악수를 청했다. 이 사람이 김종세였다.

나는 그를 보자마자 등사기 부탁을 했다. 그는 아카데미 회장을 맡기도 했는데 당시 서클에는 등사기 한 대 정도는 구비되어 있었고 마음만 먹으면 등사기를 얼마든지 구해줄 수 있는 위치에 있었다. 그러나 그의 대답은 뜻밖에도 'NO'였다.

나는 실망스러웠지만 낙담하지 않았다. 다시 준석이를 만났다. 준석이는 경남고 동기였던 지구과학교육과 3학년생 전증욱을 생

---

3) 1979년 4월 19일, 부산대 도서관에서 나는 '1인 시위'를 감행하기도 했다. 그해 가을 부산공전의 '9.17투쟁' 관련자 신홍석은 고등학교 동기였는데 시위를 앞두고 나를 찾아온 일이 있었다.

각해냈다. 그는 서클 회장을 지냈다. 우리는 부곡동에 있는 전정욱의 집으로 갔다. 다행히도 집에 등사기가 있었다. 시위 이야기는 한 마디도 하지 않았지만 기꺼이 등사기를 빌려주었다. 이심전심이었을까. 우리는 등사기를 여러 번 신문지로 포장하고는 조심스럽게 집을 나섰다.

그러고는 경제학과 친구인 전도걸의 집이 있는 연산동으로 갔다. 도걸의 부친은 초등학교 선생님이셨다. 필시 시험출제용 줄판이 있을 거라 생각했다. 도걸에게 시위계획을 이야기하고 협조를 구했다. 도걸은 주저 없이 줄판을 가져왔다. 그리고 우리를 따라 나섰다.

이런 와중에 경영학과 친구 엄태언에게 전화를 걸었다.[4] 10월 16일 오전 시위계획을 알리고 협조를 구했다. 잠시 침묵이 흘렀다.

"좋다! 도와주마!"

"정의를 위해 옳은 일을 하겠다고 어렵게 도움을 청하는 친구를 외면하기 싫었다. 비겁하게 도망가기 싫었다."

훗날 엄태언은 이렇게 증언했다. 지금 생각해도 기가 막히게 일이 척척 맞아떨어졌다.

### 우암동 다락방의 선언문 작업

우리는 택시에 등사기를 싣고 우암동으로 이동했다. 집으로 가

---

4) 엄태언의 기억에 의하면 전화를 건 시각은 10월 15일 저녁 무렵이었다.

는 도중 우암초등학교[5] 옆 문방구에 들러서 8절지 시험지 오륙백 매와 등사원지 그리고 줄필을 구입하였다. 집에 도착했을 때는 7시가 넘었다.

나는 라면 세 개를 사서 끓였다. 친구를 집으로 초대했는데 라면 말고는 내놓을 게 없었다. 가난한 만찬이 끝난 후 다락방으로 올라가 선언문 문안 작업에 들어갔다. 며칠 전 초안을 적어 놓은 노트를 꺼내 친구들에게 보여주었다. 특별한 문제제기는 없었다. 그리하여 선언문이 준비되었다.

**선언문**

청년학도여!
지금 너희들은 어디서 무엇을 하고 있는가.
(…)
고도성장정책의 추진으로 빚어진 부조리…
재벌그룹에 대한 특혜금융…
특수 권력층과 결탁하여… 막대한 독점이윤을 거두어 다수의 서민대중의 가계를 핍박케 했던 사실…
(…)
터무니없이 낮은 생계비 미달의 저임금을 지불하고서도 그것이 과연 전체 국민의 후생을 증대시켰다고 말할 수 있겠는가? 극심한 소득분배의 불균형 때문에 야기된 사회적 부조리를 상기해보라!

5) 당시는 '우암국민학교'라 불렀다.

(…)

소위 유신헌법을 보라! 그것은 법이 아니다. 그것은 국민을 위한 법이라기보다는 한 개인의 무모한 정치욕을 충족시키는 도구에 지나지 않는다. (…) 다수 선량한 지식인 내지 모든 우국지사에게는 유사시 총이며 칼인 것이다. 모든 정당한 비판과 오류의 시정을 요구하는 순수한 의지를 반민족적 행위 운운하면서 무참히 탄압하는 현 정권의 유례없는 독재. 이러고도 우리 젊은 학도들은 작금에 벌어지고 있는 문제에 방관만 하고 있을 것인가!

(…)

청년학도여!

부디 식어가는 정열, 잊혀져가는 희미한 진실, 그리고 이성을 다시 한 번 뜨겁게 불태우세! 혼탁한 시대를 사는 젊은 지성인으로서의 사명감 그리고 책임감으로 우리 모두 분연히 진리와 자유의 횃불을 밝혀야만 하네!

**〈폐정 개혁안〉**

1. 유신헌법 철폐
2. 안정성장정책과 공평한 소득 분배
3. 학원사찰 중지
4. 학도호국단 폐지
5. 언론 · 집회 · 결사의 완전한 자유와 보장
6. YH와 같은 반윤리적 기업주 엄단
7. 전 국민에 대한 정치 보복 중지

모든 효원인이여, 드디어 오늘이 왔네!

1979년 10월 16일 10시 도서관으로!

돌아보면 선언문은 체계적이지도 못하고 잘 다듬어지지도 못했다. 격정이 앞섰다. 대학 2학년생이 공부가 되었으면 얼마나 되었겠는가. 그러나 문제는 매끈한 글이 아니라 행동이었다. 부족하지만 선언문은 반유신의 격문으로서는 그런대로 쓸 만했다.

선언문 문안이 잡히자 곧 등사작업에 들어갔다. 벌써 밤 12시 가까이 되었다. 우리는 이 작업을 하면서 한편에서 불안했고 또 한편에서는 두려웠고 이루 말할 수 없는 긴장상태에 있었다. 이때 준석이가 일어섰다.

"집에 일이 있어서 오늘은 들어가야 한다. 내일 10시에 만나자."

선언문 작업이 지체된 탓이었을까. 하여간에 준석이는 떠났다. 갈 길이 먼데 인쇄 상태조차 만족스럽지 못했다. 절반 정도가 흐릿하게 나왔다. 몇 번이고 롤러를 새로 밀었지만 마찬가지였다. 시간은 가고… 할 수 없었다. 이걸로 작업을 할 수밖에… 나와 도걸이는 정신없이 작업에 열중했다. 나는 롤러를 밀고 도걸이는 유인물을 끄집어냈다. 내 교련복 바지는 시커먼 잉크 투성이였다. 도걸이의 두 손도 시커멨다.

그런데 또 문제가 생겼다. 갑자기 도걸이가 일어섰다.

"나도 집에 갔으면 좋겠다."

나는 무척 당황스러웠다.

"작업이 끝나려면 아직 멀었는데 혼자서 어쩌란 말이냐"

사정사정하여 도걸이는 작업을 마치고 집으로 돌아갔다. 아침에 상대 앞 벤치에서 만나기로 하고.

등사 작업이 완료되었을 때는 새벽 4시가 지난 시간이었다. 혼자서 다락방에 누워 잠을 청했지만 잠이 올 리 만무했다.

### 푸른빛의 신새벽

"1979년 10월 16일 새벽은 명징했다. 어둠 저편에서 희끄무레한 것이 점차 푸른빛으로 다가왔다. 도걸이 가고 없는 그 시간, 홀로 있는 것이 불안하긴 했지만 푸른빛의 신새벽을 맞이하는 설렘이 있었다. 학우들과 함께 민주화의 횃불을 들고 나아가는 것만큼 더 큰 희망이 어디 있었겠는가."

몇 해 전 어느 책에 썼던 글이다. 거의 뜬눈으로 새벽을 지새웠다. 그리고 집을 나섰다. 부산대학교 정문에 도착한 시간은 9시경이었다. 화창한 날씨였다. 옅은 가을 햇빛을 머금은 금정산과 그 아래 하얀 대학 본관[6] 건물은 기막힌 조화를 이루고는 여느 때처럼 새벽별의 빛나는 아침을 열고 있었다. 아무 일도 없다는 듯이.

그러나 아무 일이 없는 것이 아니었다. 내가 소지한 검정색의 네모난 가방 속에는 유신철폐를 요구하는 선언문 300장이 들어 있었다. 이 당시는 작가 이병주가 말한 것처럼 '긴급의 시대'였다. 유신체제는 박정희 1인의 영구집권을 위한 체제였다. '대한민국은 민주공화국'이라는 헌법적 규정은 철저히 유린되었다. 헌법을 밟고 선 체제가 바로 박정희 유신체제였다. 이런 체제는 당연히 아래로부터의 저항에 직면하지 않을 수 없었고, 소수지만 반체제의 지

6) 지금은 인문관이다.

식인, 대학생들의 저항이 잇따랐다. 박정희는 이에 대해 긴급조치 발동으로 대응했고 1975년 5월부터 시행된 것이 긴급조치 9호였다. 긴급조치 하에서 박정희의 유신을 비판하는 것은 모조리 '긴급조치 위반'이 되었고 유기징역 처분을 받았다. 이런 처벌을 받은 전국의 수많은 대학생들이 제적 또는 출학처분을 받고 학교로부터 내쫓겼다. 이러한 '긴급의 시대'에 유신철폐를 요구하는 선언문을 소지하고 학교로 간다는 것이 무엇을 의미하는지 굳이 설명할 필요는 없을 것이다.

무사히 교문을 통과할 수 있을지 노심초사하였지만 정문 앞은 의외로 조용했다. 어느 누구도 내 가방에 관심을 표하는 이가 없었다. 외관상 그냥 평범한 대학생 가방이었으니까. 나는 선언문이 든 가방을 들고 유유히 교문을 지나 약속 장소인 상대[7] 앞 벤치로 걸어갔다.

지금부터가 중요하다. 유신의 폭정 아래서 유인물을 뿌리고 액션을 취하는 것은 그 자체로도 의미가 있지만 그보다는 어떻게 학생대중이 참여하는 시위를 조직해낼 것인가가 문제였다. 대학에서는 일상적으로 학원사찰이 이루어지고 있었고 사방에 감시의 눈길이 번득였다. 유신체제 하에서 대중적인 반 유신투쟁은 보기 드물었다. 특히 부산대는 반 유신투쟁의 변방이었다. 이런 가운데서 바로 전날 유인물이 뿌려졌건만 시위는 일어나지 않았다.

나는 이런 사정을 감안하여 당시로서는 잘 시도되지 않았던 방

7) 지금은 자연과학관이다.

법을 생각해냈다. 외부로부터의 무차별적인 유인물 살포는 지양하고 수업시간 10분 전에 들어가서 학우들을 규합하여 시위대를 조직하는 것이었다. 성공이냐 실패냐 이런 걸 미리 이야기한다는 건 아무런 의미가 없었다. 일단 시도해보는 것, 이것이 당시로서는 최선이었다.

### 10.16 최초의 시위

상대 앞 벤치에 도착한 시간은 9시 30분. 한 5분가량 벤치에 앉아서 친구들을 기다렸다. 지나가는 학생들을 보면서 초초했다. 약속 시간이 다가오는데 친구들은 나타나지 않았다.

"더 이상 지체하면 안 된다. 2교시 화폐금융론 수업시간 전에 강의실에 들어가야 한다."

벤치에서 일어섰다. 이때 엄태언이 나타났다. 나는 엄태언에게 선언문을 나누어주고 서둘러 발길을 옮겼다. 인문사회관[8] 306호에 당도하여 학우들에게 선언문을 배포했다.

나는 곧장 강단으로 달려갔다.

"여러분 우리 이제 투쟁할 때가 왔습니다. 나가서 싸웁시다!"

10월 16일 상대 학우들을 마주 보고 정광민이 했던 최초의 '말'은 이런 것이었다. 연설이라기에는 너무 짧았다. 당시 경제학과 강의실에 있던 학생은 약 70여 명이었던 것으로 기억한다. 태언과

8) 지금은 제1사범관으로 불린다.

성식은 경영학과, 무역학과 강의실에서 학생들에게 선언문을 배포했다.[9] 일부 학생들은 어리둥절한 표정을 짓기도 했지만 다수는 순순히 호응하였다. 학생들은 움직이기 시작하였고 강의실을 나와 1층 인문사회관 앞마당으로 내려갔다. 이들은 곧 정광민을 따라 지근거리에 있는 상대 건물 쪽으로 줄을 지어 이동하였다. 당시 상황을 엄태언은 이렇게 회고했다.

"일이 되려고 하는 것인가? 산발적으로 웅성거림만 있은 후 불발시위로 끝난 그 전날과는 너무나 판이한 상황이 벌어졌다. 교실에 있던 모든 학우들이 마치 기다렸다는 듯, 분연히 일어나 교실문을 박차고 나갔다."

상대 앞에 결집한 학생들은 우리의 소원은 통일이라는 노래를 부르기 시작했다. 뜨거운 감정이 가슴속 깊은 곳에서 솟아올랐다. 감격적인 순간이었다. 자연스럽게 시위대오가 형성되었다. 이것이 10월 16일 최초의 시위였다. 부마항쟁의 발생과 전개양상을 기록한 자료로는 부산시경이 작성한 『79釜馬事態의 分析』이 있다.[10] 시간별로 부산항쟁의 양상을 정리한 것으로는 이 자료가 유일하다. 이 자료의 〈발생개요〉 최상단에 적힌 것은 이렇다.

"10.16. 09:53 商大生 50명에 의한 데모 始發"

10.16 부마항쟁은 부산상대생의 데모로부터 시작되었다. 항쟁

---

9) 엄태언의 증언 기록을 참조.

10) 『부마민주항쟁 10주년 기념 자료집』(1989), 71쪽 참조.

1979년 12월 8일, 10.16 주도자 정광민의 출소 장면(부마민주항쟁기념재단 제공)

이 시작된 시각은 오전 9시 53분! 부산상대 시위대는 '통일'을 '자유'로 개사한 노래도 불렀다. 수업을 듣고 있던 학생들은 놀라 창문 밖을 내다보았고 대학은 갑자기 비상이 걸렸다. 정광민은 선언문 이면지에다 '자유'라고 쓴 종이 피켓을 양손으로 들고 시위대의 선두에 섰다.

유신철폐! 독재타도!

상대 시위대는 4열로 줄을 지어 구호를 외치면서 미라보 다리를 지나 도서관 쪽으로 행진하였다. 상대에서 미라보 다리를 지나 도서관까지 가는 길은 약 300미터 정도 되는데, 주변에 음대, 자연대, 문리대, 대학 본관, 그리고 공대가 위치한 사실상 부산대의 메

인스트리트나 다름없었다. 시위대가 상대에서 도서관 앞까지 행진한 시간은 5분에서 10분 정도일 텐데 구호를 외치고 노래를 부르면서 행진했기 때문에 이때 이미 부산대 학생은 다수가 시위가 터졌다는 사실을 알게 되었다고 봐도 무방하다. 그리고 수많은 학생이 시위대에 가담하기 시작하였다. 준석이도 이때 시위대에 합류했다.

이것이 1차 교내시위였다.

## 또 한 명의 영웅, 용수 형을 기억하며

김범승(당시 동아대 국문학과 3학년)

세월이 흘렀다. 기억의 저편으로 넘어가 버린 많은 시간 속의 삶은 한 조각도 남지 않고 무의식 속에서 수백 아니 수천 번을 꿈에서나 드러내 보일 뿐이다. 그래도 긴장을 하고 의식을 깨우다 보면 그나마 떠오르는 생생한 아픔은 모두 그때의 일인 것 같다.

1979년 가을, 동아대학교 축제로 학교는 들떠 있었지만, 세상은 혼돈스러움 그 자체였다. 나는 동아대학교 학도호국단 문예부장으로서 가을 축제를 준비하는 학생대표였다. '석당선생 추모 학술발표 대회'를 주관하는 일과 초청강연회 준비 업무로 눈코 뜰 새 없이 바쁜 나날을 보내고 있었다.

술을 좋아했던 대학교 3학년 시절, 나는 술을 자주 마신 덕에 친구 자취방에서 신세를 지곤 했다. 그러던 10월 어느 날, 밤새 술을 마시고 아침 일찍 등교해 보니 늘 내가 가장 먼저 등교해 불을 켰던 학도호국단 사단장실에 불이 훤하게 켜져 있었다. 그런 일이 별로 없었기에 조금 당황하며 문을 여니 사단장인 용수 형이 서서 창밖을 내다보고 있었다. 모른 척하고 나가려니 용수 형이 나를 불렀다. 물어보고 싶은 게 있단다. 그러고는 다짜고짜, "너 같으면 어쩔래?"라고 한다. 무슨 말인지를 물으니, 편지로 면도칼이 왔다고 했다. 그제야 무슨 말을 하려는지 직감했다.

유신독재 반대 데모로 전국이 소용돌이에 빠져 있을 그 당시, 서울의 대학가 소식을 접할 일이 많았다. 그 전날도 부산대학교 호국단의 흉흉한 소문을 들어서 우리 간부들이 서로 의견을 나눈 적이 있었기 때문에 나는 새벽에 등교한 용수 형이 어떤 결단을 내리는 게 아닌가 하고 생각했다. 이화여대 학생회에서 보낸 면도칼을 용수 형은 남자답지 못한 부산의 대학교 학생대표들에게 시대적 용기를 촉구하는 메시지로 받아들이는 모습이었다.

지금부터 이야기하고자 하는 것은, 10월 부마항쟁에 대한 당시 동아대학교 학도호국단 중심부에 있던 본인의 기억을 더듬어 아직도 제대로 규명하지 못하고 있는 동아대학교 학생들의 민주화 항쟁을 정리하는 데 도움을 주기 위해서다.

면도칼 사건이 있은 이후 낮에는 주로 조용하거나 텅 비어 있던 사단장실이 늘 손님으로 북적거렸다. 법과대, 문과대, 상경대를 막론하고 많은 복학생들이 사단장실 문을 두드렸던 걸로 기억한다. 그때 용수 형을 찾아왔던 손님이나 친구들 가운데 특히 가장 많은 걸음을 한 사람들은 '법우회 5인방'이었다. 그중에는 나의 고등학교 선배도 한 분 계셨는데, 올 때마다 상냥하게 안부도 물어주고 일도 걱정해주어 항상 친근하게 대하였다. 그런데 용수 형은 그 친구들이 들어오면 항상 방문을 걸어 잠갔다. 궁금해서 어느 날

물어보니 용수 형은 "너는 믿으니 말해줄까?" 하면서, "우리도 움직이자!"라는 의미심장한 말을 했다.

그때 '우리'라는 말을 하던 그의 눈빛을 지금도 잊을 수 없다. 결의에 차 있는, 부르르 떠는 눈 주위에서 나는 한편으로는 불안함도 느꼈다. 내가 기억하는 용수 형은 당차고 저력 있고 의지가 아주 굳세고 말수도 적으며 말을 함부로 하지 않는 진정한 남자였다. 그런 형의 태도에서 무슨 일이 생긴다는 느낌을 당연히 읽을 수 있었다. "그럼 우리는요?"라고 물으니 "아직은 몰라."라고 하면서 "조만간"이라고 짧게 답했다.

그 뒤 학보사 실장이랑 방송실 실장과 틈나는 대로 만나는 모습을 보며 무슨 일이 임박했음을 느꼈다. 그때 나는 진지하며 몹시 간절해 보이던 용수 형의 눈초리에서 서슬 퍼렇던 유신정권 하에서 위험한 도발을 할 것이란 결기를 보았다.

10월 17일 아침은 매우 복잡한 심정으로 등교를 했다. 전날 부산대학교의 데모와 시내 가두투쟁에 대하여 들은 바가 있고, 밤새 친구들과 시국에 대한 토의를 하며 술을 많이 마셨던 터라, 나는 어떤 운명과도 같은 불안함과 불길함을 안고 조금 늦게 등교했다. 호국단실 문을 열고 들어서니 벌써 여러 명의 학우들이 모여 이야기를 하는 중이었다. 그때 교수님의 부름을 받고 호국단실 밖 화장실 앞으로 갔다. 지도교수님은 어떤 정보를 들었던 모양으로, 나에게 "너는 동아대 간부고, 지금 요시찰 인물"이라고 하시며, "절대 데모하지 마라, 네가 데모하면 주동이 되고, 교수님까지 큰일 당하니 자기를 봐서라도 몸 낮추고 있어라."라고 신신당부를 하셨다. 아니 거의 애원을 하셨다. 그리고 교수실로 가자고 자꾸 손을 이끌었다. 나는 일단 교수님을 안심시키고 호국단실로 들어갔다. 어떤 학우가 어제 부산대 데모대가 서면까지 진출하고 부산여대도 합류했다고 하면서 상세한 이야기를 전하고 있었다. 학우들도 하나둘 동조하는 발언을 했다. 나는 당시 대학생 교복을 입고 다녀서 항상 주목받는 사람이었다. 또 학도호국단 문예부에서 관장하던 부산의 극장 개봉관 단체관람을 관리했기 때문에 많은 학우들의 선망의 대상이었고, 꽤 유명세도 있었다.

그때 부영극장에서 단체 관람으로 〈챔프〉라는 영화를 상영했는데, 누가 챔프 이야기를 꺼냈고, 내가 대답하는 모양새가 되었다. 단체관람을 6시에 하자는 말이 돌았다.

나는 당시 이게 무슨 의미인지를 생각하기보다 대답부터 먼저 했다. 훗날 이 사실이 영도경찰서에 잡혀갔던 학우들의 진술을 통해서 "교복 입은 문예부장이 단체동원을 선동했다."고 자백하게 된 원인으로 볼 수 있다. 수많은 학우들이 "문예부장이 데모대를 부영극장 앞으로 동원했다."고 증언하고 나간 뒤라 나는 빼도 박도 못하고 주동이 되었다.

아침에 호국단에서 이루어진 모임이 끝난 뒤 우리는 서로 뿔뿔이 흩어져 혼란스런 하루를 보냈다. 간간이 동맹휴업 소문도 들렸고, 수업을 거부하는 학과나 교련 거부 등의 소문으로 교내는 매우 흉흉했다. 운동장과 도서관 앞 잔디밭에 소집단을 이루고 시국을 토론하던 많은 학우들은 곳곳에서 다혈질적인 모습으로 액션을 취하기도 했다. 아마 이때 많은 학우들은 훗날 부마민주화운동에 대해 말할 기회가 있다면 자신들이 마치 그 당시 동아대학교의 데모를 주동한 걸로 미화시킬 수도 있으리라고 생각한다.

잠시의 정적이 흐른 뒤에 교내 데모가 시작되었다. 먼저 남학생들 중심으로 스크럼을 짜고 도서관 잔디밭, 교정 구석을 다니며 유신철폐, 독재타도를 외쳤고, 박정희 하야를 외쳤다. 그런 시간도 잠시, 곧 1차 진압이 있었다. 아마 백골단이 교정에 투입되었던 것 같다. 학우들이 강당 쪽은 물론 교정 곳곳으로 뿔뿔이 흩어지고, 봉에 맞아 쓰러지고, 다치고 혼란스러웠다. 그러다가 잠시 소강상태를 보인 뒤 다시 학우들이 집결하고, 그 전보다 몇십 배나 많은 친구들이 학교 공간을 가득 채우다시피 하며 소리 높여 정의를 외치고 우리의 주장을 펼쳤다.

하지만 그런 것도 잠시, 갑자기 최루탄이 난무했고 온 교정에 최루가스가 가득하여 숨 쉬기조차 힘들어졌다. 경찰이 집단으로 투입되어 마침내 강제진압이 시작되었던 것이다. 학우들은 모두 흩어졌다. 산으로 도망가는 사람, 담을 넘어 경남고 쪽으로 도망가는 사람들로 교정은 법석이었다. 학교는 마비되었고, 출입도 통제되어 학생들 사이에 직원들을 욕하는 소리가 들릴 때쯤, 학생 탄압과 교정 진압경찰 투입에 대해 용수 형과 교수님 한 분이 항의해 경찰은 물러났다. 그 이후로는 교문을 사이에 두고 대치하였다. 몇 시간이 그렇게 흘렀고, 용수 형이 나를 불렀다. 지금 교문을 나서지 말고 5시 이후에 나가서 부영극장 옆 포장마차에서 합류하자고 했다.

나는 친구들과 함께 교정에서 시간을 보내다가 후문을 통해 골목으로 빠져 내려가서 택시를 탔다. 남포동에 도착하니 부영극장 주변에는 성난 군중과 대학생들이 뒤섞여 벌써 인산인해를 이루고 있었다. 용수 형을 만나 어묵을 먹고 있었는데, 용수 형은 그곳에 앉아서도 찾아오는 사람들과 긴힌 말을 하는지, 지시를 내리는지, 입을 가리고 심각한 표정으로 무언가를 논의하였다.

저녁 6시가 되자 일제히 큰 소리가 나며 부패정권에 선전포고를 시작했고, 곳곳에서 시가행진을 벌이며 "독재타도, 유신철폐"를 목에 피가 나도록 외치고 다녔다. 또 골목골목 〈아침이슬〉 등의 노래를 부르며 스크럼 대열이 온 남포동을 꽉 메우고 행동을 했다. 나도 스크럼 대열에 합류하여 남포파출소로 뛰다 보니 갑자기 바로 옆에서 최루탄이 터져 잠시 정신이 혼미해졌고, 모르는 사람 둘이 나를 부축해 어떤 가게로 데려갔다. 술집이었다. 술집 여자들이 내가 쓰러져 있으면 연행되어 갈 게 뻔해 피신시켜준 것이었다.

거리의 시위대(부마민주항쟁기념재단 제공)

그런 뒤에 정신을 차리고 제일극장을 거쳐 대열의 앞쪽에서 사람들을 보수동 쪽으로 이끌었다. 그러다가 진압경찰과 부딪히고 대열이 깨졌다. 도망을 치다 보니 더 이상 갈 데가 없이 거의 포위

시청 앞에 진주한 계엄군(부마민주항쟁기념재단 제공)

되었고, 급히 가까이 문을 열어둔 가게에 뛰어들어 피신을 했다. 들어가 보니 술집이었다. 손님처럼 들어가니 종업원들이 알아채고 급히 술상을 차리고 검문 나온 경찰을 따돌려주었다.

어느 정도 시간이 지난 뒤, 대학 정문 앞에 있던 친구 자취방으로 걸어가서 밤새 시국을 토론했다. 다음 날 아침 버스를 타고 집으로 가다 보니 시청 앞에 군인들이 경계를 서고 있었다. 거리는 모두 잿빛으로 하루 밤새 변해 있었다.

며칠을 집에 숨어 지내며 밖으로 나가지 않았다. 그러다가 21일 범일동에 있던 총무부장이 전화해서 바둑을 두자고 해 길을 나섰다. 그런데 점심을 먹고 나니 아버지에게서 전화가 왔고 데모 한 일이 있냐고 물으셨다. 걱정 마시라고 안심시켜 드렸더니 치과에 가야 한다고 집으로 급히 오라셨다.

집에 들어가니 이상한 기분이 들었다. 집으로 가는 길에서도 낯선 사람들을 본 것 같아 급히 그동안 지은 시로 엮어둔 시집과 극장 초대권, 편지 등을 찢고 마루 밑으로 숨기고 나니 형사들이 들이닥쳤다.

그들은 조사를 위해 잠시만 시간을 내면 된다며 함께 가자고 했다. 그러고는 내 대답은 듣지도 않고 나를 바로 차에 태웠다. 수정동쯤 가는데 형사가 갑자기 박정희를 어떻게 생각하느냐고 물었다. 나는 생각나는 대로 답했다. 그러자 앞, 옆에서 구둣발과 주먹이 정신없이 날아들었다. 맞으면서도 정말 사람 전문적으로 때린다는 생각이 들었다. 호흡만 못할 정도로 가격하고 얼굴엔 손 하나 대지 않았다.

영도경찰서에서 보낸 첫날은 기억하기도 싫다. 밤새 옆방에서 들리는 비명과 신음, 기계소리와 나지막한 남자의 소리… 이렇게 비슷한 시간을 며칠 보냈다. "김영삼이가 돈 주더나?"라는 게 주 질문이었다. 말하지 않으면 가차 없이 행해졌던 가혹함으로 무조건 손가락을 까딱였다. 그래야 잠시 쉴 수 있고 호흡이 되니까. 똥도 쌌던 기억…

며칠 뒤 용수 형을 영도경찰서 유치장에서 만났다. 몇날 며칠을 비명 지르던 사람이 형이었다면서, 자살하려고 뛰어내리려 창문으로 몸을 던지다가 이마가 찢어졌다고 했다. 용수 형은 너무 고통스럽다며 몸을 기댔다. 그러고는 속옷 몇 장을 버렸다며 한숨을 쉬었다. 그 표정을 죽은 박정희가 봤다면…

며칠 뒤에 박정희가 김재규 총에 맞아 죽었다. 똑같은 독재자들이고, 권력을 휘두르던 인간들이었다. 세월이 흘러 요즘 사람들은 그때의 일들을 모두 잊은 것 같다. 박정희 향수에 젖고, 김재규를 영웅이라고 하는, 참 어리석은 세상을 한탄해본다.

그날부터 때리고 고문하는 건 없었다. 우린 구속되었고, 유치장을 옮겼다.

그날 이후 너무나 고통스런 혼자만의 깊은 고민에 빠졌다. 호적에 틀림없이 그어질 빨간 줄이 나를 옥죄었다. 부모 형제들에게 죄를 짓는 것 같아 스스로를 용서할 수가 없었다. 죽고 싶어 유치장 벽에 머리를 부딪쳐봤지만 죽기는 쉽지 않았고, 하루하루가 너무 힘들었다.

용수 형이랑 많은 이야기를 했는데, 데모에 대한 이야기는 서로 금기였다. 그러던 어느 날 밤, 나는 용수 형에게 "형이 숨기는 사람들 때문에 우리가 너무 힘든 책임을 지고 있고, 당하고 있지 않나? 너무 억울하다."고 심경을 토로했다. 데모를 주동하지도 않았는데 주동의 계보로 재판을 받아야 하는 게 속상했던 것이다. 그러자 한참 침묵이 흘렀고, 잠시 후 용수 형은 "그럼 말해줄게. 지금이라도 주동했던 친구들의 소재를 밝히면 너는 풀려날 테니 경찰에 이야기하든지 검찰에 가서 말하라."면서 '법우회' 이야기를 끄집어냈다. 순간 나는 형에게 "미안하다, 잘못했다."고 하면서 이 일은 우리가 책임지고 다른 사람들은 덮자고 했다. 그렇게 그날을 넘겼고 다시는 입 밖으로 꺼내지 않았다.

그날 이후 부마민주화항쟁을 이끈 동아대학교의 총 주역이 용수 형이라는 믿음엔 변함이 없다. 이후 양정 헌병대로 옮겨졌고,

새롭게 조사를 받았다. 그렇게 국가권력에 대한 저항 의지가 더욱 다져지는 생활을 얼마간 한 뒤 학장교도소로 이감되었다.

그 후 나는 재판을 받고 기소 취소로 출감되었다. 출감 다음 날 학교를 찾아 학생부 지도과에 들렀다. 거기서 나는 학생과장인 듯한 선생으로부터 뺨을 한 대 맞았다. 자신들을 귀찮게 했다는 이유였다. 나는 동아대 학우들을 대신해서 죄를 끌어안고 유치장과 감방에서 38일을 보냈는데, 너무 억울했다. 그러나 그런 대우에 워낙 길들여져 있었던 터라 아무런 대꾸도 못하고 죄인처럼 고개만 숙였다. 학생간부직을 그만두라고 했다. 나는 그 말을 듣고 그대로 사표를 내버렸다.

세상이 싫었다. 총장이 위로해주겠다는 저녁식사 자리를 끝내 고사하고, 세상과 담을 쌓고 싶어서 군대에 지원하였다.

그럭저럭 세월이 흐르고 우연히 용수 형을 길에서 만났다. 얼굴이 너무 피곤해 보였다. 형은 "술 한 잔 하게 연락하라."고 했다. 하지만 세상 초년병으로 연락을 하지 못했고, 우연한 기회에 형의 죽음 소식을 접하게 되었다.

지금도 10월이 되면 용수 형의 말과 웃음이 떠오른다. 용수 형은 그 10월 부마항쟁의 희생으로 떠난 것이 분명하다. 그런데 세상은 아무도 모른다고 한다. 부끄러워해야 할 사람들이 많겠지만 오히려 세상이 바뀌니 용수 형의 자리에 서서 형을 대신해 영웅담을 늘어놓는 듯하다. 세상에 없는 용수 형이 말이 없으니 동아대

학교 '부마민주항쟁사'는 영원히 묻혀버릴 것 같다. 누구보다 용수 형을 중심으로 동아대의 민주항쟁사를 그린다면 쉬운 그림이 그려질 것이라 생각한다.

출감 이후 지금까지 살아오면서 겪은 많은 일, 특히 마음속에 지워지지 않는 수많은 기억의 편린들이 잊을 만하면 한 번씩 꿈으로 보이는 고통은 내가 평생 안고 살아가야 하는 상처가 되어 있다.

## 10.16부마항쟁의 기억 속으로…
## 용감했던 부산시민에 감사

**박준석(당시 부산대 경영학과 2학년)**

1979년 10월 15일, 부산대학교 상과대학 게시판에 '민주선언문'이 붙어 있었다. '우리 대학에도 용기 있는 학우들이 있구나.' 하는 생각에 두근거리는 마음으로 도서관을 향해서 갔다. 도서관 주변에는 학생들이 군데군데 삼삼오오 모여 웅성거리고 있는 모습들이 보였다. 그러나 시간이 제법 흘러가도 서로 눈치만 볼 뿐 선뜻 앞에 나서는 사람이 없었다. '왜 나타나지 않는 거지? 모인 사람들이 적지 않은데…? 더 많은 사람이 모이기를 바라는 건가? 선언문을 게시한 장본인은 여기에 있기나 한 걸까?' 나는 점점 더 답답함을 느끼며 한참이나 주위를 두리번거렸다. 얼마의 시간이 흐르자, 학생들은 서서히 한 무리씩 도서관 주위를 빠져나가기 시작했다. 나는 안타까운 마음에 한숨을 쉬며 그저 하늘만 쳐다보았다. 그 당시의 시국에 대한 우리들의 인식을 충분히 표현할 수 있는 분위기는 무르익은 것 같았으나 더 이상의 진전은 없었다. 그래도 나는 미련을 떨치지 못하고 혹시나 하는 마음에 도서관 주위를 벗어나지 못하고 오랫동안 서성거렸다.

그러던 중, 1학년 때 같은 반이었던 정광민(당시 경제학과 2학년)

을 만났다. 평소 그가 가지고 있던 사회와 시국에 대한 생각을 알고 있던 터라 그에게 오전의 상황을 이야기하며 아쉬움을 표했다. 그 역시 공감을 표하면서 그 자리에 없었던 것을 무척 아쉬워했다. 그리곤 다음 날 다시 시도해보자고 제안했다. 마침 그에게 이미 써두었던 시국선언문도 있으니 바로 등사해서 준비하면 된다고 했다. 그렇게 광민이와 나는 의기투합하여 먼저 등사기부터 구하기로 했다. 광민이가 지인들에게 이리저리 연락해보았으나 누구도 선뜻 나서서 도와주려고 하지 않았다. 나름 시국을 걱정하며 진보적인 의식이 있다고 자부하던 사람들조차도 그 상황에서 도와주기는커녕 외면하는 데 놀라움과 실망감, 분노를 금할 수가 없었다.

그 순간, 고등학교 친구인 전증욱(당시 지구과학교육과 3학년)이 떠올랐다. 언젠가 그가 동아리 활동에 쓸 자료를 만들면서 등사기를 사용하던 것을 본 기억이 나서 광민이와 함께 찾아갔다. 증욱이는 우리가 무엇을 하려고 하는지 충분히 짐작하고 있었지만 자초지종을 묻지 않고 잘해보라고 하면서 선뜻 등사기를 내주었다. 그 뒤, 우리는 전도걸(당시 경제학과 2학년)에게서 줄판을 빌리고, 문방구에서 등사에 필요한 재료를 구입하여 광민의 집으로 갔다.

간단하게 저녁을 먹고 우리는 광민이 미리 작성해두었던 선언문을 살펴보았다. 선언문의 내용은 유신철폐, 언론 · 집회 · 결사의 자유 및 진정한 민주주의의 실현 등 그 당시 모든 사람이 공감하던 내용이었다. 광민의 선언문이 다른 시위에서 사용된 선언문들과 달랐던 점은, "짓궂은 두 독재자에 의해…"라는 구절에서 알 수 있는 바와 같이, 남북의 두 '독재자'가 국민을 호도함으로써 자신들의 정권 유지를 위해 서로를 이용하려 한다는 비판의 시각을 담고 있었다. 선언문 문안을 확정하고 우리는 등사 작업에 들어갔다. 밤이 늦어 나는 다음 날 오전 10시에 부산대학교 상과대학에서 다시 만나기로 하고 집으로 돌아갔다. 나는 평소 비슷한 시각을 가지고 있던 몇몇 친구들에게 시위계획을 알리고 잠자리에 들었으나, 다음 날에 대한 상념으로 거의 뜬눈으로 밤을 새웠다.

1979년 10월 16일 아침, 나는 시간에 맞춰 서둘러 약속장소로 갔다. 그런데 이미 광민이와 상대 학우들이 앞장선 시위대열이 "독재타도", "유신철폐" 등의 구호를 외치며 본관 쪽으로 나가고 있었다. 나도 바로 시위대에 합류하여 앞장서서 도서관 쪽으로 나아갔다. 시간이 흐름에 따라 시위에 참여하는 학우들이 눈에 띄게 늘어나고 있었다. 도서관 앞에 당도한 우리는 구호를 외치며 도서관 안으로 진입을 시도했다. 그 순간, 주위에 잠복하고 있던 사복형사가 광민을 붙잡았다. 학우들이 광민을 구하려고 형사들과 몸싸움을 하면서 시위대열은 더 나아가지 못하고 멈춰 섰다. 나는 광민에게서 선언문을 받아 들고 도서관 안으로 뛰어 들어가 그곳에 있던 학우들에게 시위에 동참할 것을 호소하였다. 상황의 긴박함을 인식한 많은 학우가 도서관에서 나와 시위에 합류했다. 대열을 이룬 우리는 구호를 외치며 운동장을 돌기 시작했다. 시간이 지나면서 시위에 참여한 학우들의 숫자가 전혀 예상치 못한 정도로 늘

경찰과 충돌하는 시위대(교육대학 앞) (부마민주항쟁기념재단 제공)

었다. 나는 북받치는 감정에 고개를 들어 하늘을 보았다. 하늘은 축복이라도 하는 듯, 눈이 시릴 정도로 높고 푸르렀다.

운동장을 몇 바퀴 돌고 우리는 교문 밖으로 나가려고 시도했다. 이미 교문 앞에는 경찰들과 가스차가 가로막고 있었다. 몇 차례의 충돌이 있었고 교내는 최루가스로 가득 찼다. 시위가 무르익어 감에 따라 우리는 형사들에게 얼굴이 알려진 광민을 먼저 피신시키기로 했다. 1학년 때 같은 반이었던 엄태언(당시 경영학과 2학년)의 제안으로, 그가 광민과 옷을 바꿔 입고 광민을 먼저 학교 후문에 있던 쪽문을 통해서 피신시켰다. 학우들은 교문을 벗어나 일부는 산업도로로, 일부는 온천장 쪽으로 시민들의 호응을 받으며 시위를 이어나갔고, 드디어 서면과 광복동 쪽으로 들불처럼 퍼져 나갔다.

이튿날 친구들로부터 일단 피하라는 전화를 받았다. 그다음 날도 시위는 계속되었고, 친구들로부터 피하라는 전화는 계속 왔다. 일단 친척 집으로 피하고 나니 집으로 형사들이 찾아왔고 다른 친척 집으로도 계속 찾아왔다. 며칠 지나서 피신해 있던 광민으로부터 자수하러 간다는 전화가 왔다고 어머니가 알려주었다. 더는 피할 곳이 없다고… 있었던 그대로를 경찰서에서 진술할 예정이니 참고 하라고… 광민이는 그 일로 인해 그 후 엄청난 고초를 겪었고(이에 대한 더 자세한 내용은 2018년 10월 5일 자 『일요신문』 기사 참조), 마침내 10월 26일 박정희의 피살로 유신체제는 막을 내렸다. 피신처에서 그 소식을 듣고 나는 만감이 교차했다.

### 10.16부마항쟁 40주년을 맞이하여… 용감 순수했던 시민에게 감사

아직도 그날의 함성, 구호, 노랫소리가 들리는 듯하다. 스크럼을 짜고 운동장을 돌며 벅찬 감정을 주체하지 못해 올려다본 시리도록 푸르던 하늘을 어찌 잊을 수 있으랴? 학생들을 응원하고 호응해주며 물심양면으로 도와주던 시민들의 표정이 지금도 눈에 선하다. 그 전날의 교내 분위기에서 굴종과 억압의 시대에 항거하고자 하는 강한 열망을 느꼈던 우리는, 그 역사적 소명을 이루는 데 그저 작은 불쏘시개 역할만으로도 만족하고자 했다. 그랬던 것이 유신체제를 종식시키는 원동력이 될 줄은 꿈에도 몰랐다. 틀려도 틀렸다고, 아닌 것을 아니라고 감히 말할 수 없었던 암흑의 시대에, 시민들과 혼연일체가 되어 분연히 맞설 수 있었던, 대한민국 역사상 흔치 않은 참으로 '행복한 항거'였다. 지금도 그 시절을 생각하면, 무모할 정도로 용감하고 순수했던 부산 시민들에게 감사할 따름이다.

이처럼 시민들의 힘으로 어두운 유신체제를 끝낸 10.16부마항쟁이 아직 제대로 된 평가를 받지 못하고 있어 개인적으로 안타까운 마음을 금할 수 없다.

10.16부마항쟁이 4.19혁명, 5.18광주민주화운동, 6월항쟁과 더불어 한국현대사의 커다란 한 획을 그은 역사적인 사건임에도 불구하고, 다른 민주 항쟁과는 달리 이제 국가기념일로 지정되었다. 하지만 10.16부마항쟁의 진상규명은 물론, 관련자에 대한 예우도 제대로 이루어지고 있지 못한 상황에서, 정확한 사실에 입각하기보다는 추측성의 이야기만 난무하고 있는 것 같아 씁쓸하기 이를 데 없다.

또 하나, 부산 민주공원 설립과 관련해서도 개인적으로 아쉬운 점이 있다. 10.16부마항쟁을 기념하기 위해 조성된 민주공원의 설립 취지가 점점 희석되고 있다는 느낌을 받는다. 부산에서 부산 시민이 주축이 되어 일어난 10.16부마항쟁인 만큼, 부산에서는 더 소중하게 다루어져야 하지 않을까. 그리고 10.16부마항쟁의 원동력이었던 정광민의 역할이 제대로 된 평가조차 받지 못하고 있다는 것은 참으로 아이러니한 일이 아닐 수 없다. 민주공원의 설립과 더불어 그동안 몇몇 사람들이 10.16부마항쟁과 관련해 적지 않은 혜택을 누리고 있다. 그러나 정작 10.16부마항쟁의 주역으로서, 그로 인해 가장 많은 고초를 겪은 정광민에게는 그 어떠한 혜택도 주어지지 않았다는 것은 실로 놀랍고 안타까운 일이다.

그리고 10.16부마항쟁의 역사에 대한 부산대학교의 대처에 대해서도 실망스러운 점이 많다. 10.16부마항쟁이 다른 곳도 아닌 바로 부산대학교에서 발단이 되었음에도 불구하고, 그 사실을 알고 있는 학생이 드물다는 것은 대학 당국의 무관심을 여실히 보여준다 할 것이다. 표지석이나 기념비를 세운 것만으로는 항쟁에 대한 제대로 된 실태를 파악할 수 없지 않을까 한다.

따라서 기념관 설립과 더불어 관련 자료의 발굴 및 발간, 그리고 다양한 부대 행사를 통해 10.16부마항쟁의 숭고한 희생정신을 기리고 역사의 산 교육장으로 활용함으로써, 후학들이 부산대학교 학생으로서의 자부심을 가질 수 있게 되기를 진심으로 빌어본다.

# 1979년 10월 16일, 그리고 그 후… '진실 규명, 명예회복' 이뤄져야

엄태언(당시 부산대 경영학과 2학년)

10.16부마민주항쟁은, 최초 부산대 상대 몇몇 학우들이 순수한 정의감으로 유신독재에 대한 항거를 기획하고 실행에 옮기면서, 부산대 전체 학우들 및 타 대학 학우들과 부산시민들까지 가세하고, 나아가서 마산까지도 시위가 확대된 민주항쟁이었습니다.

그때 그 시절, 너무나 순수했던, 그 정의감이 학우들 속에 하나되고 부산 시민들의 메아리가 되어 결국 한 시대의 역사를 마감하게 만든 어마어마한 사건이 되었습니다. 그 당사자들은 휘몰아치는 역사의 소용돌이 속에서 경찰서, 헌병대, 감옥, 계엄하의 군사재판까지, 젊은 생명마저 앞날을 기약할 수 없는 상태로 참담한 나날들을 보내는 시련을 겪었습니다.

세월이 흘러 정권이 몇 번 바뀌었어도, 그때 순수했던 친구들은 초심을 잃지 않고 각자 자신에게 주어진 삶을 충실히 살아왔기에, 젊은 날 대한민국의 민주화를 위해 조그만 저항을 나름 실천에 옮겼던 그때 그 일원으로서 진심으로 자랑스럽게 생각합니다.

세월이 더 가기 전에 후배들을 위해서, 올바른 역사의 기록을 위해서, 이제라도 10.16부마민주항쟁에 대한, 사실에 근거한 진실규명이 제대로 되어야 한다고 생각합니다.

특히, 부마 특별법 제정이 조속히 이루어져서 그 암울한 시대에 용기 있는 행동의 대가로, 이후 오랜 세월 동안 정신적 고초를 겪어왔던 부산, 마산 학생들, 시민들, 부모들에 대한 완전한 법적, 사회적인 명예가 회복되고, 그때의 피해로 인해 육체적, 정신적 고통을 겪고 있는 사람들에게도 적절한 보상 또한 이루어져야 함은 당연한 민주국가의 책무라고 생각합니다.

40년 전의 기억을 되새기기에는 한계가 있을 수 있으나 오래전 언젠가 남겨둔 메모를 근거로, 또 기억나는 대로, 그때 그 상황을 증언의 형식으로는 오늘 처음으로 기록에 남기고자 합니다.

*

"사람들 많네!"

"살아 있는 사람들 많네!"

어둠이 내린 교정 저 건너편에서, 가끔씩 들려오는 원망 섞인 듯한 누군가의 외침이 나의 관심을 끌었다. 아래 조그만 계곡에 서클 모임장소가 많이 위치한 미리네 다리와 상대 건물 사이로 나 있는 긴 경사진 길을 걸어, 나는 운동장 방향으로 내려가고 있었다. 그 외침 소리가 점점 나에게 가까이 다가왔다.

"니 광민이 아이가? 조용한 학교에서 와 혼자서 고함을 지르고 그라노?"

나는 광민이를 데리고 구정문 앞 다방으로 가서 앉았다. 정광민은 1학년 때 우리 반 친구였으나, 둘이서만 대화를 나누어본 적은 없는 친구였다. 그 후 2학년 때 광민은 경제학과로, 나는 경영학과로 가면서 더욱 만날 기회가 없어졌다.

"무슨 일인데? 니 이야기 한번 들어보자."

이렇게 정광민과 개인적인 대화를 처음으로 나누게 되었다.

1979년 10월 초순경으로 기억된다.

광민은 당시 암울했던 시대 상황에 울분을 토하며, 양심 있는 우리들이 나서야 된다고 주장했다. 그는 잘못된 독재정치를 타파하고 민주화를 반드시 쟁취해야 된다고 강조했다. 나는 그에게서 언제든지 어떠한 희생도 감수할 각오가 되어 있는 비장함을 느꼈다.

"광민아, 니 주장이 옳다. 그러나 방법은 아니다. 니가 주장하고 싶으면 니 주장을 정리해서 당당하게 학우들에게 협조를 구해라. 지금처럼 혼자서, 남들이 모두 비겁하다고 고함을 질러대는 식으로는 그 누구의 동조도 얻지 못한다."

그런 일이 있은 후, 영어회화 서클 회장 출신이었던 나는 여전히 영어회화 서클 생활을 중심으로 나름대로 분주한 나날들을 보내고 있었다.

"태언아, 나 좀 도와주라. 내일 D-Day로 잡았다."

1979년 10월 15일 저녁 무렵, 집에서 광민의 전화를 받은 나는 순간적으로 뇌리를 스쳐 지나가는, 난생 처음 느껴 보는 묵직한 공포감을 느꼈다. 이 순간 나는 어떻게 해야 하나? 태어나서 대학 2학년생이 되도록 단 한 번도 경험하지 못한, 내 인생이 헤어나기 어려운 나락으로 추락하는 어마어마한 시련을 맞이해야 될지도

모를 선택을 어쩌면 난 강요받고 있었다. 숨죽이며 살아가던 유신 독재 시절이었다. 마음속 불만이 행여 입 밖으로 노출될까 봐 주위를 의식하면서, 계란으로 바위 치기라며 많은 사람들이 유신독재 체제에 대해 애써 외면하던 시절이었다.

얼마 전 발생했던 YH무역 여공들의 생존권 보장 요구에 공권력은 무자비한 폭력으로 진압했고, 야당 총재였던 김영삼 총재가 의원직에서 제명되기도 했다. 진리의 전당인 대학 안에도 경찰, 중앙정보부 요원들에 의한 학원사찰이 공공연히 진행되던 때였다.

당시, 이론과 현실의 괴리에 의문을 느끼는 일부 대학생들은 『창작과 비평』, 리영희 교수의 『전환시대의 논리』, 『우상과 이성』, 김동길 교수의 『젊은 청년에게 고함』, 소설가 조세희의 『난장이가 쏘아 올린 작은 공』 등의 교양서적과 사회과학서적들을 통해 지적 호기심을 달래며 울분을 삭이기도 했다.

침묵이 흘렀다. 얼마 전 나누었던 광민과의 대화가 떠올랐다.

"좋다! 도와주마!"

정의를 위해 옳은 일을 하겠다고 어렵게 도움을 청하는 친구를 외면하기 싫었다. 의리 없이 비겁하게 도망가기 싫었다.

10월 16일 아침이 밝았다.

아침 9시 30분, 상대 건물 앞 벤치. 같은 경영학과 친구 조서현과 나는 무거운 마음으로 친구들을 기다리고 있었다. 그날 서현과 이성식의 합류 계기에 대한 정확한 기억은 나지 않는다.[1)]

---

1) 서현은 10월 15일 태언으로부터 전화를 받았고, 10월 16일 상대 건물 앞 벤치에서 만나기로 가볍게 약속했는데, 통화 시 뭔가 평소와는 다른 분위기를 느꼈고, 뭔가

몇 분 후 무역학과 대표였던 성식이 나타났고, 이어 마지막으로 경제학과 정광민이 나타났다. 모두 1학년 때 같은 반 친구들이었다.(B10반) 상대 건물 앞 벤치에서 나를 포함한 4명이 다 같이 모이기까지는 몇 분도 채 걸리지 않았다.

정광민은, 전날 경제학과 전도걸, 경영학과 박준석과 함께 유인물을 제작하느라 밤잠을 제대로 자지 못했다. 특히 전도걸과는 거의 밤을 꼬박 새웠다.

주위를 둘러볼 겨를도 없이 재빠른 동작으로 광민은 가방에서 유인물 뭉치를 꺼내 나와 성식에게 건네주었다. 광민에게 넘겨받은 유인물 뭉치를 받아 든 나와 성식은 또 그것을 재빨리 각자의 가방 속에 넣은 뒤 종종걸음으로 각자 2교시 수업이 있는 강의실로 발걸음을 옮겼다.

아침 10시에 인문사회관 2층 206호 강의실에서는 경영학과 허화 교수님의 '증권 금융론' 수업이 예정되어 있었고, 3층 306호 강의실에서는 경제학과 2교시 '화폐금융론' 수업이 예정되어 있었다. 상대 건물 2층에서는 무역학과 2교시 국제경제학 수업이 시작될 무렵이었다.

나는 인문사회관 206호 강의실 앞자리를 차지하고 앉아 광민이 오기를 기다렸다. 몇 분이 지나, 인문사회관 3층 강의실에서 한걸음에 뛰어 내려온 광민이 바로 아래 2층 경영학과 강의실로 뛰어

---

안 좋은 특이한 일이 벌어질 것 같은 느낌을 받았다고 했다. 성식은 정확히 기억이 나지는 않지만, 태언의 사전 상황 설명과 동참 요청으로 동참한 것으로 기억하고 있었다.

들어왔다. 다행히 허화 교수님은 아직 강의실에 도착하지 않았다.

"여러분! 드디어 때가 왔습니다. 저 유신독재정권에 맞서 우리 모두 투쟁합시다!"

뛰어 들어온 광민이 궐기를 촉구하는 구호를 큰 소리로 외치는 동시에 나는 학우들에게 유인물을 뿌리기 시작했다. 평소 학우들과 원만한 친분관계를 맺고 있었던 내가 유인물을 배포해서 그랬는지 모르겠으나, 3~4명의 학우들을 제외한 대부분의 학우들이 긍정적인 호응을 보이기 시작했다.

일이 되려고 하는 것인가? 산발적인 웅성거림만 있은 후, 불발 시위로 끝났다고 나중에 들은, 그 전날과는 너무나 판이한 상황이 벌어졌다. 교실에 있던 학우들이 마치 기다렸다는 듯 분연히 일어나 교실 문을 박차고 나갔다.

그 시간 인근 상대 건물 2층에서는 무역학과 대표였던 성식이 경영 · 경제학과에서 시위를 시작할 예정이기에 무역학과만 빠질 수 없다며 교수님께 양해를 구하고 있었다.

나는 인문사회관 건물 안팎에서 광민을 도와 학우들의 동참을 촉구하고 있었다. 최초 30~40명 정도의 경영 · 경제학과 학우들이 운집해 있었던 인문사회관 건물 밖에 서서히 학우들이 동참하고, 인근 상대 건물로 이동한 뒤에는 백여 명에 가까운 꽤 많은 학우들로 인원이 늘어나 본격적인 시위 진영이 갖춰진 상태가 되었다.

'독재타도!'를 외치며 상대 건물 앞에서 시작된 시위행렬은 도서관으로 향했고, 광민은 선언문 뒷장에 '자유'라고 검은 사인펜으로 쓴 종이를 높이 들고 대열을 선도했다. 나는 광민과 함께 구호와 노래를 선창하면서 시위대를 이끌었다. '우리의 소원은 통일'을 불렀고, '자유'와 '민주'로 개사한 노래들도 부르며 행진했다.

시위행렬이 도서관에 도착했을 때에는 학우들의 숫자가 이미 수백 명으로 불어나 있었다. 학우들은 도서관 앞 잔디밭과 벤치 주위에서 애국가, 아침이슬, 선구자, 교가 등을 부르며 타 학우들의 동참을 촉구했다. 학우들의 동참을 촉구하던 광민에게 사복경찰 두 명이 달려들어 체포하려고 하자, 주위에 있던 학우들이 달려들어 광민을 구출했다. 사복경찰의 등장으로 자극을 받은 시위 동참 학우들은 스크럼을 짜고 본관과 운동장으로 내닫기 시작했고, 운동장을 돌 때는 어느새 끝이 보이지 않을 정도의 많은 학생들이 동참하고 있었다.

"유신철폐!"

"독재타도!"

바야흐로 부산대학교 10.16부마민주항쟁의 서막이 시작된 것이었다. 그동안 침묵을 지켜왔던 학우들 가슴 속 깊이 묻어 두었던, 양심과 정의를 위한 함성이 폭발한 것이다.

거칠 것 없는 시위 행렬은 계속해서 늘어났고, 학교 밖 시내 진출을 시도했지만 정문에서 미리 대기 중이던 경찰 기동대의 저항을 받게 되었다. 정문에서 경찰 기동대 대원들과 투석전이 한바탕 벌어지고 난 뒤, 갑자기 정문이 열리고 돌진해 들어오는 페퍼포그 차량 진압부대가 학생들을 더욱 자극하기 시작했다. 학교 안으로 진출한 경찰 기동대의 최루탄 발사가 계속되고, 학우들과 경찰 기

대기 중인 경찰기동대(부마민주항쟁기념재단 제공)

동대의 본격적인 쫓고 쫓기는 전투가 벌어졌다. 거의 모두가 난생 처음 경험했던 최루탄 공격에 여기저기서 비명소리가 나고, 최루탄 가스로 얼굴이 범벅이 되어 있는 서클 후배의 모습도 보였다. 경찰 기동대의 교정 진입 이후에는 학내에 있는 모든 학생들이 진압대상이 되었고, 이로 인해 시위 규모는 점점 확산되기 시작했다.

누군가가 본관 옥상에서 사복 경찰들과 보안대 요원들이 사진을 찍는다는 이야기를 했다. 광민이 옷을 바꾸어 입자고 했다. 순간적으로 광민을 보호해야 되겠다는 생각이 들었다. 나는 광민과 옷을 서로 바꾸어 입었다.

"광민아, 니가 할 역할은 다했다. 이제 어디로든 빨리 피신해라!"

광민을 보내고, 나는 다시 시위대열로 합류했다.

학우들은 여러 개의 통로를 통해 시내 진출을 도모하게 되었다.

우리 시위대열은 사대부고 담장을 뛰어넘어 학교 밖으로 탈출했다. 시위행렬은 미남로터리를 거쳐 부산역으로, 부산역에서 남포동으로 이어졌고, 남포동에서도 한바탕 전경들과 쫓고 쫓기는 시위가 계속되는 가운데, 분노한 시민들까지 합세를 하면서 학생시위가 어느 듯 부산 시민들의 시위로 확대가 되었다. 시민들은 시위 학생들에게 격려와 함께 물과 빵을 제공하기도 하고, 상점 주인들은 경찰에 쫓기는 학생들을 아들, 딸처럼 상점 안으로 몸을 숨겨주기도 했다.

남포동, 창선동, 광복동, 대청동 등을 중심으로 한 학생들과 시민들의 시위대열은 흩어졌다 다시 모여 시위를 하며 골목골목을 누볐다. 시내는 온통 "독재타도!", "유신철폐!"의 함성으로 뒤덮였다.

그렇게 밤늦도록 시위는 계속 되었다. 하루 종일 긴장과 흥분 속에서 가슴속 응어리졌던 뜨거운 함성과 함께 내달렸지만 피곤한 줄도 몰랐다. 두렵기도 했지만 양심적인 우리들의 행동은 많은 부산의 학생들과 시민들이 분출하려고 했던 바로 그 행동을 대신했던 것임을 그날 확인할 수 있었다.

늦은 밤 귀가하니 마치 아무 일도 없었다는 듯 집안은 조용했다. 바로 아래 동생이 잠깐 보자고 했다. 조금 전에 보안대에 근무를 한다고 하는 나의 고등학교 선배라고 하는 사람이 집으로 찾아와서, 내가 귀가하면 아무 소리 하지 말고 멀리 피신하라고 일러주고 갔다고 했다. 내가 체포 대상자 1호라고 하면서….

순간적으로 후배를 걱정하는 선배가 진심으로 고마웠다.

"내가 잘못한 것이 없는데 집을 두고 어디로 가란 말이냐? 걱정하지 마라"

나는 어디든지 서둘러 떠나라고 하는 동생을 안심시키면서, 숨가쁘게 전개된 하루를 회상하면서 내일을 위해 늦은 잠을 청하고 있었다.

"꽝" 하는 소리와 함께 낯선 사람 2명이 집으로 들이닥쳤다. 사복형사들이었다. 신분을 확인하자마자 무전기로 보고를 한다.

"1호 체포 완료."

지프차에 태우고 간 곳은 동래경찰서였다. 이미 수십 명의 사람들이 유치장에 갇혀 있었다.

형사가 같이 데모에 가담한 사람 3명만 대면 바로 풀어주겠다고 회유했다. 형사의 손에는 부산상대 동급생 명부가 들려 있었다. 사진을 한 장 한 장 보여주면서 눈치를 본다. 낯익은 친구들의 사진이 한 장 한 장 지나간다. 시위에 같이 동참했던 친구를 거명하면 미안함 때문에 그 친구를 평생 못 볼 것 같았다. 거부했다.

다음 날은 지하 전기 고문실로 데리고 내려가면서 협박을 했다. 관련 당국에서는 도피한 광민이 아직 체포되지 않았기에 이번 사태에 대해 아직 상황 파악이 전혀 되지 않은 것 같았다. 나는 순간적으로, 시위를 주도했던 친구들이 멀리 피신하길 바랐다. 다시 거부했다.

나중에 안 사실이지만, 그 당시 시위와 전혀 관계없어 아무 문제가 없을 것으로 생각하고 이름을 댄 동네 여자친구가 대신 영문도 모르는 곤란함을 겪었다고 한다. 당시 미국유학을 다녀오신 분으로, 너무나 개방적이고 제자들에게는 무한한 신뢰와 애정을 보여 주셨던, 그래서 평소 무척이나 많이 존경하던 영어회화서클 지도 교수님도 나 때문에 경찰에 불려가 이유 없는 불편함을 겪으신 사실도 나중에 알았다. 아직도 미안한 마음을 간직하고 있다.

동래경찰서 유치장에는 시간이 갈수록 더 많은 사람들이 잡혀 왔다. 무고한 시민들도 꽤 있었는데, 일부 시민들은 학생이 아니라는 이유만으로도 가혹한 폭행을 당하기도 했다.

나 또한 광민이 유치장으로 들어오기 전까지, 시위 주동자의 한 사람으로서 가혹한 폭행과 함께 수시로 심문을 받고 있었다. 나중에 자수해서 들어온 광민도 물고문을 수차례 받고, 인근 대동병원에서 응급치료를 받고 왔다는 이야기를 전해 들었다.

밤이 되면서 앞날을 예단할 수 없는 괴로운 심정과 공포감에, 어떤 사람은 일정 거리에서 뛰어와 유치장 콘크리트 벽에 머리를 부딪치면서 심한 자해를 가하기도 하고, 혼미한 정신으로 철망을 오르는 정신장애 증세를 보이기도 했다.

유치장 안에 갇혀 있는 학생들의 부모님들은 하루가 멀다 하고 경찰서를 방문, 찢어지는 가슴을 부여안고 바깥 먼발치에서 자식들의 안위를 걱정만 하시다가 발걸음을 돌리시곤 했다.

하루는 어느 정도 상황 파악이 되었는지, 형사 한 명이 나를 부산대학교로 데리고 갔다. 격동의 그날, 10월 16일 내가 급우들에게 돌리고 남은 유인물을 교탁 뒤에 던져두었다고 이야기함에 따라, 그 형사가 유인물 증거물을 수집하기 위해 그날 수업이 있었던 강의실 교탁 뒤를 조사했다. 유인물은 없었다.

나중에 안 사실이지만, 친구 한 명이 남은 유인물을 추가로 급우들에게 돌렸다고 한다.

"엄태언에게 또 한 방 먹었군. 고문실에서 보자!"

그날 대학교 정문 앞에는 탱크가 배치되어 있었고 길에는 사람 한 명 보이지 않았다. 사태가 엄청 심각하게 돌아가고 있음을 느꼈다. 비상계엄 상황이었던 것이다.

그런데 며칠이 지난 어느 날, 경찰서 전체가 술렁이기 시작했다. 박정희 전 대통령이 시해되었다는 뉴스가 나왔다. 10월 26일이었다. 믿기지가 않았다. 유신의 심장이 쓰러진 것이다. 장기집권을 위한 7년간의 무리한 유신체제의 고수, 그리고 이를 통한 정치적인 탄압과 인권 유린을 서슴지 않았던 독재 권력자가 한 시대의 종말을 고한 것이었다. 많은 젊은이들이, 또한 양심 있는 민주인사들과 지식인들이 그렇게 오랫동안 원했던 유신 독재체제의 종말이 다가오는 순간이었다.

이제 드디어 대한민국에도 민주화가 오는 것인가? 아니면 또 다른 형태의 독재체제가 올 것인가? 이번 사태로 인해 우리에게는 어떠한 시련이 닥쳐 올 것인가? 이런저런 생각이 뇌리를 스쳐갔다.

동래경찰서를 떠나는 마지막 날, 형사 한 명과 마지막 대면을 했다.

"너 앞으로도 데모할 거야?"

"저는 사회가 잘못된 방향으로 가고 있다고 판단되면 또 데모를 할 겁니다."

동래경찰서에 구금된 지 열흘 정도가 지난 어느 날, 우리는

15P(양정에 있던 2관구 헌병대)로 이송되었다. 무슨 이유로 군 헌병대로 이송이 되는지도 모르는 채. 우리의 운명은 우리의 의도나 의사와 전혀 관계없이, 아무것도 알 수 없는 가운데, 안타깝게도 먹구름 속을 헤매고 있었다.

15P에서는, 중간 통로를 사이로 양쪽에 침상이 있는 한 개의 내무반에 30명 전후의 구속자들이 같이 있었던 것으로 기억된다. 동래경찰서에서 보냈던 고통스러운 나날들에 비하면 헌병대에서는 그래도 잠이나마 누워서 청할 수 있었다. 화장실은 헌병대원의 통제하에 그룹으로 갔다 와야 했다. 헌병대에서는 한두 번의 조사를 받았다. 같은 내무반에 있었던 당시 고신대 학생이, 우리들 중에 누가 언제 어디로 불려갈지도 모르는 불안한 하루하루에 희망의 불씨를 살리기 위해 매일 기도를 해주었던 기억이 난다. 그리고 다른 한 사람은 침울한 분위기를 호전시키기 위해 노래를 가르쳐주기도 했는데, 다 같이 그 노래를 부르면서 잠시나마 분위기를 반전시키기도 했다.

"하늘이 울어야만 사나이가 운다던데~~"

15P에서 1~2주 정도 보낸 이후 나는 부산구치소로 이송이 되었다. 어떤 사람이 어디로 이동이 되었는지는 기억이 나질 않는다. 부산구치소에서 같은 방에 수감된 사람들 중에 기억이 나는 사람은 이진걸, 이현오, 이주홍 등의 학생들이다. 같은 방에 수감된 대부분의 사람들은 외부에서 보내준 책을 읽으면서 시간을 보냈다. 나도 서클 동기생이 보내 준 책을 읽으면서 시간을 보냈는데, 서머셋 몸(Somerset Maugham)의 『인간의 굴레』를 감명 깊게 읽은 기

억이 난다.

이 후 계엄사령관이 재판장인 군법재판이 열리고, 나는 최종적으로 공소기각 판정을 받았다. 그때 동아대학교 학도호국단 단장 출신 학생도 같이 재판을 받은 것으로 기억된다.

그리고 나는 그해 11월 28일 부산구치소 문을 나와 집으로 돌아왔다. 동래경찰서에 구금된 이후 15P와 부산구치소 생활을 거쳐 한 달 열흘 만이었다. 세상에 다시 태어난 기분이었다.

그러나 그 이후에도, 10.16부마민주항쟁으로 인한 구속으로 인해 아무런 이유 없이 1980년 5월 18일에는 군 복무 중 보안대에 끌려가서 일주일 동안 불법 구금을 당하기도 했다. 보안대에서도 수차례의 폭행과 함께 조사를 받았다. 나와 아무런 관련도 없는 광주항쟁과의 연계를 주로 심문했다.

1979년 11월 28일 부산구치소에서 풀려 난 뒤부터 그해 12월 9일 군에 입대할 때까지, 그리고 입대 후에도 끈질기게 우리 집으로 출근하다시피 했던 형사의 사찰로 인해 스트레스를 받은 아버님은 결국 심근경색 증세로 쓰러지셨고, 아버님이 돌아가신 후 어머님도 3년 후 동일한 병명으로 돌아가시는 비극을 맛보았다. 두 분께 불효에 대한 용서를 다시 한 번 진심으로 표하고 싶다.

구치소에서 출소한 뒤 세월이 40여 년 가까이 흘렀지만, 아직도 기억이 생생한 "전기고문실에서 맛 좀 봐야 정신을 차릴 것"이란 동래경찰서 취조형사의 공포스러운 한마디와 무자비한 폭행, 연산동 15P 헌병대 구금, 보안대 내에서 이루어진 가혹한 폭행과 심문 등을 거치는 동안 쌓였던 극심한 공포와 악몽이 반복되는 트라우마도 근 40년 가까이 경험하고 있다. 그 외에도 만성적인 뇌혈관, 심혈관 질환과 심한 피부질환, 그리고 신경성 위장병도 거의 40년 동안 앓고 있다.

그렇게 세월은 흘러, 역사와 사람들의 뇌리에서 잊혀가고 있는 10.16부마민주항쟁이 금년에 40주년을 맞게 된다.

**증언 기록을 남기며**

10.16부마민주항쟁과 관련하여 이 자리를 빌려 분명히 밝히고자 하는 사실 몇 가지가 있다.

첫째, 10.16부마민주항쟁을 초기에 주도했던 부산상대 그룹은, 항쟁을 계획하고 실행에 옮기는 단계에서, 소위 기존 부산운동권이나 이념서클, 종교단체로부터 어떠한 직접적이거나 간접적인 연계, 지휘, 참여, 지원을 받은 것이 없다. 그들은 부마항쟁 초기의 기획과 실행단계에서 전혀 인지하지도 못했고, 그렇기에 어떠한 적극적인 개입도 할 수 없었으며, 하지도 않았다.

둘째, 10.16부마민주항쟁의 발단이 되었던 10.16 부산대 시위는 그 전날 실패로 끝난 시위 주동자들과 아무런 관계나 연대가 없이 독자적으로 계획되고 실행된 시위였다. 부산상대 그룹 멤버들은 그들과 전혀 알지 못하는 사이였고, 그들과 어떠한 사전 협의나 교감도 없었으며, 소수의 상대 학우들만의 교감과 정광민의 주도하에 사전에 계획되고 준비된 대로 실행에 옮겨진 독자적인 시위였다.

셋째, 10월 16일 오전 9시 40분경 정광민이 들고 온 유인물을, 부산상대 강의실에서 학우들에게 배포하기까지의 최초의 실행 과정이 다소 사실과 다르게 알려져 있다.

사실은 광민이 태언에게 그 전날 전화로 다음 날의 유인물 배포를 요청했고, 태언의 동참 약속에 따라 약속 시각과 장소가 정해졌으며, 이에 따라 10월 16일 아침 9시 40분경 상대 건물 앞 벤치에서 태언, 서현, 성식, 광민 등이 만나 유인물을 나누고 각자의 강의실로 가서 유인물을 배포했던 것이다. 정광민, 엄태언, 이성식, 박준석, 조서현은 1학년 때 같은 반(B10반) 출신으로, 인간적으로 서로 잘 알고 지내온 사이였기에 결정적인 순간에 요청과 도움이 가능했다고 본다.

이러한 부마민주항쟁은, 권력을 찬탈한 전두환, 노태우 군사정권 이후, 3당 합당에 의해 탄생했던 회색빛 정체성의 김영삼 정권에서도, 부산운동권 주도세력이 참모로 포진되었던 노무현 정권을 포함한 민주정권에서도 오랫동안 관심을 받지 못했다.

그리고 이후 박근혜 전 대통령은, 오직 대통령 당선을 위한 득표를 위해 어쩔 수 없이, 부친의 유신장기독재에 항거했던 부마항쟁의 진실규명과 관련자 명예회복을 공약사항으로 내세웠는데, 박근혜 집권 시절 최초의 부마항쟁진상규명위원회가 설립된 것은 역사의 아이러니이다. 물론 그러한 위원회가 제대로 주어진 역할을 했을 리는 만무하다.

한편, 진상규명위원회의 소극적이고 지지부진한 활동 속에 일부 부산운동권 세력은 부마항쟁의 배경과 관련하여 우리가 전혀 알지도 못하는 부산운동권 조직과 이념서클들을 주요한 배경으로 가장 먼저 등장시키거나 부마항쟁과의 허구적 연계를 삽입시키려는 불순한 덧칠을 시도해왔다. 마치 그들이 부마항쟁을 주도해서 기획, 실행에 옮긴 것처럼, 부마항쟁과 관련된 역사적 기록을 자의적으로 왜곡, 조작해서 제작, 배포해왔고, 부마항쟁의 재평가가 시작되면서 명예와 이권에 독점적으로 개입하려는 조짐을 보이고 있다.

거듭 강조하지만, 부마항쟁은 최초에 부산상대 몇몇 학생들에 의해 기획되고 실행에 옮겨진 것이고, 이어 부산대 전체 학생들과 시민들, 나아가 마산에까지 확대되었던 것이며, 부산 운동권과 이념서클들도 시위에 참여했다면, 결과적으로 나중에 동참했던 수많은 부산대 및 타 대학 학생들이나 시민들에 포함된 사람들 중 일부였다고 해야 할 것이다.

물론, 10월 16일 부산대 시위와 시민항쟁 확대과정 중 드러나지 않은 많은 사람들의 역할과 희생들이 있었기에, 이들을 근거 없이 폄하할 생각은 없다. 그러나 최초의 기획, 실행과정에 그들의 역할이나 참여는 없었다는 점을 분명히 한다.

따라서 부마항쟁 발생 초기와 그 이후의 전개상황에 대한 진실규명은 부마항쟁 진실규명의 가장 중요한 역사적 사실 중 하나로, 반드시 사실에 근거해서 밝혀져야 하고, 왜곡된 허구들은 바로잡혀야 될 것이다.

문재인 정부로부터 공식적으로 자금지원을 받고 설립된 부마항쟁재단도 진실규명과 관련자들의 명예회복 및 이와 관련된 사업

추진이란 설립목적에 부응하지 못하고, 핵심 관련자들의 참여나 목소리에도 진지하게 귀 기울이지 못하는 등 아직도 노력이 많이 부족한 것 같다.

부마항쟁이 발발한 지 근 40년이 지나 만시지탄이지만, 양심과 진실에 근거한 진실규명과 관련자들의 명예회복은 이제라도 반드시 이루어져야 할 것이다.

그리고… 신설된 부마항쟁재단의 향후 활동에도 많은 기대를 걸어본다.

## 암울했던 시절의 기억…
## "아팠지만 뿌듯하다"

이동관(당시 동아대 법학과 3학년)

1970년대는 대한민국의 모든 의식 있는 국민들에게는 생각하기도 싫은 암울한 시절이었다. 아직까지도 박정희 정권에 대하여 호의적인 생각을 가지시는 분들이 많다는 것도 틀림없는 사실이다. 단지 경제성장에 대하여 비약적인 발전을 했다는 이유에서이다. 그러나 현대 산업화 과정에서 경제성장은 어느 정권을 막론하고 빠른 속도를 유지할 수 있다는 것이 나의 생각이며, 세계사적인 의미에서 보더라도 현대 산업화 초기에는 성장속도가 빠른 것을 많은 국가에서 볼 수 있다. 하지만 정책 구상과 시행과정이 강압적인 독재정권에 의한 발전의 속도 차이는 인정을 하고자 한다.

박정희 정권이 악랄한 영구독재정치를 시도하지 않고 민주헌법에 의한 임기만 지키고 퇴임했더라면 지금까지 추앙을 받지 않을까 하는 생각에 안타까운 마음이 드는 것은 비단 나 혼자만의 생각은 아닐 것이다.

1970년대 초반 나는 고등학생으로서 정치나 사회문제에 별다른 관심이 없이 평범하게 지냈다. 그저 친구 사귀기를 좋아하는 보통 청년이었고, 대학 진학하기에 급급한 또래 학생들과 똑같은 시절을 보냈다. 대학 진학 후에도 병역을 마치고 복학하기 전까지는 별다른 사회의식이 없었다.

그러나 복학 후에는 마음의 여유가 생긴 탓인지 우리가 처한 국내외 문제들에 관심이 가기 시작했다. 특히 암울했던 국내정치 상황에 대하여 차오르는 분노를 억제하기에 급급한 시절이 시작되었다.

나는 소위 의식화 교육도 받은 바가 없고 당시의 문제 서적이라 일컫는 책들도 읽은 적이 없는 순진한 젊은이였다. 단지 모두가 다 잘살 수 있는 국가가 되었으면 하는 순수 사회주의적인 생각을 가진 학생이었으며, 우리나라도 그런 국가가 되었으면 하는 염원을 가진 평범한 학생이었다.

1970년대 후반에 들어서 박정희의 유신체제가 이루 말할 수 없이 악랄했다는 것은 주지의 사실이다. 특히 1979년에 벌어진 YH 무역 사건이나 김영삼 신민당총재의 국회의원 제명사건 등으로 민심이 흉흉했으며 국민들의 분노가 극에 달한 시기였다. 나 역시 그 당시의 많은 젊은이들과 마찬가지로 시국에 대하여 피 끓는 분노를 삭이는 데 많은 노력을 한 것으로 기억한다. 단지 용기가 없어 분노에 대한 표출을 하지 못했다.

그러나 1979년 10월 17일은 평범했던 나에게 인생 최대의 전환점이 되었다. 태어나서부터 순탄했던 날들이 일순간 반전되어 고난의 시절로 접어든 것이다. 당시 동아대학교 법학과 3학년 간사를 맡고 있었는데, 10월 16일 부산대학교에서 정광민에 의해 시작된 부마민주항쟁의 여파가 동아대학교에도 밀려왔던 것이다.

10월 17일 오전, 평상시와 같이 등교한 나는 같은 법학과 3학년 학우이자 학도호국단 사단장을 맡고 있던 이용수와 몇몇 친구들로부터 늘 모이던 장소인 도서관 앞 벤치에서 16일에 있었던 부산대 시위소식과 남포동에서 벌어진 시내 시위에 관한 얘기를 들었다. 우리는 즉석에서 토론을 벌여 부산대에 동조하기로 결정하고, 도서관 앞 잔디밭으로 학생동원을 하기로 뜻을 모았다. 우리는 즉시 맡은 역할대로 움직이기 시작했다.

나는 법학과 2학년 간사인 김백수와 정외과 2학년 간사인 강명규에게 시위인원 동원을 부탁하고 도서관 옆 법경대학의 강의실에 들어가 잔디밭으로 모일 것을 외치고 다녔다. 약 30분 후인 10시경, 잔디밭에는 30명 정도의 학생들이 모였으나 차츰 인원이 늘어나 10시 반경에는 수백 명의 학생들이 동조했다. 본격적인 연좌농성 후 운동장에서 교련수업을 받던 학생들과 함께 교문 밖으로 진출을 시도하다가 대기 중이던 경찰진압대에 의해 교내로 퇴각하여 오후까지 잔디밭에서 농성을 계속하였다.

잔디광장에서 농성하던 중 이대로는 더 이상 외부진출이 어렵다고 판단하고 남포동으로 집결하여 오후 6시 부영극장 앞에서 국기강하식을 기점으로 하여 시위를 계속하기로 했다. 학생출입이 통제된 정문과 후문을 피해 학교 뒷산인 구덕산 기슭으로 해서 학교를 빠져나와 남포동으로 갔다.

예정 시간보다 일찍 남포동에 도착한 이용수를 비롯한 우리 일행은 평소보다 더 젊은 학생들로 붐비는 거리를 보고 상당히 고무되었다. 국기강하식이 가까울 무렵 부영극장과 그 옆 부산극장 앞에는 그야말로 학생들로 빼곡히 차 있었으며, 모두 다 상기된 표정으로 굳은 의지를 엿볼 수 있었다.

드디어 국기강하식. 애국가가 흘러나오기 시작했다. 음악이 끝남과 동시에 "와" 하는 함성과 함께 유신철폐, 독재타도 등의 구호를 외치며 시위를 시작하였다. 그 즉시 동보극장 앞과 옆에서 대기 중이던 진압경찰이 최루탄을 쏘며 해산을 시도하였고, 시위대는 뿔뿔이 흩어졌다가 다시 모이기를 반복했다.

그때까지는 광복동은 조용했던 것으로 기억되지만 남포동은 골목골목 학생들로 꽉 차 있었으며, 쫓긴 시위대는 광복동 길과 남포동 대로(시청에서 충무동 가는 길)로 진출하여 시청 쪽으로 행진을 벌였다. 부산역 광장으로 가기 위함이었는데 내가 포함된 남포동 대로에서 나온 학생시민들과 광복동에서 나온 학생시민들이 합쳐지니 시청 앞 대로는 그야말로 학생과 시민들로 인산인해를 이루었다. 시청을 지나 부산우체국 사거리에서 진압대 본진과 대치한 후부터 진압대의 본격적인 무자비한 진압이 시작되었다.

경찰의 무모한 진압을 목격한 시민들이 그때부터 시위대에 적극 동참하거나 음료수 제공과 숨겨주기 등의 편의를 제공하였다. 쫓기던 시위대는 시청 앞에서 다시 광복동 길과 남포동 길 두 갈래로 나누어졌는데 나는 남포동 길로 쫓기게 되었다. 남포동파출소 가까이 쫓기고 있을 때 남포동파출소가 불길에 휩싸이는 것을 목격하였다. 흩어진 동료들과 만나기 위하여 부영극장 쪽으로 가보니 광복동, 국제시장, 남포동, 심지어 보수동까지 인원이 흩어져 동료들과는 만날 수가 없었다. 광복동과 남포동에서 일부 학생,

1979.10.18. 계엄포고문을 읽고 있는 시민들(부마민주항쟁기념재단 제공)

시민들과 산발적인 시위를 하다가 거의 막차시간에 맞추어 충무동 로터리에서 집이 있는 광안리 가는 버스를 탔다.

다음 날, 오전 등교시간에 학교로 가보니 이미 운동장을 군이 장악하여 출입을 통제하고 있었으며, 친구들과 만날 수가 없어 향후 대책을 논의할 수 없는 상황이었다, 혼자서 고민하다가 일단 피하기로 작정하고 진주에 있는 시골 삼촌댁으로 피신하였다.

시골에 혼자 있으면서 앞으로 다가올 일에 대한 두려움 속에서 내가 한 일에 대하여 그 당위성과 과정을 생각해보니, 어느 누구라도 국민이 아직 살아 있고 국가의 주인이 국민이라는 것을 독재자에게 경고를 해야 했으며, 내가 그 경고에 일조를 하였다는 생각에 오히려 뿌듯함을 느꼈다. 물론 좀 더 조직적이지 못한 부분에 대한 아쉬움이 컸던 것도 있고 다가 올 어떤 어려움을 각오하는 시간이기도 했다.

다음 날, 나는 학교로부터 연락을 받은 아버지와 전화통화를 한 뒤 수습을 위해 단독으로 학생과장을 만나기로 하고 오후에 부산에 도착했다. 학교 앞 구덕다방으로 가 학생과장이 혼자 앉아 있는 것을 확인하고 다방으로 들어갔는데 이미 구석진 곳에 사복형사들로 보이는 사람들이 포진해 있었다. 속았다는 느낌과 동시에 내 손목에는 수갑이 채워졌다. 즉시 가까운 관할서인 서부경찰서로 연행되어 형사보호실에 수감되었다. 자정 가까이에는 동아대학교 담당 수사본부였던 영도경찰서로 이송되었고, 그때부터 무자비한 폭행과 고문이 시작되었다.

처음부터 치욕적인 구타를 당한 후 수사를 한답시고 말도 되지 않는 이북 남파간첩과의 연계, 북한방문, 남조선민족해방전선과의 관계, 김영삼의 사주 등등의 자백을 하라고 고문을 하였다. 이 중 심한 고문은 경찰 곤봉을 무릎 사이에 끼우고 꿇어앉힌 후 구둣발로 허벅지를 짓밟는 것이었다. 또한 소위 통닭구이 고문도 정말 견디기 어려웠다. 발가벗겨져 통닭구이집의 오븐 속 닭처럼 손목엔 수갑을 채우고, 양 발목을 밧줄로 묶어 그 사이를 봉으로 끼우고 양 책상에 걸쳐서 얼굴을 하늘로 향하게 한 후 얼굴에 얇은 수건을 덮고, 처음에는 일반 맹물을 수건에 부어 코로 물이 들어가게 하고, 진술을 거부하면 고춧가루 물을 사용하기도 하였는데, 그 고통이 너무나 심하여 무조건 맞다고 소리치면 풀어줬다가 다시 시도하곤 했다.

계속된 고문으로 몸과 마음이 피폐해져 있을 즈음(10월 24일 정도), 밤늦게 영도경찰서의 조그만 밀폐공간으로 불려간 나는 중앙정보부 본부국장(최근에 중정8국장이 내부했다는 사실이 밝혀짐)이라는 범상 얼굴의 중년 남자를 만났다. 그는 고문과 구타도 없이 조용히 통보하듯 말했다. "이미 중정에서는 부마사태의 시나리오가 만들어져 그 각본대로 진행해나갈 것이다. 곧 서울 중정으로 이송될 것이고, 거기서 조사를 받게 될 텐데, 학생 몸을 생각해서 각본을 알려주는 것이니 더 이상 고생 말고 모든 것을 시인할 마음의 준비를 하라." 그 각본의 내용은 일부 학생들이 북한의 고정간첩과 연계하여 북한의 지시에 의해 정부 전복을 목적으로 부마사태를 일으켰다는 것이었다.

그러고 난 후 이틀 동안인가는 조사와 고문이 전혀 없어서 중정국장이란 사람의 말대로 되는구나 하는 생각에 두려움이 앞섰지만 마음의 준비도 하게 되었다.

그런데 27일 아침부터 유치장에 이상한 기류가 흘렀다. 아직까지 묘한 그때의 기분이 생생히 기억난다.

그날따라 유난히 조용했던 유치장에서 저녁 무렵에는 스피커에서 장송곡이 흘러나오는 게 아닌가? 경비하는 경찰에게 물어보니 대통령 유고라는 소식을 전해줬다. 그 순간 유치장에 있던 학생들과 시민들 입에서는 "와" 하는 함성이 터졌다. 서로 부둥켜안고 울면서 애국가, 아침이슬 등의 노래를 부르고 기쁨을 만끽했던 기억이 생생하다. 그 후엔 전혀 고생도 없이 사식이 허용되고, 양정에 있던 15헌병대에 이감될 때까지 비교적 수월하게 유치장 생활을 하였다.

1심 군사재판이 끝날 때까지 15헌병대의 내무반 형태 유치장에 수감되어 있었으며, 그때 다른 경찰서에서 이송된 타 대학생이나 일부 시민들과 옥중 동지로서 우정을 나눈 기억이 난다. 영도경찰서에서 당한 고난이 너무 커서 헌병대에서의 고생은 그렇게 기억에 남아 있지 않다.

1심 공판 도중에 우리는 학장구치소로 이감되어 동아대 학생들과 같은 감방에 수용되었다가 1심 판결 후 대다수의 동료들은 석방되고 미석방 동지들은 각기 독방에 감금되었다. 학장구치소의 독방생활은 나에게 많은 영향을 끼쳤는데, 다양한 책을 읽을 수 있는 넉넉한 시간이 주어져 사색과 명상을 즐기기엔 안성맞춤이었다. 나 자신을 성숙하게 만든 귀중한 시간이었고 아직까지 잊지 못할 소중한 추억이다.

1개월 정도 독방생활을 하던 중 1심에서 징역 3년과 자격정지 3년을 선고받은 나는 서울에 있는 고등군사법정에서 항소심을 받기 위해 동아대 2명, 부산대 2명, 경남대 2명, 그리고 방화범으로 조작된 일반인 3명, 계엄포고령 위반자 2명과 함께 서울 서대문구치소로 이송되었다.

서울 서대문구치소 생활은 나에게 많은 인생 공부가 되었다. 특히 인간평등에 대한 확고한 신념을 가지는 계기가 되었다. 서대문구치소는 일제강점기에 세워진 건물이라 독방이 넉넉하지 않은 관계로 일반죄수들과 같은 감방에서 생활을 하였는데, 많은 에피소드가 있다. 그 열악한 환경 속에서도 일반죄수들이나 사형수와 맺은 인간적인 유대는 지금까지도 기억 속에 남아 있는 아름다운(?) 추억이다. 그곳에 수감된 일반죄수들이 사회에서 배제된 이유는 단지 '무전유죄', 이 한마디로 표현될 수 있을 만큼 경제적인 문제가 대부분을 차지했다. 일부 범죄자를 제외하고는 정신적인 순수함과 인간 본연의 모습을 간직한 사람들이라는 생각을 하게 되었다. 그런 경험은 그 후 지금까지도 편견 없이 많은 사람을 사귀는 계기가 되었으며, 돈 주고도 살 수 없는 그런 경험들이 나의 인생관과 사회관을 확립하는 좋은 경험이었다고 나는 확신하고 있다.

나의 옥중생활은 1980년 3월 6일, 고등군사법원에서 징역 1년에 집행유예 2년이라는 형을 선고받고 석방되어 끝이 났다. 이후 학교생활을 다시 시작하여 졸업을 하였으나, 전과자라는 오명으로 취직을 하는 데 애를 먹었다. 치안본부의 블랙리스트에 올라 시도 때도 없는 담당경찰의 사찰로 고난을 겪는 시절이 1980년대까지 계속되었다.

1970년대 말과 1980년대 초는 나에겐 커다란 고초를 겪는 암울했던 시절이기도 하였지만, 또한 내가 인간적으로 성숙되고 정신적인 무장을 갖추게 된 계기가 된 시절이었다. 지금까지도 후회스럽지 않은 아름다운 시절이었다.

위정자에게 국민이 국가의 주인이라는 명명백백한 사실을 일깨워주는 것이 국민의 의무 중 하나라는 생각은 지금도 변함이 없다. 이를 망각하는 위정자는 영원할 수 없다는 교훈을 우리는 세계사에서도 얼마든지 찾아볼 수 있다. 대한민국 헌법 제1조 2항의 "대한민국의 주권은 국민에게 있고, 모든 권력은 국민으로부터 나온다."는 민주주의의 기본원칙은 과거에도 현재도 미래에도 영원히 변치 않는 원칙이다.

이제 부마민주항쟁이 일어난 지도 어언 40년이 흘렀다. 여러 가지 이유로 명확한 진상규명이나 피해자를 위한 법률제정이 늦어져 안타까운 마음이지만 늦게나마 2013년 '부마민주항쟁 관련자의 명예회복 및 보상 등에 관한 법률'이 제정되어 진상규명을 추진하고 있으며, 관련자에 대해서도 미진하나마 보상도 하고 있으니 다행스럽다.

또한, 최근 들어 과거사에 대한 진상규명이나 보상 등에 관하여 사회분위기가 변화하는 것을 보면, 과거 젊은 시절의 적지 않은 희생이 아픈 기억만은 아니라는 뿌듯한 마음이 들기도 한다. 이런 느낌이 비단 나 혼자만의 것은 아닐 것이다.

나는 재심을 신청하여 2017년 6월 19일 대법원에서 부마민주항쟁 관련 죄명이었던 긴급조치 9호 위반과 소요죄에 대하여 무죄판결을 확정받았다.

# 증언

전도걸(당시 부산대 경제학과 2학년)

## 부마민주항쟁을 전후한 당시의 상황과 항쟁 참여

1978년 나는 부산대학교 상경계열(당시는 계열별 모집)에 입학하였고, 2학년으로 올라가면서 현실 경제문제에 좀 더 학문적으로 접근하고자 경제학과를 선택하게 되었다. 1979년 2학년이 되자 나는 신문지상이나 뉴스 등으로 접하는 사회 현실, 특히 정치 경제적인 구조적 모순점에 눈을 뜨기 시작했다. 물론 고교시절, 아마도 1974년이었던가, 동아일보 사태(집에서 동아일보를 정기구독하고 있었음)를 보고 정의롭지 못한 당시의 정권에 대해 내부에서부터 치밀어 오르는 그 무엇을 느끼곤 했었다.

나는 같은 과 학우들과 교분이 넓은 편은 아니었다. 당시 정치 사회 현실이 너무 암울하게 비쳐서인지 몰라도 학업이나 인생 자체에 대한 회의감이 내 머릿속의 상당 부분을 지배했다. 아마도 나의 이런 성향이 정광민 씨와 가까워지게 된 하나의 요인이 되었을 것 같다.

어느덧 1979년 2학년 가을학기에 이르렀고 도처에서 유신독재 반대시위가 연이어 발생하고 있었으며 YH 사건, 야당총재 제명

사건 등 유신정권의 탄압정책이 최고조에 달하고 있었다. 우리는 만날 때마다 독재정권을 비판했고 시위의 정당성과 필요성에 대하여 의견을 나누곤 했다.

10월에 접어들자 중간고사가 얼마 남지 않았고 도서관은 학생들로 만원이었다. 10월 초 어느 날 정광민은 시위결행에 대한 의사를 내비쳤고 나도 공감했다. 그리던 중 10월 15일 공대 재학 중인 이진걸 씨가 시위를 결행하려다 학생들이 모이지 않아 불발에 그쳤단 소식을 접했다. 그날 학내 분위기는 다소 어수선했고 나는 늦게까지 동정을 살피다가 오후 6시가 넘어서야 집에 귀가했다. 그런데 집에는 두 명의 학우가 먼저 와서 나를 기다리고 있었다. 바로 정광민과 경영학과 2학년 박준석이었다.

그들은 나에게 다음 날의 시위결행 계획을 설명하고 등사용 줄판을 구하러 왔다고 하였다. 나의 부친이 교사였기 때문에 우리 집에 그게 있을 거라 짐작하고 찾아온 것이었다. 나는 주저 없이 집에 있던 줄판을 가지고 그들과 같이 정광민의 집으로 향하였다.

정광민의 집에서 우리는 라면으로 저녁을 때우고 정광민이 미리 초안을 작성해놓은 선언문을 검토하고 의견을 교환하였다. 저녁 12시경 박준석이 개인사정으로 먼저 귀가하였고 나와 정광민은 다음 날 시위에서 학우들에게 배포할 선언문의 등사작업에 들어갔다. 처음 해보는 등사작업이라서 시간이 오래 걸렸고 등사상태도 다소 조잡하였으나 알아보는 데는 지장이 없었다. 새벽 4시까지 약 400~500매 분량의 유인물을 등사하였다. 그렇게 10월 16일은 밝아왔고 우리는 학교에서 조우하기로 하고 헤어졌다.

나는 곧바로 집에 와서 눈을 좀 붙이고 일어나서 학교에 갔다. 좀 더 일찍 갔어야 했는데 잠에서 늦게 깨어 약 10시경에 학교 구도서관(신구 도서관이 있었음)에 도착했다. 그곳에는 이미 정광민이 강의실에서부터 인솔해온 상대 학우들과 도서관에서 공부하던 다른 학과 학우들 앞에서 선언문을 낭독하고 있었다.

그 순간 군중 가운데 사복형사로 보이는 두세 사람이 앞으로 나서면서 정광민을 연행하려고 하였다. 그러자 일부 학우들이 앞을 가로막으며 광민을 보호하고 그를 뒤로 후퇴시켜 시야에서 멀어지게 했다. 이 상황에 격앙된 학우들은 흩어지면서 일부는 구정문 쪽으로, 일부는 다른 방향으로 몰려가면서 시위에 더욱 불이 붙게 되었다. 역사적인 부마민주항쟁이 활화산처럼 번져가게 된 것이었다.

나는 일단의 시위대와 합류하여 당시 구정문 쪽으로 진출하였다. 구정문 밖으로 100여 미터까지 돌진하던 시위대는 전투경찰의 강력한 저지선에 막혀 뒤로 밀리기 시작했다.

그때 바로 내 옆에서 최루탄이 터졌다. 굉음과 함께 뿌연 연기가 주변을 뒤덮었다. 나는 근처의 몇몇 학우들과 함께 도주하여 구도서관 2층 화장실로 갔다. 눈이 따갑고 목이 메케한 게 눈물 콧물이 계속 쏟아졌다. 내 상식으로는, 최루탄은 45도 각도로 상향 발사하도록 규정되어 있는데, 이게 바로 옆에서 터졌으니 조준사격 아닌지 의심스러웠다. 하여튼 엄청 고통을 겪었는데, 30분이 지나니 좀 견딜 만했다.

다시 시위 상황을 살피러 도서관을 나왔더니 대운동장 쪽으로 몰려가는 일단의 시위대가 옆을 지나갔다. 나는 그들과 합류해서 운동장으로 내려갔다. 그곳에는 이미 몇 개 그룹의 시위대가 스크럼을 짠 채 운동장 둘레를 돌고 있었고 나도 같이 온 시위대와 스크럼을 짜고 운동장을 돌며 구호를 외쳤다. 시위대는 점점 늘어나 엄청난 숫자로 불어났고 대략 3~4천 명 정도 되는 것 같았다.

그러자 신 정문 앞에 바리케이트를 치고 있던 한 무리의 전투경찰이 페퍼포그차를 앞세우고 교내로 치고 들어왔다. 그들은 최루탄을 난사하면서 시위대를 무차별 진압하기 시작했다. 군중이 흩어지면서 와해되는 듯했으나 6~7백 명가량의 일부 시위대는 사대부속고등학교 운동장 쪽으로 통하는 문으로 진입하여 들어갔다. 그러나 사대부고 정문도 경찰병력에 의해 봉쇄되어 있었다. 시위대는 잠시 주춤하더니 다른 쪽 담장을 무너뜨리고 넘어가 우회하여 시내로 향하였다. 나는 그들 틈에 섞여 동래 온천장을 지나 미남로터리까지 같이 구호를 같이 외치며 행진했다.

구호는 주로 '독재타도, 유신철폐'였다. 우리는 이를 반복하여 외쳤고 주변 도로변에 오가는 시민들과 상가 상인들이 박수를 치며 호응했다. 시위대는 미남로터리에서 강력한 경찰 저지선에 봉착하여 뿔뿔이 흩어졌다. 경찰은 시위대를 골목골목 가가호호까지 추적하여 곤봉으로 구타까지 하면서 무자비하게 검거했다.

나는 근처 병원 건물 3~4층에 피신하여 있다가 약 2시간이 경과된 후에 살며시 나와서 귀가했다. 집에서 잠시 눈을 붙이고 오후 5시경 남포동으로 나갔다. 미남로터리에서 시위대가 해체될 때 군중 속에서 부산역과 남포동에서 재집결하자고 외치는 소리를 두세 번 들은 것 같았기 때문이다.

남포동 부영극장 앞에는 평소의 몇 배가 넘는 인파가 운집해 있었다. 잠시 후 애국가가 들리는가 싶더니 시위가 시작됐다. 남포동 야간 시위는 더욱 역동적이고 격렬했다. 좁은 상가 건물 사이사이를 누비면서 경찰병력과 숨바꼭질 하듯이 밤늦게까지 이어졌다. 도심 구조가 1~2백 명 단위의 시위대 여럿이 도처에서 누비고 다니기 쉽도록 좁은 골목길이 많아 경찰병력이 효과적으로 진압하기 어려웠던 것 같다. 야간 시위에는 많은 시민들이 동참하였으며 주변 상인들은 경찰에 쫓기는 시위대를 숨겨주거나 음료수 등을 건네며 격려하는 등 적극적으로 호응하였다. 나는 한 그룹의 시위대에 섞여 구호를 외치면서 약 1시간 정도 남포동 골목을 돌며 시위에 참여한 후 오후 8시경부터는 외곽에서 동정을 살피다가 10시경 귀가하였다.

1979.10.17. 밤 부산지역 비상계엄령을 발표하는 김성진 문공부장관(부마민주항쟁기념재단 제공)

다음 날부터 사태의 심각성이 언론에 보도되기 시작하자 부모님께서 바깥출입 단속을 하셨다. 나는 삼사일간 집에 칩거하면서 뉴스 등 매스컴에 신경을 집중하며 상황을 살폈다. 그 후 부산지역에 계엄령이 선포되고, 각 대학에는 휴교령이 취해졌으며 18~19일에는 부산의 시위소식에 자극을 받은 마산창원 일대의 격렬한 시위 소식과 위수령 선포 소식이 이어져 나오는 등 한 치 앞을 예측할 수 없는 불안하고 긴박한 상황이 전개되었다.

### 군법회의 회부 및 수감생활

나는 10월 21일 검거되었다.

집에서 TV 시청을 하고 있는데 오전 10시경 사복형사 두 명이 들이닥쳤다. 계엄령, 대학휴교령이 내려진 상태에서 어머니께서 며칠 전부터 나의 외출을 불허하고 감시 중이었다. 나는 아무 일도 없었다고 어머니를 안심시켜왔지만, 내심 항쟁의 예상치 않은 확산과 긴박한 정세의 흐름에 내가 관여한 일의 경중을 비교하면서 일말의 불안감과 긴장을 늦추지 않던 터였다. 그들은 학교 교직원이라고 어머니께 둘러대고는 내 방에 막무가내로 들어와서 문을 닫고 수색부터 시작했다. 5분 정도 익숙한 동작으로 책상 위 아래, 서랍, 책꽂이, 가방 등을 뒤졌다. 그들은 사회과학 서적 두세 권, 소형 메모수첩, 등사용 줄판 등을 챙겨 넣었다. 그러고 나서 평소 신경쇠약으로 힘들어하는 어머니께 학사 협의 관계로 동행한다고 둘러대고는 서둘러 나를 데리고 집을 나섰다.

그때 황망해하시던 어머니 표정이 아직도 기억에 생생하다. 그날 이후 나는 138일이 지난 이듬해 즉, 1980년 3월 6일이 되어서야 집 문턱을 다시 밟을 수 있었다.

그들은 나를 승용차에 태우고 동부경찰서를 거쳐 동래경찰서 유치장에 수감했다. 이미 그곳 대형 유치장에는 약 30명 이상의 학생, 시민들이 무리지어 갇혀 있었고 여성들도 대여섯 명이 있었던 것 같다. 다음 날 이후 두세 차례 취조를 받았는데 정광민은 이미 자진 출두하여 검거된 상태였으며 내가 검거되어 경찰서에 갔을 때 이미 경찰은 시위 조직도에 나를 선동책으로 분류해놓고 있었다.

수일간 씻지도 못하고 새우잠도 제대로 못 자는 열악한 환경에서 나는 자포자기 상태가 되었다. 머릿속엔 교육공무원이신 아버지, 지병인 심장병으로 고생하시는 어머니 걱정이 맴돌았다. 또한 앞으로의 상황에 대한 두려움 등으로 심적으로 극도로 혼란한 상황이었다.

두 번째 취조 때 수사관으로 보이는 한두 사람으로부터 작은 사무실 같은 데서 무릎을 꿇린 채로 몇 차례 집중 구타를 받았는데, 그때 머리와 귀 부근을 여러 차례 맞아 이후 오른쪽 귀는 중이염이 발병하여 2년 후 수술치료를 하였고 왼쪽 귀는 감각신경성 난청으로 거의 청력이 상실되어 현재까지 고통을 겪고 있다.

약 2주간의 악몽 같은 경찰서 구금생활이 끝나자 군법회의로 회부되어 양정동 소재 헌병대(속칭 15P)로 이감되었다. 헌병대 내무반 생활은 군수감자와 동일 수용소를 사용하고 일부 육체적 훈련을 제외하고는 그들과 동일한 생활일정표에 따라 움직이므로 상당히 힘든 면도 있었으나 경찰서 구금 생활보다는 강압적인 수사가 다소 완화되어 비교적 지내기가 수월한 편이었다. 무엇보다도

경찰서 구금 때 거의 매일 뇌리를 짓눌렀던 불안, 초조, 두려움 등으로부터 어느 정도 회복된 것 같았다. 그곳에서는 군 검찰관으로부터 두 차례 정도 취조를 받았으며 머리를 한두 대 가볍게 얻어맞았지만 심한 구타는 없었다. 헌병대 수용소에서는 부산대 이진걸, 동아대 이동관과 김백수, 경남대 한양수와 장정욱 등 대학생 일부와 다수의 민간인이 같이 수감생활을 했던 것으로 기억한다.

그곳에서 약 3주 정도를 지내고 정식 재판에 회부된 자들은 다시 주례에 있던 부산구치소로 이감 수용되었다. 주례교도소에서는 처음에는 8명이 같이 생활하는 감방에 수용되었다. 그 감방에는 아마도 나와 이진걸, 이현호, 엄태언 등이 같이 수감되었던 것 같다.

1심 재판 선고공판에서 나와 이진걸, 동아대 이동관과 김백수, 경남대 장정욱과 한양수 등 대학생 6명과 계엄법 위반 등으로 구속된 일부 민간인이 실형을 선고받았고 상당수는 공소기각으로 석방되었다. 나를 비롯한 대학생 6명은 똑같이 징역 3년, 자격정지 5년을 선고받았다.(수일 후 관할 계엄사령관 확인 과정에서 징역 1년, 자격정지 2년으로 감형됨)

그날부터 나는 화장실 포함 1평 정도의 독방에 수감되었는데 아마도 긴급조치 위반 죄목에 따른 실형 선고에 기인한 듯하다. 약 1개월 여 독방에 수감되었던 것 같은데 처음 며칠은 너무 갑갑해서 머리가 터질 것 같았다. 그 후 지인이 넣어준 『삼국지』 원전(약 1,800쪽)을 읽으며 마음의 평정을 찾았다.

실형을 선고받았던 우리는 모두 1심에 불복, 항소하여 이듬해인

1980년 1월 초순경 고등군법회의 2심 재판을 받기 위해 서대문형무소(현 서울구치소)로 이감되었다. 서대문형무소에서는 처음에는 경제사범 4~5명과 같이 한 감방에 수감되었다가 후에는 폭행사범 몇 명과 한 감방에서 공동 수감생활을 했다. 그간 감옥생활에 익숙해져서인지 모르겠지만 수감생활은 그런 대로 견딜 만했고 세월은 흘러 2달이 경과되었다.

마침내 고등군법회의 선고공판일이 밝아오자 그동안 동고동숙했던 감방 동료들과 작별인사를 나누었다. 그간 민선 변호사의 면담과 주변 인사들의 면회를 통해 항소심 집행유예 석방이 예상되었기 때문이다.

당시 국선변호인으로 선임된 이흥록 씨 등 몇 분의 변호인들이 수고해주셨고 공덕귀, 김지하 등 재야인사 몇 분이 영치금을 넣어주셨다. 지면을 통해 감사드린다.

3개 대학 학생피고인 6인은 1980년 3월 6일 항소심 선고공판에서 징역 1년, 집행유예 2년을 선고받고 석방되었다.

그 후 나와 가족은 3년 이상 정보기관의 사찰과 감시하에 생활했다.

# 40년 만에 응한 그날의 진실

이주홍(당시 부산대 기계설계학과 2학년)

금년 5월 초에 부마항쟁연구소로부터 40주년 기념도서 원고 청탁의뢰를 받고 처음엔 많이 조심스러웠다. 왜냐하면 40년 전의 나의 기억이 얼마나 실체적 진실을 객관적으로 증언 할 수 있을지 의문스러웠기 때문이다. 하지만 금년(2019년 5월 2일)에 부마민주항쟁 관련자로 인증된 사람으로서 책임을 다하고자 원고 청탁에 응하기로 하였다.

어느 고스님이 미국 교포사회에 포교활동을 위해 미국 내 사찰에서 설법을 시작하기 전에 지팡이를 내려치시면서 "What is this?"라고 참석한 미국 현지인께 물었다. 어느 참석인은 "Action"이라고 답하고, 또 다른 참석인은 "Sound"라고 답했다. 그러자 고스님은 눈으로만 보는 사람은 "Action"일 것이고, 귀로만 듣는 사람은 "Sound"일 것이지만 "This is this."라고 스님이 말씀하신 것을 생각해보니 편견 없이 귀와 눈과 마음으로 보고 느꼈던 1979년 10월을 "THAT IS THAT."이란 팩트 자체를 회고하고 증언하고자 한다.

1979년 10월 학내는 찻잔 속의 태풍처럼 고요한 듯했지만 뭔가가 굼틀거리고 있었다. YH 여공 신민당사 농성, 반정부 인사들에 대한 탄압, 김영삼 당시 신민당 총재의 국회의원 제명 사태 등의 시대적 상황이 있었고, 무엇보다 1972년 10월에 선포된 유신헌법의 모순에 대하여 학내 서클 및 각 지역 동문회별로 삼삼오오 토론을 하면서 박정희 군부정권이 장기집권을 위해 대한민국 헌법을 유린하고 있다고 학생들은 그 불만과 걱정을 거침없이 토로하고 있었다.

1979년 10월 15일 오전 10시경, 중앙도서관 등에 유인물을 배포하고 시위를 기도했으나 학생들은 호응과 결집 없이 흩어져버렸다. 물론 이날 시위는 부산대 공대 기계설계학과 이진걸 학우가 계획한 것으로, 뒤에 동래경찰서에 같이 연행되어 있으면서 알게 되었다. 난 그때 중앙도서관 부속 독서실에서 2학기 기말시험 및 기술고시를 준비하고 있었다.

10월 15일 저녁 늦게까지 동문들과 함께 학업을 같이하는 학우들과 다시 시국선언을 위한 시위를 기도하면서 적극적으로 가담하자고 결의를 모았다.

10월 16일 오전 9시 50분에서 10시 사이 중앙도서관 앞에서 '우리의 소원은 통일' '애국가' 등 노랫소리가 들려왔다. 나와 학우들은 반사적으로 독서실에서 뛰어나와 중앙도서관 앞으로 달려갔다. 벌써 50여 명 정도의 학생들이 잔디밭에 앉아 있었고 그 주변으로 3~4백 명의 학생들이 지켜보고 있었다. 그리고 빠른 속도로 학생들이 모여들었다. 그때 정보경찰들이 주동자인 상대 정광민을 제압하려고 하자 학생들이 제지하고 정광민 학우를 보호하였다. 물론 정광민 학우도 이후 동래경찰서에 같이 연행되어 알게 되었다.

내 기억으론 10월 15일의 이진걸 학우 시위 시도와 정광민 학우의 시국선언은 상호간에 사전 연결성이 없었다. 결론적으로 정광민 학우의 시국선언이 부마항쟁의 도화선이 된 첫 단추였고, 이것이 시민들이 동참한 민중항쟁으로 발전되었다고 나는 판단한다.

정보경찰들이 정광민 학우를 제압하려고 한 것을 계기로 학생들은 격분하였고 시위대열은 천여 명으로 늘어났다. 학생들은 스크럼을 짜고 대운동장으로 이동하기 시작했고 그 숫자는 3천여 명으로 순식간에 불어났다. 대운동장을 두 바퀴 정도 돌고 나니 내 기억으론 5천여 명으로 불어난 것으로 생각된다. 또한 각 단과대학 건물 강의실에서 공부하던 학생, 등교하던 학생들이 합쳐지면서 숫자는 더욱 불어났다.

10~11시경 동래경찰서 진압경찰이 교내로 진입하면서 최루탄을 발사했고 학생들은 투석을 시작하였다. 그리고 빠른 속도로 구정문 쪽으로 이동해서 교문 밖으로 몰려나갔다. 다수의 학생들은 도서관 앞에 재집결하여 정광민 학우의 선언문 낭독 후 "유신철폐", "독재정권 물러가라!" 등의 구호를 외치면서 다시 대운동장을 돌다가 사대부고를 통해 곧바로 산업도로를 경유하여 온천장으로 이동했다.

나는 온천소방서 근처 의류상가에서 4인조 체포조에 체포되어 오후 3시경 동래경찰서로 연행되었고 나를 연행한 동래경찰서 임모 형사는 나와 관련된 여러 사진을 보여주면서 너는 주동자로서 이전부터 감시 중이였다고 말하며 순순히 모든 것을 자백하라고 겁박하였다.

그 당시엔 내가 제일 먼저 동래경찰서에 잡혀온지라 오후 8시경까지 2층 강당에 가둬놓고 아무런 조사도 하지 않았다. 오후 10시경 20여 명의 학생들이 연행되어 내가 있는 2층 강당으로 들어오기 시작하였다. 드디어 11시경부터 조사가 시작되었다. 무자비한 폭행 및 심리 압박을 가해졌는데, 임모 형사는 본인이 스토리를 쓰고 "맞지!!" 하고 이를 부인하면 폭행을 가했다. 이런 식의 조사가 17일 새벽 2~3시경까지 계속되었다.

16일 첫 조사 때는 단순 학내시위 성격으로 조사하다가 17일 오후부터 갑자기 "부산대학 앞 태백서점 노승일을 알고 있나." 또 "자주 태백서점을 간적이 있냐."면서 폭행을 가하기 시작하였다. 황선용은 남파된 고정간첩이고 내가 그 지시를 받아 시위를 주도한 것을 자백하라고 강요하기에 난 황선용은 잘 모르고 부산대학생들 가운데 전공서적 복사나 자료복사, 전공 관련서적 구입 차 태백서점을 출입 안 하는 학생이 있냐고 반문하였다. 그러자 그는 '빨갱이놈'이라고 고함을 치면서 폭행과 감내하기 어려운 물고문을 자행하였다. 난 무기력하게 임모 형사가 꾸민 조사서에 서명을 하고 말았다.

사실 나는 지금까지도 나의 조서가 어떻게 작성되어 있는지 잘 모르고 있다. 10월 31일 구속되어 같은 해 11월 3일 부산 양정동 15P헌병대로 이첩되었고, 같은 해 11월 11일 계엄보통군법회의에 회부되었다가 11월 28일 주례교도소에서 공소기각으로 석방되었다.

그리고 1980년 2월 20일, 김대중 전 대통령 비서관 노경규 씨의 안내로 부산대 학생 조태원, 정광민, 이호철, 신재식, 이주홍은 동교동 자택을 방문하여 김대중 전 대통령으로부터 우리들의 순수한 민주화 노력이 대한민국 역사에 길이 남을 애국적 행동이었다는 격려를 받고 기념촬영을 한 것으로 기억한다.

김대중 대통령과 부마항쟁 주역들

부산 양정 15P헌병대에 구금되어 있을 때 기억나는 에피소드 하나를 소개하자면, 부마항쟁 당시 서면에 있는 다방 주방장이 잡혀왔는데 그 사연에 너무 웃기는 내용이 있었다. 젊은 남자 주방장인데, 다방 밖 대로에서 학생 및 시민들이 큰소리로 애국가를 부르고 유신철폐, 독재타도 등을 외치는 구호가 들려와 궁금해서 계란을 풀고 식용유로 달궈진 프라이팬을 들고 창문 밖을 구경하고 있는데, 갑자기 경찰들이 들이닥쳐 체포했다는 것이다. 이유인즉, 고정간첩과 연결된 불순분자로서 프라이팬에 식용유를 가득 달궈 진압경찰들에게 위해를 시도한, 죄질이 극히 불량한 사람이라는 것이었다. 군사재판 과정에서도 이런 내용으로 진행되었던 웃지 못 할 사연이었다.

또 다른 에피소드는, 누군가 15P헌병대 영창에 구금되어 있던 우리들에게 "아마 너희들 중 두세 명은 조만간 총살형"이라고 장난삼아 엄포를 놓았다. 그날 저녁 취침 중 심약한 몇몇 사람들이 극도의 불안함을 보이고, 심지어 악몽으로 괴성까지 질렀던 가슴 아픈 일이다.

개인적으로는 군 입대 후 집중적인 구타와 강압적인 체벌을 받았다. 내가 부마사태 관련자인 것이 군 당국에 알려졌는지는 몰라도 나는 결국 장기파열 및 급성 복막염으로 개복수술을 받고 부산국군통합병원에서 장기 치료 후 더 이상 군복무를 못하고 의병제대 하였다.

이런 사유로 사회진출 후 직장생활도 원활하지 못해 많은 어려움을 겪고, 빠르게 자영업으로 전환하여 지금까지 생활을 하고 있다. 대인기피증, 우울증, 무기력증, 수면장애 등 외상후스트레스장애를 겪어 지금까지도 꾸준히 약물치료, 심리치료를 병행하고 있다.

끝으로 내가 기억하는 부마항쟁은 군부독재 권력의 유신헌법으로 인한 장기집권에 대한 저항으로, 자연스럽게 10월 16일 부산대학 상대 정광민 학우의 시국선언이 시발점이 되어 부산과 마산 전역으로 확대된 민주민중항쟁이다. 1960년 4.19의거, 1980년 5.18 광주항쟁, 1987년 6월항쟁을 잇는 중요한 항쟁이기 때문에 빠른 시일 내 국가기념행사로 지정되어 부마민주항쟁 관련자의 명예회복 및 적절한 국가적 보상이 실행되어 아픈 상처를 가진 분들이 치유받길 기원한다.

# 나의 고백
## -10.16부마항쟁을 중심으로

백하현(당시 부산대 국문학과 3학년)

1979년 10월 24일, 가을이었지만 날씨는 가을답지 않았다. 아침밥을 먹고 있는데 사복형사가 찾아와서는 미란다 고지도 없이 시위 참가 사실을 알리고는 임의동행을 요구했다. 당시에 시위 농성이란 것을 낭만적으로만 의식하고 있다가 10월 18일 부산지역에 비상계엄령이 떨어져 움츠리고 있었는데 급작스럽게 끌려가니 다소 두렵게 느껴졌다. 경찰차를 탔더니 차는 대학이 있는 동래경찰서가 아니라 중부경찰서로 향하고 있어서 의아하게 생각했다. 중부경찰서에 도착해 조사계에서 취조를 받게 되었는데, 첫 물음에 무척 당황했다. "양서조합 회원이라면서?"란 물음을 시작으로 하여 장시간 시위와 관련된 행위들을 캐물었다.

하루에 한 권의 책을 읽겠다는 각오로 헌책방에서 문고판 책을 사서 읽다가 『씨알의 소리』를 접하게 되고 『창작과 비평』 영인본을 접하게 되었다. 부산기독교회관에서 KSCF가 주관한 도시산업선교회 관련 강연회, 기독교사회관에서 함석헌의 강연을 들으며 사회의식에 눈을 떴다.

그러다가 그곳에서 만난 중부교회 사람들과 교제하며 소위 스터디 그룹에 가입했다. 이어 이들이 주도한 양서조합의 결성에 참여하게 되고 몇 번의 조합원교육 MT에 참가하게 되면서 의식화의 길로 들어섰다. 소위 노동자 농민 등 소외된 사람들에 대한 사랑이다. 의식화란 지향과 실천을 포함하는 개념이지만 내적인 지향과 외적인 실천 사이에는 용기라는 요소가 개입되어 있기에 의식에 철저하기는 무척이나 어려운 것이었다. 더욱이 박정희 정권의 말기에 해당하는 유신독재의 시기에는 더욱 그러했다. 당시 스터디 그룹의 일원으로 경제사 학습을 하였는데, 돌이켜보면 근대 사회경제사상사적 인물인 마르크스의 사랑을 학습한 셈이다.

10월 16일 그날, 수업은 들어가지 않고 문리대 잔디밭에 앉아 촉을 세우고 있었는데, 독재타도, 유신철폐를 외치며 상대 쪽에서 도서관 쪽을 향하는 100여 명의 무리를 발견하고는 이들에 합류하게 되었다. 이어 도서관 잔디밭에서 아침이슬과 애국가가 울려퍼지더니(당시 운동권의 노래인 '그날이 오면'이나 '타는 목마름으로'류의 노래는 불리지 않은 것으로 보아 순수한 청년들의 외침으로 판단된다) 공대 쪽을 거쳐 운동장에 천여 명이 운집한 후 배포된 유인물을 움켜쥐고서 스크럼을 짜고 구호를 외치며 신정문을 돌파하려 했다. 하지만 이미 전경들이 그곳을 포진하고 있어서 진출하지 못하고 구정문 쪽과 사대부고 담벼락을 넘어서 교외로 진출하게 되었다. 산업도로로 행진하면서 시외버스터미널쯤 이르러 전경들의 제지를 받던 중 "남포동으로"란 외침을 듣고서 몇 개의 무리로 흩어지고 말았다.

10월 17일 등교하였더니 들리는 이야기로, "16일 남포동으로 진출하려 했던 학생들의 상당수는 이들이 타고 가던 18번, 19번, 82번 버스에 대한 검문으로 부산진역과 부산역 주차장에서 제지되어 구금되었고, 17일 남포동에서 다시금 시위를 한다."는 소식이 파다했다. 17일 오후 해거름에 남포동으로 가서는 미화당 앞에 당도하니 적지 않은 학생들이 시위를 준비하고 있었다. 곧이어 부영극장 앞에서 쫓기던 무리들과 합류하게 되니 그 수가 놀라웠다. 아마도 부산대생 외에 동아대생 그리고 다양한 인물들이 집결된 것으로 보였다. 그곳에서 스크럼을 짜고 구호를 외치고 행진을 하게 되니 역동적 모습에 시민 구경꾼과 방관자들도 많았던 것으로 기억한다. 그곳에서 또다시 경찰들의 제지로 몇 개의 무리가 되어 시청 쪽 도로로, 대청동 쪽 도로로 그리고 여러 갈래의 골목길로 분산되고 말았다. 대청동 쪽 길로 향하던 우리 그룹은 보수동 네거리에서 경찰들과 맞닥뜨리게 되고, 법원 쪽 길, 국제시장 쪽 길, 현대극장 쪽 길로 흩어져버리고 말았다.

양서조합의 압수와 수색의 결과였든지 아니면 시위현장에서의 체증 결과였든지, 10월 24일 체포되어 중부경찰서 형사피의자 보호실에 구금되어 조사과 벽면의 작은 흑판에 A급에 이름이 적힌 것을 본 번민의 3일이 지났을까, 이른 새벽 비상대기하며 밤을 새우던 경찰들이 켜놓은 라디오에서 노래 소리가 새어나왔다. 그 노래는 비장하고 무거운 선율이었다. 그 때 같이 구금되어 있던 진보정당 계열의 중늙은이가 환하게 웃고 있었다. 그는 "무슨 사건이 있은 게로구먼!"이라고 읊조렸다. 6시쯤 되어 어둠을 밀어내고 동이 밝아올 무렵 경찰들이 일찍이 출근하고 있었는데. 그들 손에

신문이 들려 있었다. 철창 너머로 힐끗 내다보았더니 〈박정희 대통령 서거〉란 대문자 타이틀이 보였다. 그때 앞서의 그 중늙은이가 "젊은이 이제 그대는 살겠구먼!"이라면서 내력을 설명하자 보호실의 분위기는 마치 햇살이 비친 듯 환해졌다.

그런데 한 사나흘이 지나서 경찰서로 들이닥친 헌병들의 지프차가 포승줄로 묶고서 동래경찰서로 실어 날랐다. 그곳 유치장에 들어가니 비슷한 나이 또래의 정든 얼굴이 많았다. 그곳에서 2~3일쯤 있다가 예기치 않게 결국은 주례구치소에 구금되었다.

철문을 몇 개 거쳐서 광장에 이르러 머리를 깎고 유황 물로 목욕을 하고 붉은색의 수번이 달린 수의를 갈아입고는 또다시 몇 개의 철문을 통과하여 각자 자신의 독방에 수감되었다. 독방의 쪽창으로 달이 비치고 달빛 사이로 오동잎이 떨어지는데, 늙으신 부모님의 모습이 비쳐들었다. '벽면에는 부처님의 가호를'이란 달력이 걸려 있고. 이틀에 한 번씩인가, 포승줄에 묶여 닭장차를 타고 검찰의 취조란 명목으로 검찰청을 다녀왔다. 횟수가 거듭되면서 호송하던 교도관들의 태도가 감시의 눈빛으로부터 우호의 눈빛으로 변화되는 것을 감지하게 되었다. 구금 이후 세상살이를 알 수 없던 터라, 무언가 사회분위기가 많이 바뀌어가고 있음을 그들의 눈빛을 통해 알게 되었다.

그러다 11월 25일, 소설이 아니라 리얼리티로, 주례에 있던 부산구치소에서 1차로 대통령 긴급조치 위반자인 나를 포함한 호철과 종세 등 12명 정도가 풀려 나왔다. 완전히 '해방된 민족의 기쁨' 그 자체였다.

출소하는 부마민주항쟁 시위 관련자(부마민주항쟁기념재단 제공)

하지만 그 기쁨도 잠시, 계엄 군사재판에 회부되었던 사람들은 불과 사흘 후인 11월 27일 징역이란 실형이 선고되었는데, 훗날 알게 됐지만 그들은 고문 등으로 많은 고초를 겪었다. 방면과 징역! 풀려난 뒤 자료를 통해 알게 됐지만 특히 12월 12일 전두한 무리에 의해 하극상이 전개되어 정국은 급속하게 험악하게만 전개되었다.(청사 편집부 편, 『칠십 년대 한국일지』, 도서출판 청사, 1984 참고)

이후 대학에 복귀하여 교생실습 과정을 마치고 교사로서 30년 정도의 사회생활을 경험하다 지금은 그때의 경험을 바탕으로 세태를 묘파하고 일생을 성찰한 바를 담는 글쓰기 작업을 하고 있다. 또한 퇴직 이후 그때의 벗들과 함께 10·16부마항쟁연구소의 일원이 되어 민주화와 소외의 문제를 공부하고 있다. 종종 김민기의 70년대 노래를 들으며, 그리고 정태춘과 박은옥의 80년대 노래를 들으며…. 지금 여기 우리의 예쁜 손녀와 더불어 정을 나누며….

## 뜨거웠던 그날의 함성 어찌 잊을 수 있을까?

김현홍(당시 부산대 의예과 2학년)

유신철폐를 부르짖던 그날의 함성과 감동은 40년의 세월이 지난 지금까지도 잊을 수가 없다. 그것은 불의에 항거하는 열정으로 뭉쳐진 젊은이들의 외침이었고 지금까지 살아오면서 가끔 생각날 때면 흐뭇한 미소를 짓게 만드는 사건이었다.

그날 부산대학교 대운동장을 가득 메우고 먼지를 일으키면서 행진하던 수천 명 학생시위대의 외침 "유신철폐! 독재타도!" 그 뜨거웠던 함성을 세월이 지났다고 어찌 잊을 수 있겠는가? 그때를 생각하면 나는 언제나 피 끓는 20대 청년이 된다.

1979년 10월 16일, 그날은 2학기 중간고사를 며칠 앞둔 날이었다. 부산대학교 도서관 열람실은 공부하는 학생들로 가득 차 있었고 나 역시 그들 중 한 사람으로, 책상 앞에 앉아 책을 펼치고 있었다. 오전 10~11시경에 갑자기 학생들 사이에 웅성거림과 도서관 앞에 데모를 시작했다는 이야기가 들려왔다. 당시 시국에 불만이 많던 내 가슴이 뜨거워짐을 느끼면서 호기심으로 책과 가방을 그대로 둔 채 도서관 밖으로 나갔다.

벌써 도서관 앞에서는 누군가(훗날 확인한 바로는 시위 주동자 정광민이었음)가 시국선언문을 낭독하고 있었고 그 주변에는 이백 명 정도의 학생들이 선 채로 그를 에워싸고 있었다. 호기심 반 참여 의식 반으로 나 역시 그들 속에 들어가 계속 분위기를 주시하였는데, 가까운 곳에는 걱정이 되신 총장님이 벌써 와 계셨고 누가 봐도 학생도 교직원도 아닌 듯 보이는 사복 입은 경찰 여러 명이 주변에서 지켜보고 있었다.

그 당시는 시위로 잡히면 바로 끌려가서 온갖 고문을 받은 후에 장애인이 되거나 인생 종치는 무서운 시기였다. 총장님은 행사를 말리기 위해 한 번 접근을 시도하다가 학생들에 가로막혀 접근은 못한 채 거리를 두고서 주시만 하고 계셨다. 사복경찰 중 한 명이 급한 마음에 선언문 낭독하는 학생에게 빠르게 접근해서 옷자락을 잡는 순간, 주변학생 여러 명이 달려들어 그 경찰을 밀쳐낸 후부터는 사복경찰들도 더 접근을 못하고 지켜보고만 있었다.

당시 시국은 말이 안 되는 여러 사건들, 유신정부의 폭압 속에 YH무역 사건이나 사쿠라 야당정치인의 배신, 부산을 본거지로 정치를 하면서 부산시민들에게 절대적인 지지를 받던 정치인 김영삼 의원이 국회에서 부당하게 제명되는 일 등이 연속으로 벌어지면서 부산시민들과 학생들 사이에 불만이 팽배해 있었는데 나 역시 그러한 일련의 사건들에 분개하고 있었다.

돌이켜보면 우리는 중학 시절부터 박정희 군부정권의 권력유지를 위해 특이한 간접선거방식으로 대통령을 뽑았다. 즉 체육관에서 친여 성향의 선거인단이 단일 대통령 후보로 나온 박정희 대통령을 압도적인 지지로 선출하는 우스꽝스런 선거를 목격하면서 분개하고 있었다. 그럼에도 간간히 시위소식이나 시위주동으로 학생들이 체포되었다는 소식이 들려오는 다른 지역과는 달리 부산의 대학가는 유난스럽게도 조용했다.

그러한 것들이 모두 잠재적인 응집력이 되어 우리도 뭔가를 해야 한다는 공감대는 학교 전체에 퍼져 있었지만 막상 거기에 성공적으로 불을 붙이는 데 성공한 사람은 없었고 가끔 일부 학생들이 시위계획 중에 일도 벌이기 전에 학내 상주하던 사복경찰에 의해 체포되었다는 소문들만 있었다.

실제로 버스 편으로 30분 내지 한 시간은 가야 시내에 도달할 정도로 시내 중심가에서 한참 떨어진 곳에 위치해 있던 부산대학교였으니 시위가 일어나더라도 학내에 제한될 가능성이 높았다. 게다가 학교 주변에는 시위에 대비하는 경찰버스들이 전투경찰을 가득 태우고 교문 근처에 여러 대가 상주하고 있었는데 그럼에도 드디어 부산대학교에서 시위가 시작된 것이다.

선언문 낭독이 끝나고 학생들은 "유신철폐", "독재타도" 등의 구호를 외쳤다. 동시에 누군가 "나가자!"라고 소리쳐 대여섯 명이 어깨동무하면서 스크럼을 짜고 행과 열을 만들어서 먼저 대운동장으로 나아가 집결하였다,

대운동장으로 들어서면서 학생들은 함성과 구호를 외치면서 운동장을 돌기 시작했고 그러한 열기에 고무되어 주변에서 지켜보던 학생들의 참여도 늘어나면서 운동장을 서너 바퀴 돌고나니 그 수는 수천 명으로 늘어나 있었다.

학생 시위대는 일차적으로 정문으로 나아가려고 했으나 두꺼운 철재로 된 정문에는 이미 경찰버스들이 모이고 전투경찰들이

배치되어 있어서 정문 통과는 어려워 보였기에 구 정문 쪽으로 향했다. 구 정문을 통과하여 백 미터가량 나아갔을 때 전투경찰들이 최루탄을 쏘면서 제지하였고 우리들도 블록을 깨서 투석전으로 저항하였지만 역부족으로 결국 학내로 다시 후퇴하였다.

다시 진출할 틈을 찾다가 대운동장 바로 앞에 사대부고로 연결된 가벼운 철재 쪽문을 발견한 학생들이 그쪽으로 몰려가서 위쪽으로 바퀴가 걸리는 문을 밀쳐서 번쩍 들어주는 사이 시위대는 물밀듯이 사대부고 중앙 현관을 통해 학교 운동장으로 들어갔다. 하지만 이미 그 학교의 두꺼운 철제 대문 앞에도 전경들이 배치되어 있었기에 학생들은 학교의 담을 타고 넘어 주택가의 골목을 따라서 온천장 대로변으로 진출하였다. 그 후 학생들이 무리를 만들어 시위대를 형성하여 시가전을 벌이려 하였지만 전경들의 적극적인 공격에 뿔뿔이 흩어지게 되었다.

나는 이제 시위대의 전열이 무너졌으니 시위도 이대로 끝나는가 보다 생각하면서 학교로 다시 갈 수는 없고 해서 집으로 가는 길을 따라 도로를 건넌 중 갑자기 울리는 사이렌 소리에 나도 모르게 급히 인근 가게로 뛰어들었지만 경찰 지프차를 타고 가던 형사들 눈에 띄어 그 자리에서 잡히고 경찰차에 태워져 동래경찰서 유치장에 수감되었는데 그때 이미 유치장에는 60~70명의 부산대생들이 연행되어 있었다.

당시 동래경찰서에는 내가 연행된 이후에 그 다음, 다음 날까지도 꾸준히 부산대생들이 연행되어 와서(그 당시 부산에서 시위하다 붙잡힌 부산대생들은 모두 동래경찰서에 한꺼번에 수감되었다) 그 수가 수백 명이 되어 유치장이 포화상태라는 말을 들었다. 나중에 들어온 학생들은 부산시내 중심가인 서면과 남포동에까지 진출해서 시위를 했고, 많은 시민들도 적극적으로 호응하였으며 학생들이 진압하는 경찰을 피해 가게로 들어가면 가게주인은 셔터를 내리고 막아주면서 음료수까지 제공하였다는 무용담을 들려주었다.

유치장 생활은 불편하지만 어쩔 수 없었고, 경찰관들의 개별 조사가 있었지만 시위주동자가 아닌데다 부산의 명문대생이라는 선입관 때문인지 경찰조차 시위대에 무언의 지지를 보내서인지 하여튼 잡혀온 시위학생들에게 우호적이었다.

구금된 학생들 사이에 시위주동자는 상대의 정광민과 공대의 이진걸이었다는 소문이 파다하게 퍼졌다. 나는 개인적으로 당시의 어려운 상황에서 이렇게 큰 시위를 이루어낸 두 사람이 대단하다고 감탄하면서 또 한편 그들이 나중에 체포되어 고초를 겪는 일이 없기를 진심으로 바랐다.

식사는 끼니때마다 학교에서 제공하는 사식이 들어왔으며, 일체의 신문이나 TV 시청은 금지되었기에 사식이 들어올 때 식판을 덮는 신문을 통해 10월 26일 박정희 대통령의 시해소식을 알게 되었다. 시위 참가 후 연행된 처지라 학교 제적은 기정사실이고 이제 다른 학교로 진학도 불가능하게 되었으니 다들 포장마차를 하거나 채소장사라도 해서 먹고살아야 한다는 등의 농담 반 진담 반의 대화가 오고 갔다. 그렇지만 박정희 시해 소식에 뭔가 달라지는 것인가 하는 기대가 생겼다.

그리고 면회가 허용되면서 시위로 난리가 난 날 이후 전혀 소식이 없어 걱정하던 부모님이 지역 파출소로부터 동래경찰서에 있다는 소식을 듣고 친지들과 함께 면회를 오셨다.

박정희 서거 후 우리들은 경찰서의 사전 인지 교육을 받고 재판정에 서게 되었는데 구류 10일을 받았으며, 경찰서에서 시킨 대로 판사의 인정심문 때 무조건 "예."라고 대답하고 구류 10일을 받았지만 이미 경찰서에 구금된 기간이 더 길었던지라 판결 후 며칠만에 출소하였다.

석방 후 얼마간의 기간이 지나자 교내에 진주해 있던 군인들과 교문 앞 탱크가 물러가고 닫혀 있던 도서관도 문을 열면서 시위가 있던 날 챙기지 못했던 가방과 책을 찾았고 수업도 진행되었다.

나는 그 당시 의예과 2학년으로 라틴어 수업을 학교 인근 수녀원에 계시는 독일인 수녀 교수님께 배웠는데 복학 후 수업시간에 잠시 교수님의 부산대 시위에 대한 이야기가 있었다. 교수님은 수업이 없는 중간고사 기간에 고향 독일에 휴가를 갔다가 현지 TV에서 부산대학교에서 독재에 항거하는 큰 시위가 생긴 것을 보시고, 바로 저 학교가 자신이 라틴어를 가르치는 학교라고 주변에 이야기하면서 정말 자랑스러웠다고 말씀하셨다. 그 이야기를 듣고 나는 부산대학교의 시위가 국내에서는 통제되었지만 전 세계에 방송으로 알려진 것을 알게 되었다.

당시의 부산대학교 시위는 부산시 전체의 시위로 번지고 나아가서 마산시위로 이어져 지금은 부마항쟁이라는 이름으로 불린다. 시위 이후 박정희 시해 주모자인 김재규 중앙정보부장은 빠르게 진행된 군사재판 후 사형되었지만 강경파인 차지철에 맞서 온

건파였던 중앙정보부장 김재규가 차지철과 박정희를 제거하는 거사를 일으켰다는 소문이 파다하였다. 지금 우리들이 이렇게 복학도 하고 정상적인 사회생활을 할 수 있게 된 것이 김재규 장군 덕분이라는 나의 생각에는 지금도 변함이 없으며 차후 김재규 재판에 대한 재조사가 이루어져서 반드시 그분의 명예회복이 이루어지기를 진심으로 바란다.

그 당시 동래경찰서 유치장에서 만났던 앳된 얼굴들을 한 부산대생들, 지금도 어렴풋이 생각나서 그때로 다시 돌아간다면 알아보고 반갑게 대할 수 있겠지만 실제로는 이미 40년의 세월이 지나서 모두들 변한 모습이 되어 서로 알아보기 어려울 것이라는 생각을 하면 가슴이 아프다.

지난 40년 동안, 그렇게 열정적이었던 10월의 시위가, 군부독재를 끝내는 계기가 되었던 대규모 시위였지만 사람들의 뇌리에서는 잊혀 있다. 심지어 당시의 보도통제로 인해 지리적으로 가까운 지역에서조차 그런 의미 있는 시위가 실제 있었는지조차 모른 채 긴 시간이 지났다. 하지만 그날의 함성은 분명히 있었고 내가 살아온 나날에서 내 인생의 가장 뚜렷한 기억의 하나로 남아 있다. 나는 그날 용기 있게 시위에 참여했던 것에 항상 자부심을 갖고 살아가고 있다. 그리고 학창시절 공부만 하느라고 현실참여는 뒷전이었다는 이야기를 하지 않게 만들어주고, 그때를 생각할 때마다 나를 가슴 벅차게 만들어준 그날의 주인공들에게 항상 감사한다.

당시 박정희 군부독재의 종식에도 불구하고 아쉽게도 그해 12

월 12일 일부 군인들의 반란사건이 이어지고 이는 이듬해 5월 18일 비극적인 광주항쟁으로 이어졌다. 그 후 반란의 주모자 전두환과 노태우가 번갈아가면서 대통령이 되었고.

10월 16일 부산시위 후 10년 만인 1989년(1988년 대한민국 서울올림픽 개최 다음 해인)에 독일은 동독과 서독이 통일하여 통일국가가 되었고 소비에트연방은 해체되었다. 거의 모든 동유럽 국가들도 그에 따라 소비에트연방에서 벗어나는 실질적인 해방국가가 되었다. 실로 숨가쁜 시대의 변화 속에 우리들은 살아온 셈이다. 통일독일을 이루어낸 독일국민들에게 대한민국의 독재항거 민주화운동이 어떤 자극이 되지 않았을까 하는 생각을 한다.

# 엘 콘돌 파사

이청연(당시 부산대 경제학과 2학년)

**독수리 날다 그리고…**

1979년 10월 16일 오전 10시 무렵, 화폐금융론 시간을 기다리던 경제학과 2학년 학생들 앞에 눈이 부리부리한 한 학도가 선언문 뭉치를 들고 나타났다. 평소에 과묵한 그를 누구도 주목하지 않았지만 그는 돌연 결연한 표정으로 외쳤다.

"청년 학도여 일어서자! 독재를 타도하자! 유신철폐!!"

나는 그때 시간에 쫓겨 그 광경을 목격하지 못했다. 내가 강의실로 들어서는 순간 한 무리의 청년 학도들이 당당하게 줄지어 도서관으로 향하고 있었다. '올 것이 왔구나, 드디어 우리도 데모라는 것을 해보는구나.' 이런 생각이 불현듯 떠올랐다.

사태는 급박하고 극적으로 전개되었다. 도서관 앞에는 한마디로 인산인해였다. 확성기도 없는 그 도서관 앞 공터에서 누군가 선언문을 읽었고 연이어 애국가가 제창되었다. 나는 눈시울이 뜨거워짐을 느꼈다. 어느새 눈가에는 성에가 낀 듯 막연한 불안과 설렘이 자꾸만 볼을 타고 흘러내렸다. 애국가가 끝나자 아침이슬을 부르고 다음에는 선구자를 목청껏 불러 허공에 퍼져나갔다. 그리고는 잠시 정적…

처음 하는 시위라 역시 준비된 각본이 없었다. 어찌할 바를 모르고 있는 가운데 몇몇이 어깨동무를 하자며 스크럼을 짰다. 이내 "으쌰 으쌰" 하는 구호가 터져 나왔고 마침내 거대한 함성이 되어 버렸다. 이제 그 누구도 막을 수 없는 도도한 자유의 타종이요 독이 오른 독수리의 비상이었던 것이다.

대열은 도서관을 빠져나와 본관 뒤로 한 바퀴를 돌고 나서 눈덩이가 구르듯 학생들의 수를 불려나갔고 호기심으로 그냥 합류했다가 도중에 이탈하는 자들도 있었다. 그래도 엄청난 부피와 중량으로 늘어난 대오는 결국 신정문 앞에 당도했다. 정문은 누군가의 신속한 조치에 따라 굳게 닫혀 있었다.

"유신철폐, 독재타도, 박정희는 물러가라!"

"유신철폐, 독재타도, 박정희는 물러가라!"

애국가를 부르고 또다시 아침이슬과 선구자가 등장했다.

정문을 사이에 두고 경찰과 우리들은 대치하고 있었다. 그런데 갑자기 정문이 활짝 열리더니 시커먼 페퍼포그차가 목을 그르렁거리며 올라오고 있었다. 순간 두려움이 엄습해왔다. 왜 그들은 시위를 수동적으로 막는 데 그치지 않고 한발 앞서 공세적으로 전환했을까? '부산대쯤이야' 하는 깔봄이었을까, 아니면 유신에 대한 충성심의 발로였을까.

매캐한 최루가스를 마셔보니 숨이 턱 막혀왔다. 난생 처음이 아닌가 싶었다. 뒤이어 중무장 경찰병력이 최루탄을 곡사포로 쏘면서 덤벼왔다. 우리는 돌과 모래를 닥치는 대로 집어 던지며 저항했으나 훈련된 진압경찰 병력을 당해낼 재간은 없었다. 뿔뿔이 흩어지는 순간 뭔가 내 머리에 정통으로 떨어지는 것이 있었다. 온통 내 얼굴을 덮어버린 그 3.15 마산 시위 때 김주열의 눈에 박혔다던 최루탄, 그중에서도 다행히 사과탄이었다. 아연 실신의 순간이 찾아왔다. 그 찰나, 어머니의 얼굴이 보였다.

"피해야 한다. 도망쳐야 한다. 잡히면 끝이다."

필사적으로 본관을 향해 달음질쳤다. 우선 화장실로 가서 얼굴을 씻었다. 그러나 그게 화근이었다. 최루가스는 날아가지 않고 내 얼굴과 머리에 온통 달라붙어 떨어지지 않았고 이윽고 극심한 화상과 함께 나의 시력을 평생에 걸쳐 잠식하게 되는 원인이 된다.

당시로서는 그 이후의 참담함을 예측할 수 없었던 나로서는 우선 경찰들의 체포를 피해 어느 강의실로 숨어들었다. 독문과 시간이었다. 지금도 생생하다. 그들은 태연히 수업을 하고 있었고 어떤 이가 "독일에서의 학생시위는 어떻습니까?" 하는 한가로운 질문을 던졌고 담당교수는 담담하게 독일을 이야기하고 있었다. 나는 강의실 의자 사이에서 구토와 눈물 콧물 범벅을 해가지고 신음하고 있는데 그들은 나에게 물 한잔 권하지 않았고 휴지 한 장 건네는 사람이 없었다.

### 엘 콘돌 파사 2

거리로 진출한 시위대는 동래를 관통하는 산업도로로 나가 거리를 점거하고 지나는 버스와 차량들의 열렬한 환호를 이끌어냈

동래경찰서 앞을 통과하는 시위대(부마민주항쟁기념재단 제공)

다. 파죽지세로 번져나가는 봉기의 행렬은 온천장과 연산동을 거쳐 서면으로 그 범위를 확대시켰고 저녁 무렵에는 마침내 남포동과 광복동을 저항의 소용돌이에 몰아넣었다.

나는 물론 이 과정에 참여하지 못했다. 머리에 최루탄을 맞고 화상을 입은 나는 부산대 후문에서 가까운 병원을 찾았으나 나의 검거를 우려한 한 시민의 충고에 따라 별다른 처방을 받지 못하고 집으로 돌아가 자가치료를 받는 방안을 택했다.

부산대 경제학과에는 경제학을 순수하게 연구하고자 하는 그룹이 있었다는 사실을 놓치지 않아야 한다. 이 그룹은 고시나 CPA 등 자격시험에는 관심을 두지 않고 오로지 경제학의 영역에 온 심혈을 기울였던 이들이었다. 내 기억으로는 박현호 형이 리더 격이었고 윤병로(윤병웅), 유동현, 황헌규, 하창우, 최병렬, 그리고 나를 포함한 7명이었다. 당시 주요 텍스트는 운동권에서 암암리에 작성된 의식화 관련 커리큘럼이었는데 우리는 그것을 답습하지는 않았고 그때그때 필요한 서적을 선별해서 함께 학습했다.

아무튼 우리 그룹은 리영희, 송건호, 조용범, 함석헌, 한완상 등의 저서를 직·간접으로 구해 읽으며 시국관과 역사관을 길러나갔다.

하지만 1979년 초만 해도 부산대에는 흉흉한 괴담이 떠돌았다. 소위 '3불'이라는 것이다. 부산대의 상징인 독수리가 날지 않고 후문 쪽에 무지개 형상으로 조성된 자유의 종이 울리지 않으며 부산대 학생들은 유신반대시위가 전국 도처에서 빈발하는데도 움직이지 않는다는 것이다. 그래서 서울의 이름난 여대에서 가위와 면도날을 학도호국단사무실에 보내왔는데 그 이유는 각자의 상상에 맡기기로 하되 이 같은 사실이 소문으로만 떠돈 것은 아니다. 일본 언론에 연재된 '한국으로부터의 통신'에도 이 같은 사실이 보도되었다는 점은 주목할 만하다.

이 괴담은 학생들의 자존심을 매우 상하게 하였던 것 같다. 자괴감과 수치심까지는 아니지만 이 같은 시대적 부채의식은 10월 15일 항간에 떠돌던 시위가 무산되자 학내 분위기를 일촉즉발의 긴장감에 휩싸이게 했다.

그런데 바로 그 뒷날 무명의 열혈남아가 나타나 부산을, 아니 대한민국을 발칵 뒤집어놓을 줄이야 그 누가 상상이나 했을 것인가?

경제학과 학생들은 일제히 궐기했으며 고시를 꿈꿨든, CPA를 준비했든, 군 입대를 작정했든 그날만은 팔뚝에 굵은 힘줄을 돋우며 분연히 저항했던 것이다. 기름 항아리에 작은 불씨를 던지는 기분으로 했을 정광민 군의 결행은 부산대 경제학과의 위기로 다가왔다. 약 40명에 달하는 학과 학생들을 차례로 연행하여 그 배후와 주동을 심문하려 한 것이다.

10월 17일과 18일에 이르러서는 동아대와 경남대까지 시위가 파급되었고 바야흐로 걷잡을 수 없는 부마사태가 확산되기에 이른다. 계엄령, 휴교, 공수부대투입, 무차별 구타와 연행 등 긴박하고 숨 막히는 굵직굵직한 일들이 연달아 터져 나왔다.

그리고 1979년 10월 26일. 부마항쟁이 벌어진 지 딱 10일이 지난 그날 삽교천 준공식을 끝내고 궁정동에서 벌어진 만찬장. 박정희 대통령은 김재규 중정부장의 총탄에 스러졌다.

전국으로 확산일로에 있던 유신반대 시위는 표적을 잃은 콘도르의 눈이 되어 허공에서 배회했다. 반공과 안보놀이에 익숙한 우리들은 국방부의 말처럼 남침 가능성에 막연히 불안해하며 침묵했다.

나는 연일 장송곡만 틀어대는 라디오에 갑갑해하며 비로소 머리에 감았던 붕대를 조심스레 벗겨낼 수 있었다.

# 그날을 기억하는 사람들

사진 · 인터뷰 _ 박희진

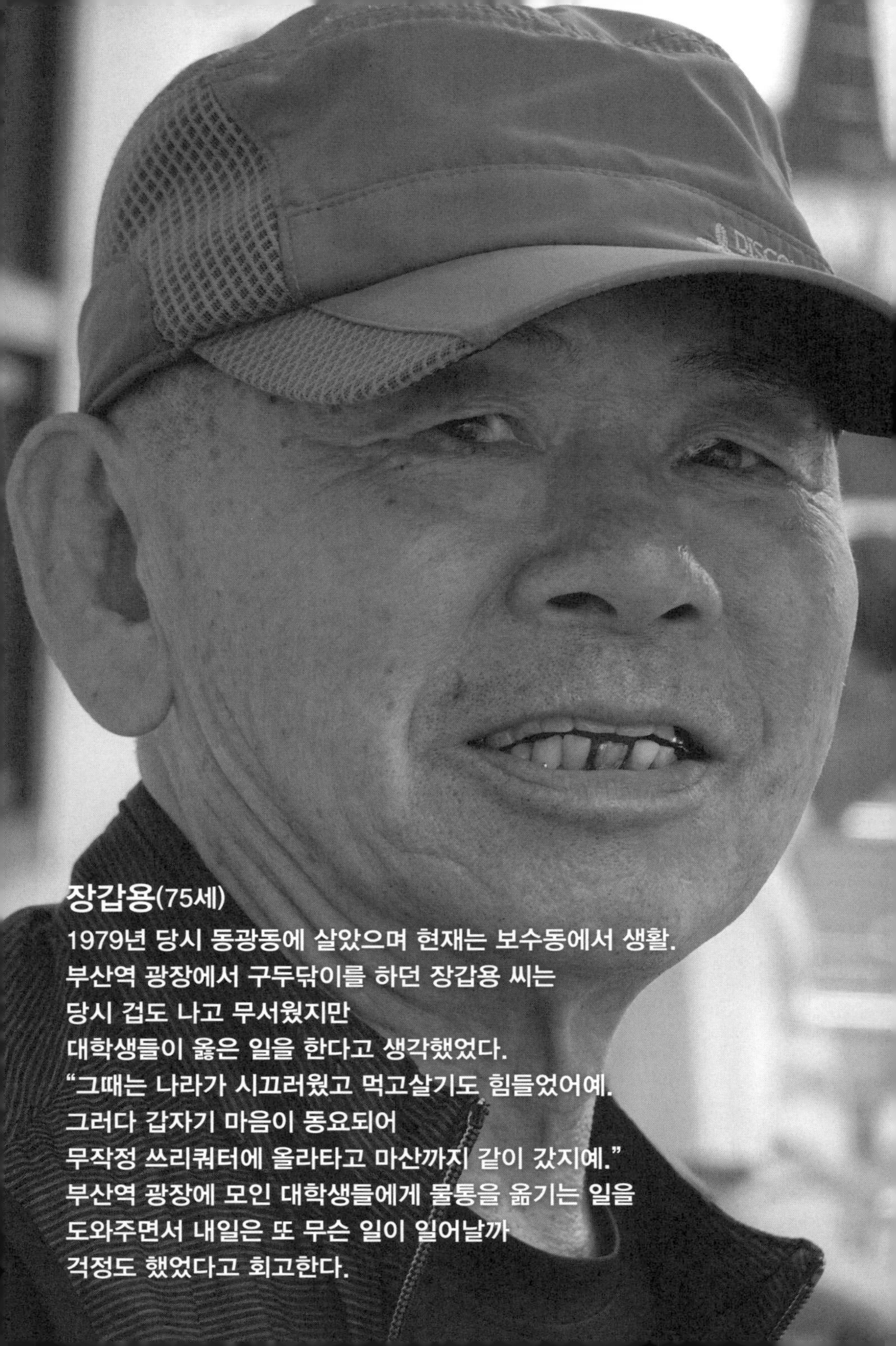

**장갑용**(75세)

1979년 당시 동광동에 살았으며 현재는 보수동에서 생활.
부산역 광장에서 구두닦이를 하던 장갑용 씨는
당시 겁도 나고 무서웠지만
대학생들이 옳은 일을 한다고 생각했었다.
"그때는 나라가 시끄러웠고 먹고살기도 힘들었어예.
그러다 갑자기 마음이 동요되어
무작정 쓰리쿼터에 올라타고 마산까지 같이 갔지예."
부산역 광장에 모인 대학생들에게 물통을 옮기는 일을
도와주면서 내일은 또 무슨 일이 일어날까
걱정도 했었다고 회고한다.

**김천출**(78세)

1979년 당시 괴정동에 살았으며
현재는 중앙동에서 생활.
“아이고 말도 모하지예,
그때는 큰 소리도 몬 치고.
이제는 무서울 게 없다 아입니까.”
비둘기부대로 월남전에 참전했던 역전의 용사 김천출 씨는
부마로 인해 세상은 변했다고 주장한다.

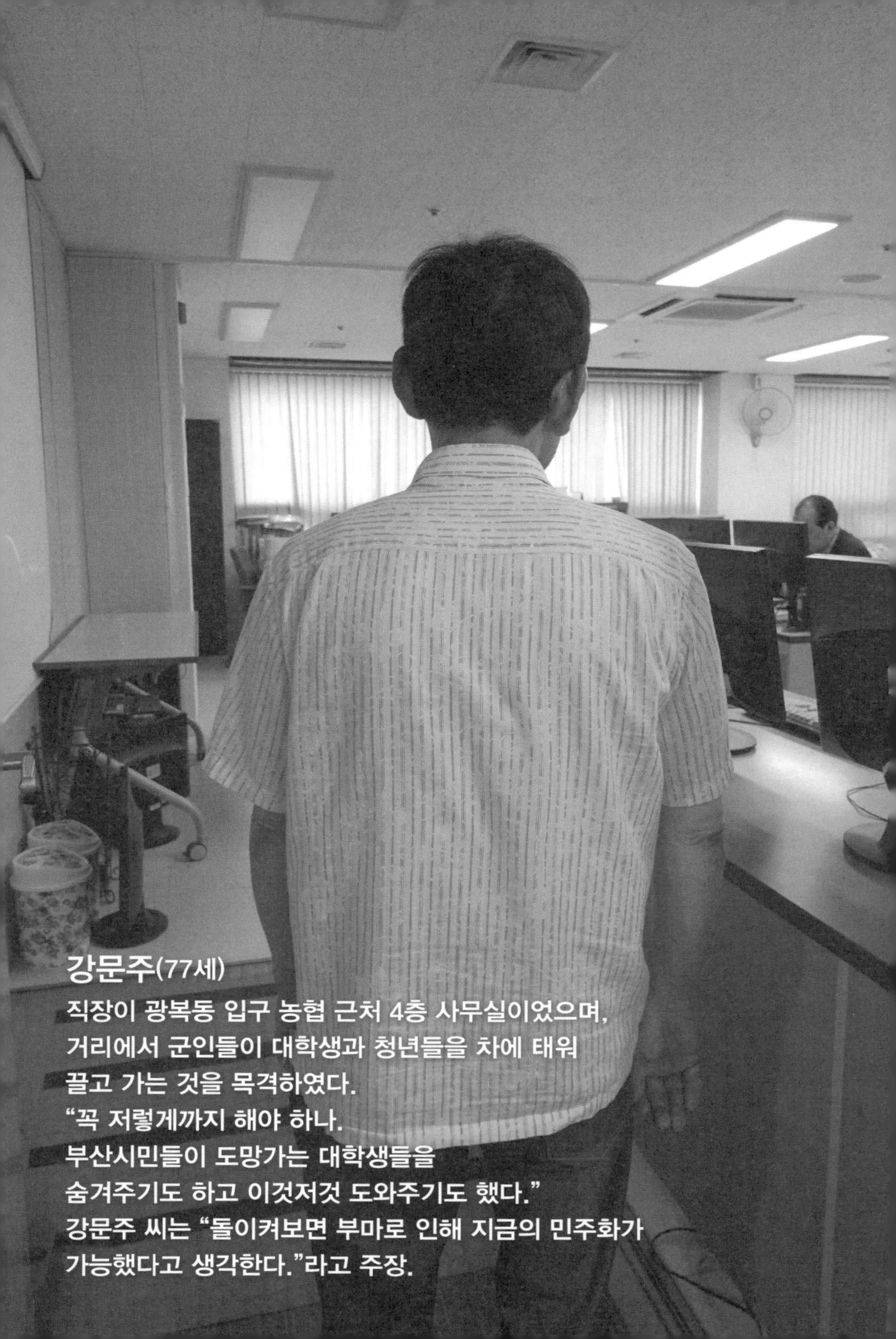

**강문주**(77세)

직장이 광복동 입구 농협 근처 4층 사무실이었으며,
거리에서 군인들이 대학생과 청년들을 차에 태워
끌고 가는 것을 목격하였다.
“꼭 저렇게까지 해야 하나.
부산시민들이 도망가는 대학생들을
숨겨주기도 하고 이것저것 도와주기도 했다.”
강문주 씨는 “돌이켜보면 부마로 인해 지금의 민주화가
가능했다고 생각한다.”라고 주장.

**박명순**(73세)
당시 유치원 다니던 딸이 지금 40대 중반이 되었다.
가정주부였지만 거리 모습을 보면서
마치 전쟁 같은 느낌이었다고 회고하며
"앞으로는 전쟁 없는 좋은 나라가 되어야지예.
손주들이 잘 살 수 있는 그런 좋은 나라가 되어야지예."
라고 강조.

**박묘임**(78세)

일본에서 출생하여
1946년 귀향동포로 부산항에 내려
일본인들 버린 창고에서 생활하기 시작했고
이후 대청동에 정착하였다.
1979년을 회고
"그때 가톨릭센터와 대청동 길로
청년들이 올라가고 내려가고,
군인인지 경찰인지 군복 입은 사람들은
최루탄을 쏘고... 파출소가 다 뿌서지고.
그래도 우리나라는 변해야 한다고 생각합니데이.
지금도 세상을 변화시킨 당시 그 청년들이 눈에 생생합니다."

**장인순**(76세)

"그때는 말하기가 무서운 세상이었어예.
그때 그 청년들 때문에 세상이 좋아졌어예.
앞으로 좀 더 살기 좋은 세상이 되야겠지예."

**김정수**(72세)
1964년부터 국제시장에서 일을 시작했고,
1973년부터 가게를 차려 장사.
"국제시장 근처에서 이리저리 도망 다니는 학생들에게
우유도 사 주고 사이다도 사 주고 빵도 사 주었지예.
세월이 흘러도 어제 일 같습니다."

**이상우**(75세)

국제시장 상가번영회 회장인 이상우 씨는
50년째 국제시장에서 장사를 하고 있다.
"시장 안 골목과 지하상가 이리저리
도망 다니는 학생들한테 먹을 것도 주고,
가게 셔터 내리고 숨겨주기도 했지요.
그 당시는 나라에 도움 되는 일이라 생각했습니다."
당시 장사에는 방해가 되었지만 용기 있는 청년들로 인해
지금 이런 세상이 왔다고 생각한다.

**김재영**(81세)

부산에서만 생활한 김재영 씨는 1979년 당시 초량동에 살았고 지금은 사직동에 살고 있다. "당시 비 오는 서면거리에는 돌이 날아왔고 최루탄이 너무 독했다. 골목골목 도망 다니는 대학생들을 볼 때는 무서웠다. 하지만 어쩔 수 없는 상황이었다." 시민들이 대학생들과 함께한 과거를 회상하면서 좋은 세상이 왔다는 실감을 한다고.

**전영팔**(78세)
1979년 초량에 살면서
중앙동에서 직장 생활을 했다는 전영팔 씨는
“군인들이 사회질서유지를 위해 거리를 활보했고,
청년들과 대학생들로 거리는 가득 찼었다.
부마가 있었기에 오늘이 있다고 생각한다.”고 주장.

## 이규환(75세)

1975년부터 1989년까지는 미국에서 생활했었다는 이규환 씨는 이후 부산의 모 대학에서 교수직을 가졌었고 현재는 정년퇴직하였다. “1979년을 생각하면 링컨이 말한 국민을 위한이란 말이 떠오른다. 미국에서 생활하고 있었지만 각종 유언비어가 난무했었고 지역감정도 극에 달했다. 하지만 부마는 민주주의 성장을 위한 과정이고 국가 발전을 위한 단계라 생각하고 미국 교포들은 지지와 응원을 보냈었다.”라고 회상.

3부

# 10.16부마항쟁과 한국의 민주화

# 1979년 10월의 거리에서 만난 민중항쟁

구모룡(부산대 국어교육과 77학번, 한국해양대 교수)

## 부산, 1979년 10월의 도시

1979년 10월 16일 부산대학교에서 시작하여 남포동 등 시내로 번져간 반체제 저항투쟁에 대하여 문화적 맥락으로 글을 써 달라는 청탁을 받았다. 당시 3학년이었고 그 현장에 있었으나 그동안 10월의 부산항쟁을 숙고해 보진 않았다. 이틀의 투쟁이었고 마산으로 번져나가기도 하였으나 열흘이 지나서 체제 내부에서 발생한 정변(박정희 대통령 피살)이 민중적 저항의 에너지를 급속하게 흡수해간 탓도 있다. 여기에다 이듬해 벌어진 광주항쟁의 강렬함과 그에 대한 부채감과 죄의식이 오랫동안 기억을 지배해왔다. 1980년대는 온통 5.18 광주와 함께하였다. 유신체제는 무너졌지만 이를 이은 신군부의 보수반동체제가 광주를 짓밟고 들어섰기 때문이다. 돌이켜 볼 때 1979년 10월 시위가 불의에 굴종하는 자들의 부끄러움에서 일어선 행위라면, 1980년대는 시종 죄의식에서 벗어나려는 분투와 몸부림이었다. 하지만 80년대의 신군부체제가 유신체제의 변장에 지나지 않는다는 점에서 1979년 부산과 1980

년 광주는 연속성을 지닌다.

개인적인 경험을 유추하면 1979년 10월 부산의 민중항쟁은 학생들이 촉발하고 민중이 자발적으로 참여한 봉기에 가까웠다. 이는 민중이 주체가 되는 '민중 시대'(조희연, 『박정희와 개발독재시대』, 역사비평사, 2007)의 전범으로 평가되기도 한다. 농민과 노동자를 희생하면서 국가 독점자본주의 성장연합체를 형성해온 유신체제는 개인의 자유를 억압하고 국민을 통제하는 독재체제였다. 도시 주변부에는 농민에서 하층민으로 전락한 다수의 기층민중이 생존과 싸우고 있었고 노동자들은 저임금으로 개발과 성장의 이익으로부터 소외되어 있었다. 대부분 농민의 아들딸들인 대학생들은 이러한 사회의 모순과 불합리에 저항하지 못하는 자신을 부끄럽게 생각하였다. 이들은 사회적 정의를 말할 수 없도록 침묵을 강요받고 사상과 문화적 자유를 구속받았다. YH 여성 노동자 탄압과 이어진 야당 총재의 제명과 같은 체제 말기적 징후 속에서 1979년 가을은 누군가 터트려주기를 바라는 풍선처럼 밑으로부터 불만과 분노가 충전되어 있었다. 1979년 10월은 짧았으나 자발적인 학생들의 저항운동에 도시 주변부 빈민, 노동자, 자영업자 등의 민중이 자연스럽게 동참한 도시 저항운동이었다. 어떠한 지도부가 있거나 조직이나 단일한 주체가 뒷받침한 항쟁으로 보기 어렵다. 이러한 점에서 지역적 코뮌을 형성한 1980년 광주와 시민이 주동한 1987년 6월 항쟁 그리고 이어진 노동자 대투쟁과 구별된다. 1979년 10월이 개별 학생의 자발적인 행동으로 촉발되었다면 1980년대는 대규모 운동권의 형성과 전개로 나타난다. 운동권은 1980년대의 범주이자 개념이다. 6월 항쟁의 넥타이부대라는 말이 상징하는 범주의 시민적 참여가 아직 1979년 10월엔 나타나지 않는다. 도시 주변부의 여러 소외 민중의 자발적인 참여가 있었고 이에 시민들이 호응하였다. 어쩌면 소수인 대학생과 노동자들 그리고 무정형의 계급인 도시 변두리 사람들이 결합한 봉기라는 데 의미를 부여할 수 있겠다.

1979년 10월의 부산 민중항쟁을 고의로 간과하려 하진 않았으나 사실 많은 이들이 괄호를 쳐왔다. 가령 최근에 간행된 『한국 민주주의, 100년의 혁명 1979-2019』(한울, 2019)는 "3.1 운동부터 시작한 민주공화국 수립과 민주주의 발전을 위한 실천은 4.19 혁명과 5.18 항쟁, 6월 항쟁을 거쳐 촛불로 이어졌습니다"라고 요약한다. 그 높이에서 이들 봉우리에 견줄 바 되지 못한다는 생각일까? 한국의 민주화운동 연구로 정평이 난 이남희(유리, 이경희 역)의 『민중 만들기—한국의 민주화운동과 재현의 정치학』(후마니타스, 2015)도 1979년 부마항쟁을 생략하고 있다. 다만 1970년대 "학생 시위가 캠퍼스 바깥으로 나아가기 시작한" 사례로 언급될 뿐이다. 부마항쟁을 "1970년대 후반 도시하층민의 모순을 드러내는 밑으로부터의 도시봉기"로 규정한 이는 김원(「박정희 시기 도시하층민—부마항쟁을 중심으로」, 『근대의 경계에서 독재를 읽다』, 장문석 · 이상록 편, 그린비, 2006)이다. 김원은 에릭 홉스봄이 말한 주변적 운동 가운데 하나인 '도시봉기'에서 부마항쟁의 성격을 찾는다. 학생과 도시하층민의 연합이라는 관점보다 도시하층민의 폭동과 봉기에 더 방점을 두는 생각이다. 이는 야간 항쟁에서 최후까지 투쟁을 주도한 층이 “구두닦이, 식당 종업원, 상점 종업원 등 도시하층민이었다”는 고증에 근거한다. 초기에 학생이 주도하고 이에 시민들이 동조하다 점차 투쟁이 가열하면서 학생들이 이탈하였고, 결국 하층민 주도의 항쟁으로 진화하였다고 분석한다. 어느 정도 틀린 진단은 아니다. 하지만 학생이 아닌 동년배의 청년들이 학생들의 요청에 따라준 국면도 많았다. 폭력이 잦아지고 폭동으로 변질하지 않도록 학생들이 비폭력을 외칠 때 이들이 자제하면서 협력하였다. 적어도 계엄이 선포되기 전의 야간투쟁 상황이 그러했다. 빵과 우유를 주고 쫓기는 이들을 숨겨준 시민들이 다수이다. 그렇다면 1979년 10월의 부산항쟁을 그 주체를 따라서 규정하긴 힘들다. 학생-노동자-도시 주변부-시민의 연합으로 볼 수 있는데 이를 통합하는 말이 ‘민중’이 아닌가 한다. 차성환은 항쟁에 참여한 노동자에 주목하였다. 그는 『부마항쟁과 민중』(한국학술정보, 2014, 이 책은 2009년 박사학위 논문을 증보한 저술임.)을 통하여 노동자들이 적극적 행위자로 참여하고 있음을 실증하면서 기존의 민중상과 다른 ‘합리적 민중상’을 건져낸다. 항쟁을 체험한 노동자들의 변화도 이들의 주도성을 인정하는 자료로 활용된다. 차성환이 구술자료 분석 등으로 진행한 질적 연구가 가지는 의의는 크다. 만일 항쟁이 오래 계속되었다면 민중적 주체성이 더욱 오롯하게 드러났을 가능성이 있다. 하지만 1979년 10월 부산의 항쟁은 성공도 좌절도 아닌 상태로 중단되었다. 그래서 항쟁의 주체 탐문보다 자발적 복종 상태를 벗어나 저항과 투쟁, 봉기와 폭동으로 자기를 찾아가는 다양한 민중의 모습을 그려갈 필요가 있다. 일종의 느슨한 연대, 학생과 하층민과 시민의 자발적인 연합이라는 성격을 생각하게 한다.

### 2. 1979년 10월의 캠퍼스

그해 10월에 대하여 나는 어느 정도 일인칭 참여-관찰자의 시점을 갖는다. 10년 단위 역사의 마지막 해이어서 그러한지 중간고사를 앞두고 뭔가 모를 서늘한 분위기가 캠퍼스를 뒤덮고 있었다. 1978년에도 시위 기도는 있었지만 가라앉고 말았다. 미술교육과 고서경(드라마를 쓰기도 한 그는 자살로 생을 마감하며 충격을 던졌다.)이 개최한 권투시합이라는 이벤트도 학생들의 열망을 모으려는 의도를 품고 있었다. 억압된 청춘의 욕망은 구정문 아래쪽 가게나 장전시장 식당에서 음주와 고성방가로 난폭하게 해소되었다. 자주 산성을 오르고 남포동 시내를 배회하여도 출구가 없긴 마찬가지였다. 고등학교 시절부터 군대 같고 감옥 같은 학교생활을 지냈다. 대학에서도 병영훈련이 있었고 교련을 이수해야 했다. 학도호국단 체제는 대학도 군대와 다를 바 없음을 강요했다. 어두운 시대에 대학생이라는 선민의식은 곧 자괴감으로 바뀌었다. 가난한 친구들은 농사꾼, 공돌이(노동자), 여공, 식모(가사도우미), 버스차장(버스안내원)으로 일했다. 같은 연배에서 대학생은 10%가 조금 넘는 분포였다. 열에 아홉은 국민학교(초등학교)에서 그치거나, 중학교 혹은 고등학교가 최종학력이었다. 억압받고 소외된 이웃에 대하여, 불의의 정권에 대하여, 학생들은 울분과 분노를 가슴에 품었다. 누군가 나서서 불을 붙이면 바로 활활 타오를 듯한 가을이 1979년 10월이었다. 앞서 말했듯이 당시 1980년대와 같은 조직적인 운동권은 없었다. 동아리는 엄격한 심의를 거치면서 감시를 받았다. 자발적인 소모임 독서회가 있었으나 운동을 준비하는 학생들은 개별적이거나 지하화했다. 그야말로 "술 마시고 노래하고 춤을 추어도 가슴에는 하나 가득 슬픔뿐"인 시대였다. 텔레비전의 시대가 되면서 고고 댄스를 이어서 디스코 리듬이 들어오고 팝송과 통기타가 유행하였으나 청춘의 이상을 구가할 낭만과 자유는 턱없이 부족하였다.

여기서 흐린 기억을 다잡기 위하여《부대신문》축쇄판을 뒤적여 본다. 1979년 항쟁의 발원지인 부산대학교의 신입생은 3,490명이고 1학기 전체 재학생은 11,537명이었다. 허종현 총장이 퇴임하고 6월 22일 박기채 총장이 취임했다. 2학기 등록 학생수는 12,510명이다. 10월 17일부터 37일간 휴교가 있었고 기말고사는 11월 28일 시행되었다. 중간고사를 일주일 앞두고 발생한 항쟁이었기에 중간고사는 과제물로 대체되었다. 학생들은 모두 '유신 학점'을 받았다. 휴교에다 학기 단축까지 있었지만 1980년 5월 18일부터 시작된 116일간의 휴교에 비할 바 못 된다.《부대신문》을 통하여 만날 수 있는 10월 부산항쟁에 관한 기사는 많지 않다. 1980년 1월 14일자에 '긴급조치 9호에 관련된 제적생 10명 복교될 듯'이라는 제하의 기사에 다음과 같은 내용이 있다.

부산경남지구계엄군법회의는 11월 28일 지난 16일부터 19일 사이 부산마산지역에서 발생한 소요사태와 관련, 구속된 87명에 대한 선고 공판을 열고 시위를 주동한 본교 공과대학 기계설계학과 3년 이진걸군과 상과대학 경제학과 2년 전도걸군에게 소요 및 긴급조치위반으로 징역 3년 자격정지 3년을 선고했는데 부산경남계엄분소는 12월 5일 이들 본교생 2명에게 징역 1년 자격정지 1년으로 감형 조처했다. 한편 지난해 10월 16일 상오 9시 40분 인문사회관에 유신철폐 등의 내용이 적힌 유인물을 배포하고 도서관 앞에서 시작된 교내시위를 주동, 대통령긴급조치 9호 위반, 집회 및 시위에 관한 법률 위반 혐의로 구속되었던 상과대학 경제학과 2년 정광민군은 지난해 12월 27일 긴급조치 9호 해제와 함께 부산지방법원 제4형사부의 면소판결에 따라 석방됐다.

이진걸은 10월 15일 불발된 시위를 주동하였다. 〈민주선언문〉을 배포하고 학생들을 시위의 현장으로 이끌려 하였으나 미수에 그치고 만다. 기사의 내용을 볼 때 그는 18일 자정에 내려진 계엄령하에서 계엄군에 의해 체포, 구금된 것으로 보인다. 전도걸은 16일의 시위를 이끈 정광민의 친구이자 동지이다. 그도 계엄군에 체포되어 구금되었다. 16일 〈선언문〉을 배포하고 상대 경제학과 2학년을 필두로 학생 시위를 성공적으로 이끈 정광민은 위의 기사로 볼 때 경찰에 체포되어 구금되었던 것으로 사료된다. 기사에 등장하는 세 사람은 실제 1979년 10월 부산대 시위의 주역들이다. 15일에 기획된 이진걸의 시도는 전술적인 측면에서 실패하였다고 본다. 여기저기서 〈민주선언문〉을 배포하고 학생들이 정해진 장소로 모이기를 기대하였는데 그만한 호응을 이끌지 못했다. 15일의 시도에 관한 소식을 접한 정광민은 같은 학과의 동급 학생들에게 호소하는 방식으로 시위를 이끌었다.(이에 대한 자세한 진술은 정광민, 『시월의 노래—10.16 부마항쟁 이야기』, 헤로도토스, 2019 참조) 16일의 성공이 결집 단위를 앞세우고 시위대가 행진하는 코스를 효율적인 가로로 잡은 전술의 명민함에 있음은 틀림이 없다. 김선미(「1970년대 후반 부산지역 학생운동과 부마항쟁」, 『한국민족문화』 67권, 부산대학교 한국민족문화연구소, 2018)는 15일과 16일의 연속성을 강조한다. 15일의 불발 소식이 정광민을 움직이는 추동하는 계기가 되었음은 분명하다. 그는 이진걸의 〈민주선언문〉과 시위 실패를 접하면서 16일의 시위를 결심한다. 그런데 15일의 소식은 김선미의 지적만큼 널리 전파되지 못했다. 나 또한 15일에 대하여 들은 바 없다. 16일 정광민이 이끈 상대 2학년 학생들이 부산대학교의 중심 가로에 해당하는 본관 뒷길로 행진하는 가운데 주변의 학우들이 동참하였다. 이들이 도서관에 도착하자 도서관 주변에 있던 학생들이 합류하였다. 이 당시 도서관은 다양한 학생들이 모이는 장소였다. 수업이 없을 때 너나없이 배회하는 공간이었다. 마침 중간고사 직전 주간이라 평소보다 학생들이 더 많았다. 이러한 점에서 15일과 연관한 학생들이 여기서 정광민을 기다리고 있었다거나 16일의 시도를 15일의 기획에 따른 '부산대 시위를 위한 플랜 B'라고 규정한 김선미의 주장은 억견에 가깝다. '플랜 B'라는 개념이 동일 주체의 대안 계획이라는 점에서 정광민의 용감한 단독결행을 단순변수로 격하하려는 저의가 느껴지기도 한다. 당시 도서관 주변에 있었던 나는 다양한 학우들이 시위 함성에 이끌려 자연발생적인 형태로 모였던 사실을 기억한다. 정광민에 의해 촉발된 학생들의 저항운동은 비유하자면 어떤 유역처럼 자연발생적인 합류가 이루어지는 형국이었다. 유신체제에 불복하는 학생들의 정동(affect)이 큰 물길을 이룬 셈이다. 자발적 복종을 걷어내고 부끄러움과 자학과 우울을 떨치고 불의를 무너뜨리고 정의를 세우려는 의지로 모였다. 1979년 10월의 캠퍼스를 달군 진정한 동력은 바로 이와 같은 학생 대다수가 지닌 정동이다. 정동은 경험의 살이고 실체이다. 이는 시대 상황과 직면하는 사건들 속에서 형성하고 이행하는 힘으로, 새로운 이끌림과 관계를 창출한다. 이는 행위를 소환하여 기투와 연대를 형성하는 수행이다.(멜리사 그레그 외 편, 『정동이론』, 최성희 외 역, 갈무리, 2015; 브라이언 마수미, 『정동정치』, 조성훈 역, 갈무리, 2018 참조) 12,000여 명의 재학생 가운데 5,000여 명의 학생들이 학내 시위에 동참하였으니 그야말로 요원의 들불로 타올랐다. 물론 '정치적인 것'에 대한 개별의식의 정도에 있어서 차이야 없지 않았지만 거의 대다수가 동조하거나 참여한 시위였다. 학생 시위가 마침내 교외의 민중항쟁으로 발전하였으니 역사적으로 성공한 시위로 평가받아야 함이 분명하다.

1980년 3월 24일자 《부대신문》은 '10.16 시위 관련 석방'이라는 제하의 기사를 싣고 있다. "10.16 시위의 주동 혐의 관련 피고인인 본교 이진걸(기설3)군과 전도걸(경제2)군이 3월 6일 육군고등군법회의의 항소심선고공판에서 징역 1년, 집행유예 2년의 선고를 받고 풀려났다."는 내용인데 이듬해 3월 6일에야 10월 항쟁을 주도한 학생들이 모두 풀려났음을 알게 한다. 하지만 가혹하기만 했던 1980년의 봄이었으니 풀려난 몸인들 어찌 평안할 수 있었겠는가? 1980년 5월 15일의 기사는 8, 9일에 전개된 시위를 "10.16으로 이룩해 놓은 민주화 그 영원한 꽃을 위한 행진"이라 명명한다. 신군부 보수반동 세력에 대한 저항을 10월 항쟁의 연장선으로 인식하였다. 5월 17일까지 끊임없이 진행된 교내시위는 5월 18일 신군부 세력의 계엄선포로 휴교령이 내리면서 기이한 침묵의 시간으로 잦아든다. 우리는 멀리 광주에서 자행되고 있는 탄압과 살육을 알 수 없었다. 유신체제는 사라졌으나 유질 동형의 신체제가 등장하였고 독재는 끝나지 않았다.

### 3. 〈선언문〉들

10월 16일 부산대 시위를 촉발하고 앞장서서 이끈 이는 정광민이다. 그에 앞서 15일에 이진걸의 기획이 불발에 그쳤다. 이진걸과 정광민은 각기 〈민주선언문〉과 〈선언문〉을 통해 자신의 입장을 표명했다. 이진걸과 더불어 시위를 계획한 신재식(사회복지학과 2년, 복학생)도 단독으로 작성한 〈민주투쟁선언문〉을 남겼다. 이진걸과 신재식은 모두 선언문을 통한 선동에 실패하였다. 앞서 말했듯이 선언문을 나누어주고 학생들이 모이기를 기대하는 전술은 한계가 있다. 이진걸의 경우에 있어서 그와 연계한 세력이 있었다 하나 집합적인 형태를 보이지 못했다. 이는 그를 둘러싼 사람들이 소극적이었거나 확신이 부족하였음을 의미한다. 문제는 선언문이 아니다. 집단형태의 움직임이다. 16일 정광민의 성공은 수업을 위해 모인 학생들을 집합적인 행동으로 유인한 데서 비롯한다. 활자화한 선언문이라는 매체가 행위를 유인하긴 어려우나 대면을 통하여 전달되는 느낌과 공감은 즉각적으로 행위를 유발한다. 소규모의 학생들이지만 구호를 외치고 행진하는 데서 시위는 눈덩이처럼 불어나게 된다. 정광민과 상대 2학년 학생들을 1979년 10월 16일 시위를 촉발한 주역이라 하지 않을 수 없다. 이러한 사실을 전제하면서 세 편의 선언문이 가지는 맥락을 살펴보자.

이진걸의 〈민주선언문〉은 학원의 민주화, 언론의 자유, 자유와 인권의 보장, 독점자본의 구조적 모순, 대외종속 경제의 심화, 유신헌법 철폐, 독재집권층의 퇴진 등을 골자로 한다. 마지막 학우들에게 호소하는 문장을 통해 그는 억압을 뚫고 자유와 민주의 깃발을 잡고 반민주의 무리, 자유의 착취 무리, 불의의 무리 들을 향해 외치며 나아가자고 한다. 자유를 구속하고 인권을 탄압하고 자본을 독점하는 모든 모순이 유신헌법 체제에 있음을 주장한다. 그런데 선언문의 후미에 구체적인 행동지침을 명시하지 않음으로써 그야말로 선언에 그치고 있다는 느낌을 자아내게 한다. 이에 반해 신재식의 〈민주투쟁선언문〉은 "1979년 10월 15일 오전 10시 도서관 앞"이라는 시위의 장소를 명시한다. 정작 시위로 유인하지 못하고 스스로 접어버린 선언문이지만 이진걸의 선언문에 비하여 그 내용이 구체적이다. 신재식의 선언문은 유신체제의 역사적 위치, 진실에 먼 민중의 처지, 종속 경제와 근로대중의 피폐한 삶, 지배층의 향락과 퇴폐, 군사교육장이 된 캠퍼스, 유신체제에 대한 저항과 투쟁 촉구, 자유민주주의의 대의 등의 내용을 담고 있다. 이진걸의 선언문과 겹치는 개념이 많으나 문장은 훨씬 정련되었다. 모두 독서회나 자기 주도적인 학습을 통하여 체득한 지식을 실천하고자 한다. 이진걸과 신재식의 선언문이 주의 주장이 많고 학구적인 경향이 강하다면 정광민의 선언문은 학우들에게 말 건네는 형식으로 대중의 정동을 끌어내려는 의도가 보인다. 세 가지 선언문의 첫 문단을 소개하면 다음과 같다.

> 우리는 학원 내의 일체의 외부세력을 배격한다. 비민주적 학칙의 민주적 학칙으로의 개정과 학원 언론의 자율화와 학생회의 민주화와 집회의 자유를 요구하며 어용교수 학자를 반대하며 학원 당국의 민주행정 방향으로서의 성의 있는 노력을 요망한다. 우리는 언론 인권 자유의 유보나 제약에 반대한다. (이진걸의 〈민주선언문〉)

> 한민족 반만년 역사위에 이토록 민중을 무자비하고 처절하게 탄압하고 수탈한 반역사적 지배집단이 있었단 말인가? 반봉건동학혁명과 반식민 3.1 독립운동 및 무장독립 투쟁에 이어 저 찬란하던 반독재 4월의 학생혁명을 타고 흐르는 한민족의 위대하고도 피로 응어리진 자유평등의 민주주의 정신을 폭력과 기만으로

압살하려는 1961년도 이제 그 막차를 탔음을 우리의 견딜 수 없는 분노가 포효로써 증명한다. (신재식의 〈민주투쟁선언문〉)

청년학도여, 지금 너희들은 어디서 무엇을 하고 있는가. 우리의 조국은 심술궂은 독재자에 의해 고문받고 있는데도 과연 좌시할 수 있겠는가. 이 땅의 위정자들은 흔히 민족을 외치고 한국의 장래를 운운하지만 진실로 이 나라 이 민족의 영원한 미래를 위하여 신명을 바칠 이 누구란 말인가. (정광민의 〈선언문〉)

이처럼 세 선언문은 어법과 태도의 차이가 있다. 그 내용의 유사함은 이미 지적한 바 있는데 정광민의 선언문은 청년학도의 할 일, 독점자본과 서민 경제의 피폐함, 분배의 불균등과 서민의 노예적 삶, 부도덕한 정권과 아첨하는 권력 하의 문화적 낙후, 유신헌법 체제의 정치적 야욕, 독재에 대한 청년학도의 이성적 결단 요청, 사명감과 책임감으로 진리와 자유의 봉기 촉구 등의 내용을 담고 있다. 이진걸과 신재식과 정광민은 동일하게 유신체제의 철폐를 요구한다. 이진걸과 신재식은 학원 민주화를 거론하나 정광민은 이를 부수적인 문제로 인식한다. 독점자본과 종속 경제로 인한 서민 경제의 피폐함을 모두 지적하고 있다. 신재식이 후반에 자유민주주의라는 이념적 경향을 드러내었다면 이진걸은 유신헌법 세력의 퇴진이 통일의 길임을 내세운다. 정광민은 서민 경제의 낙후를 지적하는 데 그치지 않고 분배 정의를 외치면서 노예적 삶에서 해방되기를 촉구한다. 어떤 의미에서 민중적 현실에 대한 뚜렷한 지향을 제시한다. 어느 정도 세 사람의 이념적 낙차가 느껴지는 대목이며, 80년대에 나타나는 이념적 분화의 맹아로도 볼 수 있다. 이진걸이 민족문제를 놓치지 않았다면 신재식은 자유주의를 견지한다. 정광민은 다분히 민중해방이라는 문제의식을 품고 있다. 이러한 점에서 정광민의 선언은 단순하게 학내 시위만 목표로 하지 않았다고 생각한다. 향후 전개될 민중 투쟁을 예견하고 있지 않았을까? 그의 선언문은 다음과 같은 마무리 문단과 더불어 폐정개혁안 일곱 가지를 제출하고 있다.

> 청년학도여!
>
> 부디 식어가는 정열, 잊혀져가는 희미한 진실, 그리고 이성을 다시 한번 뜨겁게 정말 뜨거웁게 불태우세! 혼탁한 시대를 사는 젊은 지성인으로서의 사명감, 그리고 책임감으로 우리 모두 분연히 진리와 자유의 횃불을 밝혀야만 하네!
>
> 〈폐정개혁안〉 1. 유신헌법 철폐 2. 안정성장경제정책과 공평한 소득 분배 3. 학원사찰 중지 4. 학도호국단 폐지 5. 언론 집회 결사의 완전한 자유와 보장 6. YH사건에서와 같은 반윤리적 기업주 엄단 7. 전국민에 대한 정치적 보복 중단
>
> 모든 효원인이여! 드디어 오늘이 왔네!
>
> 1979년 10월 16일 10시 도서관으로!

이처럼 정광민의 선언문은 구체성과 진정성, 열정과 호소력을 담보하고 있다. 하루 저녁 우발적으로 쓴 글이 아니다. 많은 시간 동안 학습하고 고민한 결과물이라 생각한다. 15일에 있었던 이진걸과 신재식의 불발 시위나 이들의 선언문은 단지 참조 사항이었을 뿐이다. 물론 이진걸 등이 정광민에게 동기와 용기를 부여하였다고 볼 수 있다. 하지만 이러한 우연이 정광민의 존재론적 결단을 감하지 못한다. 정광민은 전략과 전술 면에서 탁월하였다. 같은 학과 같은 학년 학우들의 정동에 호소함으로써 학생들을 교실 밖으로 이끌었고 이를 계기로 절반에 가까운 재학생을 운동장으로 학교 밖으로 결집하였다. 마침내 시내에서 민중과 함께 봉기함으로써 혁명의 전야를 연출하였다. 그의 선언문은 그의 열정과 의지, 시위의 방향과 목표를 구체적으로 담고 있다. 그는 혁명 촉매의 역할을 훌륭하게 수행하였다. 그가 있어서 저항에 눈뜨는 새로운 주체의 탄생이 가능했다. 자발적 복종 상태의 우울증을 이겨내고 서로 이끌려 수행한 학내 시위의 주체가 학생들이라면 도심 봉기의 주체는 학생을 포함한 민중이었다.

### 4. 그해 10월과 거리의 사상

이진걸과 신재식과 정광민 들은 지금 어디에서 무엇을 하고 있을까? 정광민은 『시월의 노래—10.16 부마항쟁 이야기』를 썼다. 이에 앞서 그는 장편소설 『부마항쟁 그후』(시월의책, 2016)를 발간

한 바 있다. 모두 기억을 바로잡자는 의도를 지니는데 후자가 사실에 허구를 가미하여 우회하였다면 전자는 고백적이고 직설적이다. 학생운동이라는 관점에서 나는 1979년 10월 당시에 조직적이고 목적의식적인 집단이 존재하지 않았다는 생각에 동의한다. 이는 적어도 1980년 5월의 '참혹한 패배'를 겪은 뒤에 가능하였다.(강신철 외, 『80년대 학생운동사』, 형성사, 1988 참조) 이러한 점에서 1979년 10월의 부산대 시위를 80년대적 시각으로 소급하여 해석하고 설명하는 일은 바람직하지 않다. 여기에 외부의 관점으로 회수하는 서술도 문제가 있다. 부산대 시위를 학교 밖의 민주화운동의 종속변수로 설명하고 있기 때문이다. 정광민이 사실을 찾아 싸움에 나선 일에 부득이한 사정이 있는 것으로 이해된다. 내부와 외부에서 이를 달리 해석하고 서술하려는 의도가 없지 않다. 달리 보면 이러한 일은 인정의 문제이기도 하다. 행위자의 기획과 수행의 성과를 평가하는 일과 연관된다. 정광민이 『시월의 노래』에서 말하는 온당한 지적처럼 사실의 왜곡이 없어야 하겠다.

1979년 10월 민중항쟁에 대한 기억은 두 가지로 나누어진다. 그 하나는 16일 부산대에서 시작하여 거제리까지 나아간 학생 시위이다. 다른 하나는 16일 오후부터 17일 밤에 걸쳐 시내에서 전개된 민중항쟁이다. 특히 후자의 경우 학생+민중의 항쟁에 시민이 호응하는 자연발생적인 연대가 형성되었다. 민중의 소외감과 독재정권에 대한 시민의 불만, 불의에 항거하고 정의를 실현하려는 학생들의 갈망이 집합적인 항쟁으로 발전하였다. 일부는 폭동을 생각하였고 일부는 비폭력 저항을 생각하였으며 또 다른 일부는 물과 음식을 공급하고 은신처를 제공했다. 각기 다른 위치에서 역할을 분담했다고 생각한다. 도시 주변부 빈민과 노동자, 소상인, 소외 여성, 학생들은 다른 계급적 이해와 입장의 차이에도 불구하고 체제에 맞서는 정동을 연출하였다. 무엇이 이를 가능하게 했을까? 독점자본과 독재체제에도 불구하고 대중문화의 발달과 이에 연동한 대중의 억압된 욕망 분출이 아닐까? 지배계급에 대한 분노로 파출소, 경찰서, 방송국 등이 공격을 받았다. 파괴적 폭력이 단지 적대와 이념의 소산에 그치지 않는다고 생각한다. 이미 민중은 소유와 소비의 욕망을 품고서 다른 세상을 갈망하는 무의식을 지녔다. 텔레비전의 시대를 맞아 일상생활에서 소비 욕망은 커졌다. 대중 스타가 등장하고 소비 광고도 많아졌다. 민중 봉기에 이러한 욕망과 해방의 문제—'박정희 모더니즘'(권보드레 외, 『박정희 모더니즘』, 천년의상상, 2015 참조)가 개입하였으리라고 믿는다.

러시아 혁명이 성공하자 레닌 등은 우리가 이 일을 해내었다고 했다. 여기서 우리는 누구인가? 소수의 엘리트가 아닌가? 민중혁명은 늘 엘리트 혁명가의 일로 축소되었다. 우리가 1979년 10월의 거리를 기억하는 일도 이와 같을 수 있다. 하지만 시위대를 향하여 박수를 보내고 한 그릇의 물을 떠주거나 빵과 우유를 건네던 시민들의 눈빛, 서로 다른 냄새를 풍기며 엉켜 독재 타도를 외치던 사람들이 맞잡은 손의 뜨거움도 오래 기억되어야 한다. 김원은 10월의 항쟁에서 잊힌 유령들이 있다고 한다.(김원, 『박정희 시대의 유령들』, 현실문화, 2011 참조) 도시하층민, 구두닦이, 깡패, 술집 여급, 창녀, 철가방과 같은 사람들이다. 그러니까 그해 10월은 캠퍼스보다 거리가 중요하다. 그 거리에서 무슨 일이 벌어졌던가? 기동대와 맞선 도로와 달아나 숨던 골목길이 있다. 또 하나의 유령이 있다면 그때의 거리와 골목이 아닌가 한다. 사람과 더불어 장소와 공간은 뗄 수 없는 역사이다. 16일 오후부터 전개된 '도시게릴라식 시위'(정해구, 『전두환과 80년대 민주화운동』, 역사비평사, 2011)가 가능했던 까닭은 남포동, 부평동, 동광동의 도심이 지닌 미로와 같은 골목에 있다. 1970년대만 하더라도 시민과 학생이 가장 많이 모인 공간은 오늘날 원도심이라 부르는 공간이다. 시위를 주동하고 항쟁을 전개한 사람들의 기억을 제대로 불러 모으는 일이 시급하다면, 항쟁의 현장을 기억하는 일도 요긴하다. 그해 10월의 거리가 없었다면 과연 잡다한 민중의 집합이 가능했을까? 10월 부산의 민중항쟁을 '거리의 사상'으로 '공간의 운동'으로 재인식할 때이다. 그럴 때 21세기에 필요한 상호텍스트성을 획득할 수 있지 않을까 한다.

# 김재규 재판기록을 통해 본 10.16 부마민주항쟁의 의의

**변영철(법무법인 민심 대표변호사)**

## 1. 들어가면서

부마민주항쟁은 1979. 10. 16. 09:40경 부산대학교 인문사회관 206호실에서 시작되었다.[1] 그로부터 정확히 10일이 지난 10. 26. 김재규 중앙정보부장*은 궁정동 안가에서 박정희 대통령을 총으로 쏘았다.[2] 그리고 10.26 이후 세상은 급변하기 시작하여, 긴급조치 9호가 해제되고, 부마항쟁으로 구속된 사람들이 재판도 받지 않고 석방되었으며, 2달이 채 지나지 않아 12.12 전두환 신군부의 쿠데타가 일어났고, 마침내 1980년에는 5.18 광주민주항쟁이 시작되었다.

10.16과 10.26 이 두 사건 사이에는 어떠한 관련성이 있을까? 김

---

1) 부산지방법원 1979. 12. 27. 선고 79고합785 판결, 2쪽

2) 박정희의 가슴에 쏜 총은 독일제 32구경 발터(Walther PPK) 권총이고, 머리에 쏜 총은 박선호 의전과장으로부터 건네받은 미제 38구경 리벌바 권총(Smith & Wesson Model 36 Chief Special)이다(육군본부계엄보통군법회의 1979. 12. 20. 선고 79보군 형제88호 판결, 11쪽, 14쪽). 문세광이 1974. 8. 15. 육영수 여사를 저격할 당시 사용한 권총도 위 리벌바 M36 치프 스페셜로 동일하다.

**김재규 중앙정보부장**

1926년생, 경북 선산 구미 출생
1943년 안동공립농림학교 졸업
1945년 대구농업전문학교 중등교원양성소 수료, 해방 이후 김천중학교에서 교사로 근무
1946년 조선국방경비사관학교(현 육군사관학교) 2기 입교(박정희와 동기)
1946. 12. 14. 조선경비대 참위로 임관하여 대전 제2연대 중대장 대리
1947. 6. 1. 남로당원이었던 연대장 김종석으로부터 미움을 받아 일직사령 근무 시 군경축구시합 충돌 사건을 빌미로 명예면관 처분을 받고 귀향하여 김천중학교, 대륜중고등학교에서 2년간 체육교사로 근무(박선호 의전과장의 담임으로 근무)
1949년 육군본부 인사국의 복직 권고로 22연대 정보주임, 안동지구 토벌작전 참가(충무무공훈장)
1954년 5사단 36연대장 부임(당시 사단장 박정희)
1961년 5.16 쿠데타 이후 국방부 총무과장(준장)의 재직 중 부정부패 혐의로 연행되어 조사를 받았으나, 혐의가 없어(박정희의 도움?) 석방됨.
1961년 현역 장군으로 호남비료 사장 취임
1963년 육군 6사단장 취임, 1964년 6.3 사태 당시 계엄군을 지휘하여 박정희로부터 신임
1968년 1.21 사태 이후 방첩부대장에 취임하여 초대 보안사령관 역임
1971년 3군 사령관으로 전보
1973년 육군 중장으로 예편, 유정회 국회의원으로 정계 입문, 12월 중앙정보부 차장으로 임명
1974년 건설부 장관 취임, 해외 중동건설 수출액 30억 달러 달성
1976. 12. 중앙정보부장 취임

재규 부장은 언제 박정희 대통령 살해 계획을 구체화한 것인가? 김재규가 10.16 부마항쟁 때 시위 현황 파악을 위해 부산 · 마산에 왔는지, 왔다면 그가 보고 느낀 것은 무엇인지, 부마항쟁이 그의 박정희 살해 동기에 어떠한 영향을 미친 것인지. 김재규는 1979.

10. 18. 00:00 비상계엄 선포 이후 박흥주 수행비서관[3]을 대동하고 19일 부산으로 왔다. 부마항쟁의 한복판에서 당시 시위대의 함성을 들은 것이다. 김재규에 대한 형사재판 기록을 통하여 10.16 부마민주항쟁이 10.26 박정희 살해에 어떠한 영향을 미쳤는지 살펴보고자 한다.

## 2. 10.26 당일의 움직임과 김재규 형사재판의 진행 경과

### 가. 10.26 당일의 움직임[4]

10. 26. 14:00　김재규와 글라이스틴 미국대사 면담[5]

16:00　차지철 경호실장*이 김재규 부장에게 궁정동 안가에서 만찬(대연회)을 한다고 연락함

---

3) 1962년 육사 18기로서 육군 소위 임관한 후 육군 중위 시절 김재규 장군의 전속부관이 되었으며, 이후 중앙정보부로 발령되었다. 10.26 당시 현역 육군대령으로 단심재판으로 사형이 확정되었다.

4) 국방부는 '박대통령 시해사건 진상보고서'라는 문건을 작성하여 1979. 11. 15. 최규하 대통령 권한대행에게 보고하였고, 최규하는 이를 국회에 보고하였다. 10.26 당일의 움직임과 이후 재판 진행 경과는 '박대통령 시해사건 진상보고서'에 기재한 시간과 내용을 주로 참조하였고, 보조적으로 안동일 변호사가 지은 『나는 김재규의 변호인이었다』(김영사, 2017)도 참조하였음을 밝혀둔다.

5) 조갑제닷컴 "미국이 박정희 대통령 弑害 사건에 관여하였나?"(www.chogabje.com/board/view.asp?C_IDX=75249&C_CC=AC) "아직도 朴正熙 시해 사건에 미국이 간여하였다고 믿는 이들이 있다. 필자는 다각도로 의문점을 점검해본 결과 직접적 간여는 없지만 카터 정부와 박정희의 갈등이 김재규의 결심에 일정한 영향력을 끼쳤을 가능성은 배제할 수 없다는 판단을 하였다."

**차지철 경호실장**

1934년 경기도 이천 출생, 용산고 졸업
1954년 육군 갑종 간부후보생 수료, 육군 소위로 임관
1959년 공수특전단 부임
1960년 미국 레인저스쿨 수료
1961년 공수특전단 중대장 신분으로 5.16 군사쿠데타 가담, 쿠데타 성공 이후 국가재건최고회의 의장 전속부관, 의장 경호실 차장
1962년 육군 중령으로 전역
1963년 박정희 대통령에 당선되자 민주공화당 국회의원에 당선되어 정계입문, 국회 외무국방위원장 역임(경기도 이천, 4선 의원)
1974년 육영수 저격 사건으로 사퇴한 박종규 경호실장의 후임으로 경호실장에 취임

16:15 김재규는 정승화 육군참모총장과 중앙정보부 2차장보 김정섭에게 궁정동 안가에서 식사하자고 연락함
16:30 김재규 궁정동 안가의 본관[6] 2층 집무실에서 독일제 32구경 발터 권총에 실탄 7발 장전하여 놓아둠
17:40 김계원 비서실장 본관 1층 도착[7]
18:05 박정희 대통령 도착하여 나동 1층 연회장에서 만찬 시작
18:35 정승화 본관 1층 식당에 도착하여 김정섭 2차장보와 식사

---

6) 궁정동 안가는 중앙정보부가 관리한다. 중정 부장의 집무실이 있는 곳을 '본관'이라 칭하고, 연회가 있었던 곳은 새로 지은 건물이라서 '신관'으로 부른다. 김재홍, 『박정희 살해사건 비공개진술 전녹음(상)』, 동아일보사, 50쪽

7) 대법원 1980. 5. 20 선고 80도306 전원합의체 판결, 44쪽. "답(김재규) : 17:40경 청와대 비서실장 김계원이 도착하였다는 말을 듣고 1층으로 내려와서 응접실로 들어가니 위 김실장이 첫마디가 "중정은 고생만 하고 공화당 친구들이 다 망쳐 놓았오." 하기에 본인은 "할 수 없지요. 이제부터는 정대행이 출범하게 되면 하나씩 붙여주는 수밖에 없지요."라고 건성으로 말하고..."(검찰 4면)

19:10 김재규는 연회장을 나와 본관 1층 식당으로 가서 정승화에게 "내가 각하와 식사 중이니 식사가 끝나고 돌아올 때까지 기다려 달라"고 말하고, 2층 집무실에 보관 중이던 발터 권총을 소지하고 연회장으로 돌아오면서 중정 의전과장 박선호와 수행비서관 박흥주에게 "오늘 내가 해치우겠으니 방에서 총소리가 나면 너희들은 경호원들을 처치하라", "똑똑한 놈 3명만 골라 나를 지원하라"고 지시함

19:35 박선호 의전과장으로부터 "준비가 완료되었다"는 보고를 받음

19:40 김재규는 오른쪽에 앉아 있던 김계원을 오른손으로 툭 치면서 "각하를 똑바로 모십시오"라고 말한 후 차지철을 쳐다보면서 "각하 이따위 버러지 같은 자식[8)]을 데리고 정치를 하

8) 차지철은 1978. 12. 19. '수도경비사령부설치령'을 개정하여 경호실장이 수경사 사령관을 지휘할 수 있도록 하였다(수도경비사령부설치령 제4조 제4항 "사령관은 특정경비구역과 관련된 작전활동에 대하여는 대통령경호실장의 통제를 받는다"). 대

니 올바로 되겠습니까?"라는 말과 함께 앉은 채로 허리춤에서 권총을 뽑아 차지철에게 1발을 발사하고 바로 일어서면서 대통령에게도 1발을 발사했다. 이때 차지철은 권총을 휴대하지 않은 상태에서 오른편 팔목에 관통상을 입고 실내 화장실로 피신하였으며, 대통령은 앉은 자세로 흉부에 관통상을 입고 상반신을 숙이고 있었다.

방 안에서의 총성을 신호로 박선호 과장은 응접실에 대기 중이던 경호부처장 안재송, 경호처장 정인형을 사살했으며, 승용차를 타고 대기 중이던 수행비서관 박흥주, 경비원 이기주, 운전기사 유성옥 등은 주방에서 대기 중이던 경호실 특수차량계장 김용태, 경호관 김용섭을 사살하고, 경호관 박상범[9]에게 중상을 입혔다.

한편, 김재규는 화장실로 피신하는 차지철을 재차 쏘려고 방아쇠를 당겼으나 불발이 되자, 총을 구하려고 방을 나와서 박선호 의전과장으로부터 건네받은 38구경 리볼버 권총을 들고 다시 연회장으로 들어갔다.

이때 화장실로 피신했던 차지철은 "경호원!, 경호원!" 하고 부르면서 나오다 김재규와 바로 마주치자 문갑을 잡고 피하려고 하였으나, 김재규는 차지철의 복부를 향해 1발을 발사하

위 출신 경호실장이 3성 장군을 지휘하는 등으로 권력이 집중됨으로써 차지철은 비서실장, 중앙정보부장의 업무에 개입하고 월권을 하였다.

9) 김태원의 확인 사살을 피해 살아남은 박상범은 나중에 대통령 경호실장과 국가보훈처장을 역임한다. 안동일, 『나는 김재규의 변호인이었다』, 김영사, 53쪽

고, 이어 대통령의 머리 부분을 향해 1발을 발사하였다(오른쪽 귀 윗부분에서 왼쪽 턱 윗부분을 관통함).

19:43 김재규는 본관 1층에서 식사 중인 정승화 총장에게 "총장, 총장 큰일 났습니다."라고 하면서 차량을 타고 가면서 이야기하자고 하여 차량으로 이동 중(승용차 뒷좌석 오른쪽에 김재규, 중앙에 정승화, 왼쪽에 김정섭, 앞좌석에 박흥주, 운전기사 유석문), "각하가 돌아가신 것은 확실하다" 말하고, 남산 쪽으로 올라가는 3 · 1 고가도로 입구 쯤에서 남산으로 가는 방향을 돌려 육본으로 가게 되었다.[10)]

19:55 김계원 비서실장은 김재규가 궁정동 안가를 떠난 후 중정 경비원 유성옥 등과 함께 대통령의 시신을 대통령 승용차에 실어서 국군서울지구병원에 안치하였다. 이후 김계원은 병원을 나와 택시 편으로 20:15경 청와대에 도착하여 국무총리 및 일부 각료와 수석비서관들에게 청와대로 오도록 연락하였다.

20:05 김재규, 정승화 총장 등은 육군본부 벙커에 도착하였다. 정승화 총장은 상황실에서 상황실장 조대령에게 "국방장관, 합참의장, 해군 참모총장, 공군 참모총장, 연합사 부사령관"에게 육본 벙커로 오라고 연락하도록 지시하였다.

20:30 육본 벙커에 국방장관, 합창의장, 연합사 부사령관 등

---

10) 운명의 갈림길은 이렇게 단순하게 결정된 것이다. 같은 책, 149쪽

이 도착하였고, 정승화 총장은 노재현 국방장관에게만 각하가 피격당하였다고 보고하였다. 이에 국방장관이 청와대의 김계원 실장에게 전화하여 육본 벙커로 오라고 하자, 김계원은 청와대로 오라고 하므로, 김재규가 직접 전화하여 “형님 이리로 오시오, 다 끝났는데 거기 무엇하러 갑니까? 여기 다 모였으니 총리 모시고 오시요”라고 말하자, 김계원도 이에 동의하였다.

20:45 최규하 국무총리, 내무부 장관, 법무부 장관 등이 청와대에 도착하였고, 김계원 비서실장은 사건 전모를 말하지 아니하고 ‘각하께서 유고’라고만 전달하였다.

20:50 국방부 장관으로 호출받은 전두환 국군보안사령관[11]이 육군 벙커에 도착하였다.

21:30 청와대로부터 국무총리, 김계원 비서실장 등이 육본 벙커에 도착하였고, 김재규는 “지금 대통령이 유고입니다. 2~3일간 보안을 유지하고 계엄을 선포해야 합니다.”라고 강조하였다.

22:30 국무총리는 국무회의 소집을 지시하였고, 장소는 국방부 회의실로 결정되었다.

23:30 김계원은 국방부 장관 부속실에서 정승화 총장과 국방부 장관에게 김재규가 대통령을 살해하였다고 알려주었다.

---

11) 육군 보안사령부, 해군방첩대, 공군특수수사대를 통합하여 1977. 9. 26. 국군보안사령부 출범, 1991. 1. 국군기무사령부로 명칭이 변경되었다가, 2018. 9. 1. 군사안보지원사령부로 명칭 변경

23:40 정승화 총장은 보안사령관과 헌병감에게 김재규를 체포하라고 지시하였고, 보안사령관은 헌병감을 임시지휘소로 불러 김재규 체포계획을 수립하였다.

23:50 국방부회의실에서 국무회의를 개최하여 진행 중, 대통령의 서거를 직접 확인하지 않은 상태에서 계엄선포는 곤란하다는 주장이 제기되어 국군서울지구병원으로 국무위원이 이동하기로 하여 10. 17. 01:20 사망 사실을 확인하였다.(대통령의 시신이 병원에 도착한 19:55 이전에 사망한 것으로 확인)

10. 27. 00:40 김재규를 국방부 청사 뒷문으로 유인하여 승용차에 승차케 함과 동시에 무장해제하고 체포 · 압송하였다.

02:00 국무회의를 다시 개최하여 10. 27. 04:00부로 비상계엄을 선포하기로 결의하였다.

03:00 대통령의 시신을 국군서울지구병원에서 청와대로 옮겼다.

### 나. 김재규 형사재판 진행 경과

**〔1심〕**

11. 26. 계엄보통군법회의[12] 검찰은 김재규 등 7명을 내란목적살인 및 내란미수죄로 기소

---

12) 군법회의라는 명칭은 1883년(메이지16년) 칙령 제24호로 육군치죄법(陸軍治罪法)이 제정되어, 군인들에 대한 재판기판을 군법회의(軍法会議)로 하면서 처음 사용되었고, 우리도 이를 따라 군법회의라는 용어를 사용하다가 1987. 12. 4. '군사법원'으로 개정하였다.

12. 4. 제1차 공판, 국방부 청사 육군본부 계엄보통군법회의 대법정. 김재규의 변호인으로 김제형, 이돈명, 태윤기, 강신옥, 조준희, 이돈희, 홍성우, 김정두 변호사 등이 출석하였다. 김정두 변호사는 비상계엄선포의 요건이 흠결되었고, 김재규의 행위는 비상계엄 선포 이전에 이루어진 것이므로 군법회의가 재판권을 행사할 수 없다고 주장하면서 관할 위반으로 대법원에 재정신청을 하였고(군법회의의 재판권에 관한 법률 제2조),[13] 전창렬 검찰관은 "여기에서 역사의 심판이나 국민의 심판대상이 된다고 하는 것은 곧 혁명으로 이끌어가려고 하는 것에 동조발언이 되지 않겠느냐는 것을 말씀드립니다."라고 변호인들을 겁박하였다.

12. 7. 재정신청 3일 이후, 대법원 형사부는 관할권 위반에 대한 재정신청에 대한 기각 결정문에서 "국무총리가 계엄을 선포한 행위는 고도의 정치적 · 군사적 성격을 띠는 행위여서 그 선포의 합당 · 부당한가를 판단할 권한은 헌법상 계엄해제요구권이 있는 국회만이 가지고 있다."고 판시하였다.

12. 8. 제2차 공판, 김재규에 대한 피고인신문(비공개재판)

12. 10. 제3차 공판, 피고인 김계원에 대한 피고인신문

---

13) 제2조 일반법원과 군법회의와의 사이에서 발생된 재판권에 관한 쟁의에 대하여는 대법원이 재정한다.
"형사소송법과 군법회의에관한법률에 규정된 해당 사건의 상소권자는 전항의 쟁의에 대한 재정을 신청할 수 있다.
전항의 신청이 있을 때에는 일반법원 또는 군법회의에 계속 중인 해당 사건에 대한 소송진행은 그 재판권쟁의에 대한 대법원의 재정이 끝날 때까지 정지된다."

12. 11. 10:00　제4차 공판, 피고인 박선호, 박흥주, 이기주 등에 대한 피고인신문

14:00　김재규는 사선 변호인 해임 의사표시

12. 12.　제5차 공판, 변호인의 반대신문과 재판부 신문

12. 14.　제6차 공판, 피고인들에 대한 보충신문

12. 15.　제7차 공판, 김재규에 대한 변호인 반대신문과 보충신문

12. 17.　제8차 공판, 증인 15명에 대한 증인신문

12. 18.　제9차 공판, 결심 공판(구형 및 최후진술 · 변론)

12. 20.　1심 판결 선고

**〔항소심〕**

1980. 1. 22.　제1차 공판, 피고인 김계원, 김태원에 대한 사실심리

1. 23.　제2차 공판, 박선호 등에 대한 사실심리

1. 24.　제3차 공판, 결심 공판(최후진술 · 변론)

1. 28.　항소심 판결 선고, 김계원 무기로 감형

1980. 5. 20. 11:00　대법원 전원합의체 판결 선고. 보안사-김재규 변호인단 체포 시도, 다른 변호인들은 모두 몸을 피했으나 강신옥 변호사 체포되어 20여 일 만에 석방됨

### 3. 김재규의 10 · 26 거사가 실패한 이유

김재규는 박정희를 살해한 1979. 10. 26. 19:40으로부터 약 5시간 후 10. 27. 00:40 국방부 청사 뒷문에서 체포되었고, 1980. 5.

20. 대법원에서 유죄 확정판결을 받은 지 나흘 만인 1980. 5. 24. 사형이 집행되었다. 김재규의 거사가 실패한 이유가 무엇일까? 이를 살펴보면 김재규가 10.16 부마항쟁으로부터 영향을 받은 것이 있는지, 있다면 어떠한 내용인지 등이 확인될 여지가 있으므로 이를 먼저 검토한다.

### (1) 김재규의 10.26 거사에 사전 공모한 사람은 김재규 '한' 사람밖에 없었다.

육군본부 계엄보통군법회의는 10.26 발생 이후 55일, 기소된 지 25일, 재판이 시작된 지 16일 만인 1979. 12. 20. 1심 판결을 선고하였다. 김재규, 김계원, 박선호, 박흥주, 이기주, 유성옥, 김태원 등 7명에게 내란목적 살인죄 등에 대하여 유죄로 인정하고 사형 선고를 하였고, 유석술에게 증거은닉죄를 적용하여 징역 3년을 선고하였다. 그런데 위 유죄판결을 받은 8명 중에 10. 26. 전날까지 코드원 살해계획을 사전에 알았던 사람은 아무도 없었다.(그가 언제 살해계획을 세웠을까?) 앞서 본 바와 같이 김재규는 박선호 과장과 박흥주 비서관에게 10. 26. 당일 **19:10**경 "똑똑한 놈 3명만 골라 나를 지원하라"라고 **처음으로** 살해 계획을 밝혔고, 그로부터 불과 30분 후인 **19:40**경 직접 발터 권총의 방아쇠를 당겼다. 박선호 등이 내란의 성공을 위하여 **30분 동안** 무엇을 준비하였고, 어떠한 준비를 할 수 있었겠는가? 그저 '똑똑한 놈' 3명을 골라서 경호실 소속 경호원들을 향해 총을 쏘았을 뿐이다. 살해 이후 그다음은 어떻게 되지? 당시 궁정동 안가에 있었던 사람들 중에서 이를 아는 사람은 아무도 없었다. 심지어 김재규도. 김재규는 육군참모총장을 불러놓고, 계엄선포만 하면 다 끝날 것으로 생각한 것일까? 그는 참모총장을 부른 이유를 다음과 같이 밝혔다.(대법원 1980. 5. 20 선고 80도306 전원합의체 판결, 43쪽)

> 문 : 육군참모총장과... 사고현장부근에 부른 이유는
>
> 답 : 처음부터 거사 후에 이용할 목적으로 유인하였는바, 거사 후에 곧바로 와서 **육군총장을 곁에 두고 데리고 다니면서 딴생각을 못하게 계속 접촉을 유지하면서** 계엄이 선포되면 계엄사령관으로서 사태를 수습하게 되므로 외부와의 접촉을 단절시키고 본인이 직법 사태의 진전을 확인하기 위하여 미리 불러놓은 것이고...(검찰 10면, 공판 197면과 542면도 같은 취지)

사전에 전혀 공모한 바 없는 정승화 총장이 김재규 지시대로 따라서 움직일 것으로 생각했다면 너무 순진하다고 볼 수밖에 없는 것이 아닌가! 단 한 사람이 준비한, 그것도 30분 전에 처음으로 거사 계획을 밝힌 이러한 사태를 '혁명'으로 부르든 '내란'으로 부르든 그것이 어떤 의미가 있을까?

> 법무사 : 법정에서 밝혀진 문제이지만, 이번 사건을 혁명이라고 생각하며 배후가 있다고 생각합니까?
>
> 박흥주 : 저는 저녁 7시 10분에 부장께서 불러놓고 말씀하실 때 **처**

**음 들었고, 배후가 있는지 사전준비가 있었는지는** 전혀 모릅니다.

법무사 : 지금 판단할 때 어때요?

박흥주 : 제 생각으로는 다른 사람과 관련 없이 혼자서 구상하시지 않았나 싶습니다.[14)]

'참모총장' 이외에 아무것도 준비하지 못한 그는 참모총장을 데리고 남산(중정)으로 가야 할지, 용산(육본)으로 가야 할지도 결정하지 않은 상태였고, 궁정동을 벗어난 이후 대통령의 시신과 죽음의 '보안' 문제에 대해서도 '중앙정보부장'은 아무런 대책도 세우지 않았다.

### (2) 김재규는 '그때' 중앙정보부로 가지 않았다.

김재규는 본관 1층 식당에 있는 정승화 총장에게 맨발로 달려와 빨리 차를 타고 가자고 하였다.(김재홍, 『박정희 살해사건 비공개진술 전녹음(상)』, 동아일보사, 88~89쪽)[15)]

검찰관 : 그때 그 일이 끝나자마자, 나와서 1층 식당으로 가서, 그

---

14) 김재홍, 『박정희 살해사건 비공개진술 전녹음(하)』, 90쪽

15) 안동일, 『나는 김재규의 변호인이었다』, 김영사, 71쪽. "나중에 안 일이지만 당시 모든 재판과정이 다른 방에서 모니터되고 있었다. 이 녹음테이프는 비밀에 부쳐졌다가 후에 외부에 유출되어 1994년 5월 당시 동아일보 김재홍 기자(전 국회의원)에 의해 『박정희 살해사건 비공개진술 전녹음 최초정리』 상 · 하권으로 출판되어 비로소 세상에 알려졌다."

당시 육군참모총장하고 김정섭 차장보가 있었죠? 그때 최초에 한 이야기가 뭡니까?

김재규 : "큰일이 났으니까 차를 빨리 타시오"라고 한 걸로 기억합니다.

검찰관 : 그 때 차에는 누구누구 탔습니까?

김재규 : 육군총장과 제2차장보, 운전석 옆에는 박흥주 대령이 탔습니다.

(…)

검찰관 : 그 당시 중정으로 가시지, 왜 육본 벙커로 가셨나요? 그 전에 혁명을 하실 생각이었으면 그런 정도의 계획이 없었던가요?

김재규 : 어떤 게 말입니까?

검찰관 : 각하 살해 직후에 내가 어떻게 하겠다는 구상이나 계획 같은 것이 없었느냐 이거죠.

김재규 : 그 계획은 육군총장으로 하여금 계엄을 선포하게 하고 나면, 일단 육군총장께서 삼권을 다 장악하게 되기 때문에, 우선 계엄선포까지 유도해서 육군총장으로 하여금, 계엄군으로 하여금 전체를 장악하게 만들고, 육군총장으로 하여금 계엄사령부를 혁명위원회로 바꾸는 것이 저의 기본 구상입니다.

당시의 최고 권력자인 박정희와 2인자로 호언하던 차지철 경호실장이 모두 사망하였으므로, 중앙정보부는 명실공히 최고 권력기관이었다. 박정희 사망 사실을 일정 기간 은폐하면서, 중앙정보부에서 참모총장 등의 고위 장성들을 설득한 다음, 국무회의장을 포위하여 비상계엄을 선포하였다면,[16] 김재규가 살해 5시간 만에 체포되어 전두환 신군부 후배들에게 전기고문을 당하는 치욕을 당하지는 않았을 것으로 보인다.

그는 왜 중정으로 가지 않고 육본으로 간 것일까? 해답은 10.26 당일 육본으로 가는 승용차를 운전한 중정 소속 운전기사 유석문이 가지고 있었다.(MBC 〈이제는 말할 수 있다-7년의 기록〉 '79년 10월, 김재규는 왜 쏘았는가')

김재규의 거사가 계획적이지 않았다는 것은 또 다른 증언자에 의해서도 확인되고 있다. 10.26 당일 김재규와 정승화 육군참모총장이 탄 차를 **육본으로 몰았던 운전기사 유석문의 최초 증언**을 통해 10.26에 얽힌 새로운 사실이 밝혀졌다.

그는 그날 차에서 **북의 도발을 염려하는** 정승화 육군 참모총장

16) 전두환은 김재규의 실패를 반면교사로 삼아서 국무회의장을 포위하여 1980. 5. 17. 비상계엄을 선포하였다. "[대법원 1997. 4. 17., 선고, 96도3376, 전원합의체 판결] 그 계획에 따라 5. 17. 비상계엄을 전국적으로 확대하는 것이 전군지휘관회의에서 결의된 군부의 의견인 것을 내세워 그와 같은 조치를 취하도록 대통령과 국무총리를 강압하고 **병기를 휴대한 병력으로 국무회의장을 포위하고** 외부와의 연락을 차단하여 국무위원들을 강압 외포시키는 등의 폭력적 불법수단을 동원하여 **비상계엄의 전국확대를 의결 · 선포하게 함으로써**, 국방부장관의 육군참모총장 겸 계엄사령관에 대한 지휘감독권을 배제하였으며, 그 결과로 비상계엄 하에서 국가행정을 조정하는 일과 같은 중요국정에 관한 국무총리의 통할권 그리고 국무회의의 심의권을 배제시킨 사실..."

과 김재규의 대화를 들은 중정 전속부관 **박흥주 대령이 "그럼 육군 본부가 낫지 않습니까"**라고 즉흥적으로 제안했다고 전한다. 박흥주 대령의 제안 한 마디로 **남산 중앙정보부 쪽으로 이미 진입했던 차를 돌려** 육군본부로 향했고 이후 역사는 바뀌었다.

김재규는 궁정동 안가에 정승화 총장만 딸랑 불러놓았을 뿐이고, 주인을 잃은 막강한 중앙정보부는 전혀 조직적으로 움직이지 않았다.(대법원 1980. 5. 20 선고 80도306 전원합의체 판결, 142쪽,[17] 양병호[18] 대법원판사 소수의견[19]) 위와 같이 그가 사전 준비 없이 거사한 사정은 박정희 대통령 시신이 외부로 나가도록 방치한 점에서도 잘 확

17) 대법원 1980. 5. 20 선고 80도306 전원합의체 판결, 142쪽. "원심이 인정한바 피고인이 중앙정보부의 권한과 동부의 조직력을 이용 계엄군을 장악하여 무력으로 사태를 제압하려 하였고 자신이 정권을 잡을 것을 기도하였다는 사실을 인정할 만한 자료는 찾아볼 수 없다."

18) 〈조선일보〉 1995. 12. 2. 양병호 전 대법원 판사, 「전씨는 법 말할 자격 없다」. "80년 4월 무렵, 「보안사 2인자」라는 건장한 체격의 40대가 대법원 판사실로 찾아와 『「김재규사건」을 상고기각으로 해달라』고 주문했다. 그러나 양 전대법관은 『판결은 나 혼자 하는 게 아니고, 모두가 합의해서 결정하는 것』이라며 이를 거부했다... 판결 뒤 석 달쯤 지났을까, 이번에는 사복차림의 기관원들이 양씨를 찾아왔다. 그리고 말로만 듣던 보안사 서빙고분실로 끌려갔다. 양 전대법관은 『「국장」이라고 불리는 사람을 비롯, 군인 두세 명이 번갈아 드나들며 「옷을 벗어야 일이 해결된다」고 사표를 강요했다』고 돌이켰다. 양 전 대법관은 서빙고분실에서 어떤 가혹행위를 당했는지 말하지 않았으나, 이영섭 당시 대법원장은 90년 기자와의 인터뷰에서 『(보안사에서) 돌아온 양판사는 마치 넋이 나간 사람 같았다』고 말했었다."

19) 민문기, 양병호, 임항준, 김윤행, 정태원, 서윤홍 등 6명은 단순 살인이라는 소수의견을 냈다. 적극적인 의견을 개진하지 않은 정태원 대법관을 제외한 나머지 5명은 고초를 겪다가 모두 사표를 써야 했다.

인된다.

### (3) 박정희 대통령의 시신이 외부로 운구되었다.

김재규가 정승화 총장과 함께 궁정동 안가를 벗어나자 김계원 실장(살해에 가담한 중정 요원을 제외하고 박정희 사망 사실을 아는 유일한 현장 증인)은 10. 26. 19:55경 대통령의 시신을 병원으로 데리고 가려고 하였다. 중정 경비원 유성옥 등은 이를 제지하지 못하고 대통령의 시신을 승용차에 실어서 국군서울지구병원에 안치함으로써 외부로 대통령의 죽음이 알려지는 단초를 제공한다.

김재규는 살해 이후 박선호 과장 등에게 지시하여 중정 요원으로 하여금 궁정동 안가를 포위하고, 일체의 외부 접촉을 차단해야 함에도 불구하고 이러한 기본적인 '보안' 조치도 하지 않았다.

변호사 : 각하를 통합병원으로 후송한 것을 언제쯤 알았나요?
김재규 : 몰랐습니다.
변호사 : 국방부에서 국무회의 할 때까지도 몰랐나요?
김재규 : 그렇습니다.
변호사 : 만약 통합병원으로 후송할까를 물어 올 경우, 승낙했을까요?
김재규 : 안 했을 것입니다.[20]

20) 김재홍, 『박정희 살해사건 비공개진술 전녹음(하)』, 동아일보사, 254쪽

그리고 역설적으로 당시 국군서울지구병원과 보안사령부는 종로구 소격동에 위치하여 같은 정문을 사용하는 관계에 있었다. 당연히 보안사가 가장 먼저 첩보를 입수하였다.

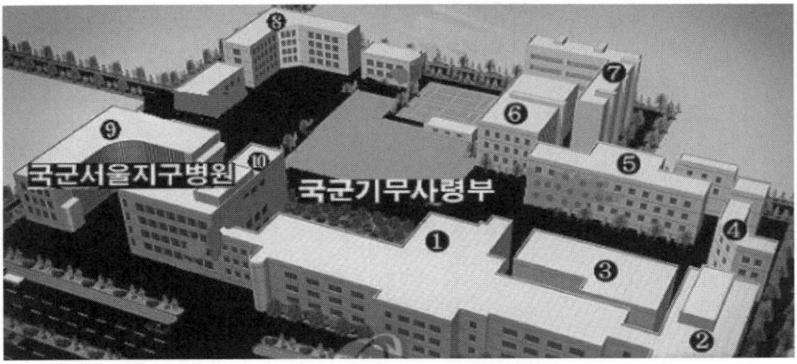


국군서울지구병원 및 국군보안사령부의 위치(종로구 소격동)

국군서울지구병원장 김병수는 병원으로 실려 온 시신이 코드원(대통령)이라는 사실을 확인하였고, 종로구 소격동 같은 부지에 위치하고 있었던 보안사령부의 우국일 준장이 무언가 이상하다는 첩보를 접하고 김병수 원장에게 전화를 걸어서 다음과 같이 질문하였다.(안동일, 『나는 김재규의 변호인이었다』, 김영사, 248쪽)

우국일 : 김장군이 지금 부자유스러운 거 같은데 내가 묻는 말에 '예', '아니오'라고 대답하시오. 병원에 들어온 시신이 비서실장이나 경호실장인가요?

김병수 : 아닙니다. 그런 거 아닌데요.

우국일 : 그러면 '**코드 원**'입니까?

김병수 : 예

가장 먼저 코드 원의 사망 소식을 접한 우국일 참모장은 전두환 보안사령관에게 보고하였고, 즉각 참모회가 소집되었으며(비서실장 허화평, 인사처장 허삼수, 보안처장 정도영, 대공처 수사과장 허학봉), 보안사는 마비된 중앙정보부를 대체하기 시작하였다.

그리고 유일한 목격자 김계원 비서실장은 국방부 회의실에서 계엄선포가 제대로 진행되지 않는 것을 지켜보다가 국방부 장관과 참모총장에게 김재규가 범인임을 알려주고 말았다.

김계원 : 국방장관 부속실 옆에 붙은 조그만 방—무슨 방인지 잘 모르겠는데—창고는 아닌데 전속부관실도 아니고 구석진 방입니다.

검찰관 : 그때 뭐라고 했나요?

김계원 : 육군 참모총장과 국방장관을 조용히 불러달라고 했더니 두 분이 왔습니다. 김재규 피고인이 각하 살해범인이다, 김재규 피고인은 지금 무기를 휴대하고 있으니까, 여기서 체포를 서툴게 해서 소란을 피우면 문제가 커지니까, 군인 몇을 불러서 조용히 무슨 일이 있는 것 같이 김재규 피고인을 불러내서 사고 안 나게 체포하도록 잘 조치를 하십시오라고 말했습니다.

### 4. 김재규가 박정희를 살해를 구체적으로 결심한 시점에 대하여

김재규가 박정희를 살해할 결심을 굳힌 시기가 언제일까? 김재규는 피고인신문 과정에서 다음과 같이 진술하였다.(『박정희 살해사건 비공개진술 전녹음(상)』, 109~110쪽)

> 김재규 : 알겠습니다. 지금 말씀 드리겠습니다. 제가 말을 하게 좀 가만두십시오. 제가 1972년 10월유신이 선포되면서, 유신헌법을 제가 전방 3군단장을 하면서 구해서 보게 되었습니다. 이걸 쭉 보니까, 완전히 이것은 자유민주주의 헌법이 아니다, 이것은 3권이 전부 한 사람에게 귀속돼버렸고, 입법부 사법부는 전부 시녀로 전락을 해버렸다, 또 가만히 보니까 이것은 독재헌법이라도 국민을 위한 헌법이 아니다라고 생각했기 때문에, 저는 그 때부터 **이 헌법을 타도**해야 되겠다는 생각이 제 마음속에 움텄습니다.

김재규는 유신헌법이 제정된 1972년부터 박정희 체제를 타도해야겠다고 마음먹었고, 3군단장 재직 시 박정희를 연금하여 하야를 권유할 계획을 세웠으며,[21] 건설부 장관 임명식에서도 권총

21) 〈일요신문〉 2005. 11. 6.「장준하-김재규 '거사' 밀약했다」. "2년 10월 유신이 반포된 직후 당시 박 대통령이 자신이 사령관으로 있던 3군단을 시찰할 때 그를 연금해놓고 그 자리에서 녹음기를 갖다 대고 하야를 권고하려고 했으나 실행에 옮

을 준비하여 박정희를 살해할 계획을 세웠다고 **주장**한다. 이러한 주장을 액면 그대로 받아들인다고 하더라도, 그의 행동은 자신의 '생각'과는 달랐다.

그는 3군단장 재직 후 1973년 3성 장군으로 예편하면서 타도 대상인 유신체제의 핵심 기관인 **유정회 국회의원**으로 정계에 입문하였고, 1976. 12. 중앙정보부장에 취임한 이후,[22] 재직기간 중 긴급조치 9호 위반 혐의로 기소한 사람만 639명에 이르고, 10.26 거사 직전에 발생한 1979. 10. 7. 프랑스에서 발생한 전 중앙정보부장 김형욱의 납치 · 살해를 지시하고,[23] 1979. 10. 9. 남조선민족해방전선(남민전) 관련자를 고문하여 사건을 조작하여 발표하면

---

기지 못했다고 밝혔다."

22) 〈한겨레〉 2013. 4. 26. 한홍구의 유신과 오늘 「김형욱의 실종과 죽음」. "김형욱의 존재가 부각된 것은 1976년 10월 24일 〈워싱턴 포스트〉가 한국 정부가 로비스트 박동선을 통해 미국 관리들에게 수백만 달러를 뇌물로 제공했다고 폭로하면서부터였다. 이른바 '코리아게이트'. 사건이 시작된 직후인 11월 말 대외적으로는 주미한국대사관의 참사관이었지만 실질적으로는 중앙정보부의 미국활동조직 부책임자였던 김상근이 미국으로 망명하는 일이 벌어졌다. 김상근은 과거 김형욱의 비서였으며, 망명 과정에서도 김형욱의 도움을 받았다. 박정희 밑에서 가장 좋은 관운을 자랑했다던 중앙정보부장 신직수는 김상근의 망명으로 1976년 12월 4일 자리에서 물러나야 했다. 신직수의 후임이 바로 김재규였다."

23) 〈한겨레〉 2013. 4. 26. 한홍구의 유신과 오늘 「김형욱의 실종과 죽음」. "과거사위원회는 김재규-이상열-신현진으로 이어지는 김형욱 살해 체계는 틀림없는 것으로 보았지만, 마지막 단계에서 김형욱 살해에 제3국인 2명이 동원되었다는 신현진의 진술은 신빙성이 없는 것으로 보았다. 김재규는 해외담당 차장-차장보-담당 국장-프랑스 거점장-파견 요원으로 이어지는 공식라인을 통하지 않고, 자신과 친밀한 관계에 있던 이상열에게 직접 지시하고 이상열은 일부 파견 요원들의 도움을 받긴 했으나 핵심과제는 신현진에게 직접 지시하여 처리했다."

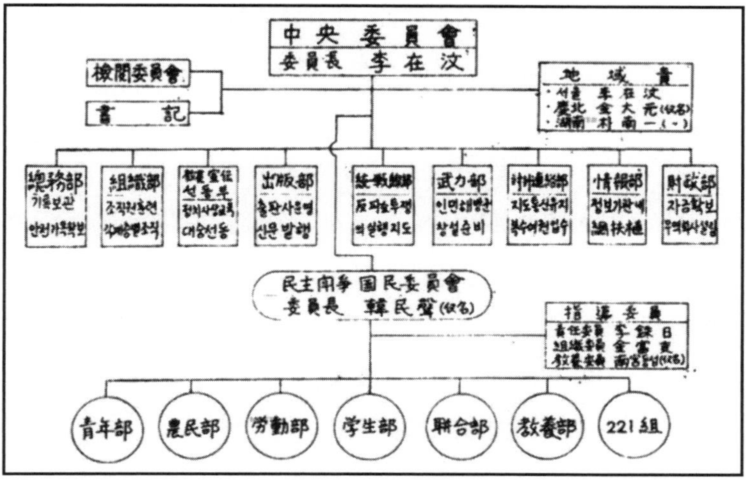


남민전 조직도(〈동아일보〉 1979. 10. 9.)

서 유신체제에 적극 복무하여 왔으므로, 그가 10.26 거사 이전 오래 전부터 박정희 살해 계획을 가지고 있었다는 점을 진실한 것으로 인정한다고 하더라도, **이것이 도대체 역사적으로** 무슨 의미가 있을까!

그렇다면 김재규가 구체적으로 살해 계획을 세운 시점은 언제인가? 제2차 공판(비공개재판)에서의 김재규 피고인신문에 의하면 1979. 10. 20. 무렵으로 보는 것이 타당할 것으로 보인다.(『박정희 살해사건 비공개진술 전녹음(상)』, 153~154쪽)

**김재규** : 금년 10월에 부산에 계엄이 선포되고 나서, 저는 현지에 내려갔습니다. 제가 내려가기 전까지는 남민전이나 학생이 주축이 된 데모일 거라고 생각했는데 현지에서 보니까 그게

아닙니다. **160명을 연행했는데 16명이 학생이고 나머지는 다 일반시민입니다.**[24] 그리고 데모 양상을 보니까, 데모하는 사람들도 하는 사람들이지만 그들에게 주먹밥을 주고 또 사이다나 콜라를 갖다 주고 경찰에 밀리면 자기 집에 숨겨주고 하는 것이 데모하는 사람들과 시민들이 완전히 의기투합한 사태입니다. 그 사람들의 구호를 보니까, 체제에 대한 반대, 조세에 대한 저항, 정부에 대한 불신 이런 것이 작용해서, **경찰서 11개를 불질러버리고, 경찰차량 10여 대를 파괴하고** 불 지르고, 이런 사태가 벌어졌습니다.

그래서 그런 관계를 각하께 그대로 보고드렸습니다. "각하, 체제에 대한 저항과 정부에 대한 불신이 이렇습니다."라고 보고하면서 각하의 생각을 좀 누그러뜨리려 했지만 또 반대효과가 났습니다. 여기 변호인밖에 없긴 하지만 이 말씀은 밖으로 안 나갔으면 좋겠습니다. 각하 말씀은 "**이제부터 사태가 더 악화되면 내가 직접 쏘라고 발포명령을 내리겠다**" 이렇게 말씀하십니다. "자유당 말에는 최인규라는 사람과 곽영주라는 사람이 발포명령을 했으니까 총살됐지, 대통령인 내가 발포명령을 하는데 누가 날 총살하겠느냐" 이렇게 말씀하셨습니다.

검찰관 : 대통령을 살해한 다음에 국민들로부터 지지를 받을 수

---

24) 과거사정리위원회, 『부마항쟁 과정에서 발생한 인권침해 사건』, 1쪽. "이에 정부는 18일 0시 부산지역에 계엄령을 선포하고 시위 참여자 1,058명을 연행하였고, 마산지역은 18일에서 19일 사이 시위참여자 505명을 연행한 뒤, 20일 12시 마산 및 창원 일원에 위수령(衛戍令)을 발동하고 연행자들을 군사재판에 회부하였다."

있다고 생각했나요?[25]

김재규 : 전 국민이 자유민주주의 회복을 원하고 있습니다. 전체 국민의 지지 없이는 안 됩니다.

검찰관 : 어떤 근거로 그렇게 판단했나요?

김재규 : 제가 가지고 있는 여러 곳에서 들어온 정보와 소스를 종합 판단해서 그런 결론을 얻었습니다. **부마사태가 좋은 입증자료**입니다.

요약하면, 김재규는 1972년 유신선포 이후 유신체제의 폭압성에 회의를 품어오면서, 박정희 대통령에 대한 연금, 살해 계획 등을 추상적으로 세웠으나, 실행에 옮기지 못하고 있던 중, 10.16 부마항쟁을 직접 목격하고, 박정희에게 전향적 변화를 건의하였으나, 이마저 묵살당하자 그동안의 계획을 마침내 실행에 옮긴 것이다.

## 4. 마치면서

김재규의 형사재판기록을 통하여 10.26 거사에서 10.16 부마민주항쟁이 가지는 의의를 살펴보았다. 결론은 김재규의 거사에 10.16은 구체적이고 매우 뚜렷한 영향을 미친 것으로 확인된다는 것이다. 향후 김재규 형사재판기록에 대한 전부를 확보하면 이 주

25) 안동일, 『나는 김재규의 변호인이었다』, 김영사, 219쪽

제를 다시 다루기로 약속하고, 이 글을 마친다.[26)]

---

26) 〈조선일보〉 2017. 5. 29. [최보식이 만난 사람] 「박정희 '英雄' 만든 김재규… '10.26' 없었으면 朴의 말년 추했을 것」. "나(안동일 변호사)는 김재규가 박정희를 '영웅'으로 만들어줬다고 본다. 만약 10.26이 없었다면 박정희의 말년은 정말 추하게 끝났을 것이다."

# 부마항쟁 피해자 손해배상청구 소송에서의 소멸시효 문제와 향후 개선방향

— 부산지방법원 동부지원 2019. 6. 5. 선고 2018가합106394 판결을 중심으로

서은경(법무법인 민심 변호사)

## 1. 소멸시효란

소멸시효는 권리자가 권리를 행사할 수 있었음에도 일정한 기간 동안 그 권리를 행사하지 않아 권리 불행사의 상태가 계속된 경우에 그의 권리를 없애버리는 제도이다. 정확히 말하면 그 권리가 절대적으로 소멸하는 것이 아니라(학설의 다툼이 있음), 권리 위에 잠자고 있던 사람이 나중에 깨어나 소송을 제기하는 경우 그 권리의 유무를 판단 받지 못하고 입구에서 퇴장당하는, 실질적으로 재판받을 권리를 박탈하는 것이다.

민법 제166조 제1항에서는 소멸시효의 기산점에 대해서, 손해배상청구의 기산점은 제766조에서 규정하고 있다.

[민법 제166조] ① 소멸시효는 권리를 행사할 수 있는 때로부터 진행한다.

[민법 제766조] ① 불법행위로 인한 손해배상의 청구권은 피해자나 그 법정대리인이 그 손해 및 가해자를 안 날로부터 3년간 이를 행사하지 아니하면

시효로 인하여 소멸한다.

② 불법행위를 한 날로부터 10년을 경과한 때에도 전항과 같다.

위 "손해 및 가해자를 안 날로부터 3년"을 단기소멸시효, "불법행위를 한 날로부터 10년"을 장기소멸시효라고 부르고, 3년 혹은 10년 중 어느 것이든 먼저 완성되면 소멸시효는 완성된 것으로 본다.

그렇다면 입법자는 왜 소멸시효라는 제도를 도입하였을까. 우리 대법원은 ① 법적 안정성, ② 입증 곤란의 구제, ③ 권리행사 태만에 대한 제재를 소멸시효의 존재 이유로 들고 있다. A가 1979년에 B에게 10만 원을 빌려주었는데 40년이 지난 2019년에 10만 원을 갚으라고 한다는 상황을 생각해보자. ① 40년 동안 B는 10만 원을 빌린 사실을 잊고 있었고, ② 차용증은 어디로 갔는지 알 수 없으며, ③ 그동안 A는 한 번도 변제독촉을 하지 않고 있다가 이제 와서 갚으라고 한다. 도덕적으로 B가 A에게 돈을 갚아야 하는 것은 맞지만, 이로 인하여 A와 B간의 새로운 법적 분쟁이 또다시 발생하는 문제가 생겨 개인뿐만 아니라 사회적으로도 무척 혼란스러워진다.

이와 같은 소멸시효 제도의 타당성이 위 경우와 같은 일반적인 경우에는 적용될 수 있겠지만, 대한민국 광복 이후 발생한 민간인 집단 희생사건이나 위법한 공권력 행사로 인하여 발생한 중대한 인권침해사건 등에 관하여 피해자 또는 그 유가족이 국가를 상대로 손해배상청구를 하는 경우에도 동일하게 적용되어야 하는 것일까?

## 2. 국가의 불법행위에 대한 손해배상책임의 소멸시효

부마민주항쟁은 1979. 10. 16.에 발생하였고, 당시 경찰과 군인은 법관의 영장도 없이 시위 가담자들을 불법으로 체포 · 구금하고, 고문하였다.

부마민주항쟁에 일반 민법상 손해배상책임의 장기소멸시효, 즉 불법행위를 한 날로부터 10년(민법 제766조 제2항)을 적용하면, 국가는 1979. 10. 16. 내지 10. 17.에 불법행위를 하였다고 할 것이므로, 1989. 10. 17.에 이미 소멸시효가 완성되어버리는 문제가 발생한다.

### 가. 헌법재판소 2018. 8. 30. 2014헌바148 사건

일반적인 국가배상청구권에 적용되는 소멸시효 기산점과 시효기간에 합리적 이유가 인정된다 하더라도, 과거사정리법 제2조 제1항 제3호에 규정된 '민간인 집단희생사건', 제4호에 규정된 '중대한 인권침해 · 조작의혹사건'의 특수성을 고려하지 아니한 채 민법 제166조 제1항, 제766조 제2항의 '객관적 기산점'이 그대로 적용되도록 규정하는 것은 국가배상청구권에 관한 입법형성의 한계를 일탈한 것인데, 그 이유는 다음과 같다.

민간인 집단희생사건과 중대한 인권침해 · 조작의혹사건은 국가기관이 국민에게 누명을 씌워 불법행위를 자행하고, 소속 공무원들이 조직적으로 관여하였으며, 사후에도 조작 · 은폐함으로써 오랜 기간 진실규명이 불가능한 경우가 많아 일반적인 소멸시효 법리로 타당한 결론을 도출하기 어려운 문제들이 발생하였다.

구체적으로 살펴보면, 불법행위의 피해자가 '손해 및 가해자를 인식하게 된 때'로부터 3년 이내에 손해배상을 청구하도록 하는 것은 불법행위로 인한 손해배상청구에 있어 피해자와 가해자 보호의 균형을 도모하기 위한 것이므로, 과거사정리법 제2조 제1항 제3, 4호에 규정된 사건에 민법 제766조 제1항의 '주관적 기산점'이 적용되도록 하는 것은 합리적 이유가 인정된다.

결국, 민법 제166조 제1항, 제766조 제2항의 객관적 기산점을 과거사정리법 제2조 제1항 제3, 4호의 민간인 집단희생사건, 중대한 인권침해 · 조작의혹사건에 적용하도록 규정하는 것은, 소멸시효제도를 통한 법적 안정성과 가해자 보호만을 지나치게 중시한 나머지 합리적 이유 없이 위 사건 유형에 관한 국가배상청구권 보장 필요성을 외면한 것으로서 입법형성의 한계를 일탈하여 청구인들의 국가배상청구권을 침해한다.

### 나. 대법원 2013. 7. 12. 선고 2006다17539 판결

민법 제766조 제1항은 불법행위로 인한 손해배상청구권은 피해자나 그 법정대리인이 그 손해 및 가해자를 안 날부터 3년간 이를 행사하지 아니하면 시효로 소멸한다고 규정하고 있다. 여기서 '손해 및 가해자를 안 날'이란 피해자나 그 법정대리인이 손해 및 가해자를 현실적이고도 구체적으로 인식한 날을 의미하며, 그 인식은 손해발생의 추정이나 의문만으로는 충분하지 않고, 손해의 발생사실뿐만 아니라 가해행위가 불법행위를 구성한다는 사실, 즉 불법행위의 요건사실에 대한 인식으로서 위법한 가해행위의 존재, 손해의 발생 및 가해행위와 손해 사이의 인과관계 등이 있다는 사실까지 안 날을 뜻한다(대법원 2011. 3. 10. 선고 2010다13282판결 등 참조). 피해자나 그 법정대리인이 손해 및 가해자를 현실적이고도 구체적으로 인식한 날을 의미하며, 그 인식은 손해발생의 추정이나 의문만으로는 충분하지 않고, 손해의 발생사실뿐만 아니라 가해행위가 불법행위를 구성한다는 사실, 즉 불법행위의 요건사실에 대한 인식으로서 위법한 가해행위의 존재, 손해의 발생 및 가해행위와 손해 사이의 인과관계 등이 있다는 사실까지 안 날을 뜻한다.

### 다. 소결

위 대법원과 헌법재판소의 법리에 의하면, 부마민주항쟁 피해자들에게는 10년의 장기소멸시효가 적용되지 않고(피해자가 석방된 1979년 당시 국가를 상대로 손해배상청구 소송을 제기할 수 있었다고 한다면 이는 당시 상황에 비추어 볼 때 허무맹랑한 이야기임에 틀림없다), 3년의 소멸시효만이 적용되는데. 그 3년의 기산점, 즉 "손해 및 가해자를 안 날"을 언제로 삼을 것인가 하는 점이 최근 부마민주항쟁과 관련된 일련의 판결에서의 핵심쟁점으로 떠올랐다.

## 3. 2010. 5. 25.자 진실규명결정을 부마민주항쟁 관련자들 전원에 대한

**소멸시효의 기산점으로 적용할 수 있는지 여부**

**가. 문제의 제기**

위와 같은 대법원과 헌법재판소 판례의 취지에 비추어보면, 부마민주항쟁의 피해자들도 부마민주항쟁법에 의하여 설치된 부마항쟁위원회가 해당 부마민주항쟁 관련자를 피해자로 결정한 날로부터 3년 이내에 손해배상청구를 제기하면 소멸시효가 완성되지 않는다고 할 것이다.

그러나 최근 부산지방법원은 부마항쟁 피해자가 제기한 소송에서 **해당 소 제기자에 대한 결정일이 아니라 2010. 5. 25.자 진실규명결정문에 근거하여** 이때로부터 3년을 도과하여 소가 제기되었다는 이유로 해당 원고들의 청구를 기각하였고, 연이어 부산지방법원 서부지원 역시 2010. 5. 25. 국가적 차원에서 과거사정리법에 따라 부마민주항쟁에 대한 진실규명결정이 있었다는 이유로 위 2010. 5. 25.을 소멸시효의 기산점으로 삼았다.

2010. 5. 25.자 진실규명결정은 차○○ · 이○○이 부마항쟁위원회 설립 전에 과거사정리위원회에 신청한 것에 대한 결정으로, 당연히 위 결정문은 신청인인 이○○ 등에게만 송달되었고, 다른 부마관련자들은 전혀 이를 송달받지도 못하였다. 피해자 자신이 부마관련자인지를 알아야 손해배상청구를 할 수 있음에도 불구하고, 다른 사람에 대한 진실규명결정일로부터 소멸시효가 진행된다는 판결은 소멸시효 법리 및 위 대법원, 헌법재판소의 판례취지

에도 반한다.

### 나. 부산지방법원 동부지원 2019. 6. 5. 선고 2018가합106394 판결

위와 달리 부산지방법원 동부지원은 부마민주항쟁 피해자의 손해배상청구 기산점을 2010. 5. 25.이 아닌 해당 원고(피해자)가 부마항쟁위원회로부터 진실규명결정을 받은 2015. 10. 26.로 삼았다는 점에서 뜻깊다.

[부산지방법원 동부지원 2019. 6. 5. 선고 2018가합106394 판결]

불법행위를 원인으로 하는 국가에 손해배상청구권은 손해 및 가해자를 안 날로부터 3년간 행사하지 아니하면 시효로 인하여 소멸하는데(국가배상법 제8조, 민법 제766조 제1항), 위 인정 사실 및 피고가 제출한 증거들만으로는 원고 A가 징집면제처분을 받은 1980. 2.경부터 이 사건 진실규명결정일인 2010. 5. 25.까지 그 손해 및 가해자를 알았다고 인정하기에 부족하고 달리 이를 인정할 증거가 없다. 오히려 원고 A의 경우 부마항쟁심의위원회로부터 부마민주항쟁 관련자로 인정받은 이 사건 결정일인 2015. 10. 26.에 손해 및 가해자를 구체적으로 알았다고 봄이 상당하고, 이 사건 소는 그로부터 3년 이내인 2018. 10. 11. 제기되었음은 기록상 명백하다.

### 다. 소결

부마민주항쟁 특별법의 입법 취지, 10.16 국가기념일 제정 취지, 소멸시효제도의 일반적인 법리, 대법원과 헌법재판소의 판례에 반하는 2010. 5. 25.자 소멸시효 적용은 너무나 부당한 것으로 다언을 요하지 않으며, 앞서 본 부산지방법원 동부지원 사건은 현재 항소가 제기되어 부산고등법원에 계류 중이다(참고로 피고 대한민국은 항소하지 않았고, 원고가 위자료가 적다는 이유로 항소하였다). 항소심에서 소멸시효의 기산점을 어떻게 판단할 것인지가 관건이다.

### 4. 향후 개선방안

#### 가. 공소시효 및 소멸시효에 관한 특례법안

고문가혹행위로 인한 피해자 회복을 위한 청구권의 소멸시효에 관한 특례법안(의안번호 1903071호)은, 현재 고문 피해자들은 손해배상 소송 등을 통하여 그 손해를 전보 받고자 하고 있으나 앞서 본 바와 같은 소멸시효 완성을 이유로 기각되는 등 그 전보가 적절히 이루어지지 못하고 있는 실정이므로, 고문 피해자가 고문·가혹행위로 인한 피해와 관련하여 소송을 제기한 경우 그 청구권은 소멸시효가 완성되지 아니하는 것으로 하는 특별 규정을 마련하도록 하였고(안 제2조 및 제3조), 부칙 제2조에서 이 법은 이 법 시행 전에 소멸시효가 완성된 민사적 청구에도 적용한다고

하였다.[1)]

## 나. 결론

머리말에서 언급하였듯이 소멸시효는 권리 위에 잠자는 자를 보호하지 않겠다는 제도이므로, 국가의 반인권적 불법행위로 인한 국가배상소송에서는 애당초 적용될 여지가 없다. 또한 국가가 시효완성을 이유로 책임을 지지 않겠다는 주장은 민법의 대원칙인 신의성실의 원칙에 반하는 권리남용으로서 허용될 수 없으며, 피해자들은 진실규명결정 사실을 알게 되기까지는 그 권리를 행사할 수 없었다고 할 것이다.

과거사 사건과 관련한 국가배상책임의 소멸시효 문제는 대법원이 2013. 5. 16. 선고한 2012다202819 전원합의체 판결(진도 민간인 학살사건)을 기점으로 그 전에는 국가의 소멸시효 항변이 권리남용이라고 본 반면, 이 판결에서 '상당한 기간' 내에 권리행사를 해야 한다고 제동을 걸었으며 그 상당한 기간을 진실규명 결정일부터 3년 내라고 하였다. 위 전원합의체 판결이 나오자 학계에서는 엄청난 비판을 하였는데, 더 나아가 최근 부마민주항쟁과 관련된 일련의 판결은 소멸시효 기산점을 해당 원고가 아닌 최초 피해자가 받은 진실규명 결정일로 보아 위 대법원 전원합의체 판결보다 더더욱 퇴보하였다.

---

1) 김상훈, 「과거사 국가배상사건에서 국가의 소멸시효 항변 제한법리」, 민사법연구, 2014. 12.

이러한 상황에서 2019. 6. 5. 부산지방법원 동부지원에서 "진실규명 결정일"을 "해당 피해자가 부마항쟁위원회로부터 부마항쟁 관련자로 인정받은 날"로 판결한 점은 무척이나 반갑다.

헌법재판소 2003. 5. 15. 선고 2000헌마192 결정에서 권성 재판관의 반대의견을 인용하면서 글을 맺는다.[2)]

*"광풍노도와 같은 시련의 시기가 모두 지나가면 그 와중에서 불운을 겪은 일부 국민들의 상처를 치료하고 보상하여 주는 것은 민주주의를 추구하는 문명국가의 마땅한 의무이고 이러한 의무는 의회와 정부의 책임으로 귀속된다. 전쟁으로 위축되었던 헌정질서를 복구하는 과정에서 의회가 처참한 불운과 불행을 겪은 국민들을 구제하는 입법을 하는 것은 국민을 다시 통합사건 발생 후 50여 년이 경과한 이 시점에서조차 계속 입법을 지연하여 우리 국민의 일부인 이들 피해자나 그 유족들의 고통과 좌절을 방치한다면, 이는 '정의를 부정하는 것(Justice Denied)'과 동일한 '정의의 지연(Justice Delayed)'으로 평가될 것이다."*

2) 정구태 · 김어진, 「국가에 의한 과거의 중대한 인권침해 사건에서 소멸시효 항변과 신의칙」, 『인문사회 21』 제7권 제6호, 2016. 12. 맺음말을 인용하였음.

# 국가기념일 지정 이후 부마항쟁 기념사업의 새로운 과제

정광민(10 · 16부마항쟁연구소 이사장)

## 1. 지금까지의 부마항쟁 기념사업: 회고와 반성

10.16부마항쟁이 국가기념일로 지정되었다. 부마항쟁 발생일로부터 40년 만이다. 1979년 시월항쟁의 횃불을 처음 들었던 사람으로서 감개무량하다. 마음 속속들이 기쁨이 가득하다.[1)]

그런데도 돌아보면 아쉬움이 없지 않다. 국가기념일 지정은 1970년대 말 이후 동시대의 세 민주항쟁 중 가장 늦었다.[2)] 5.18은 1997년에, 6.10은 2007년에 각각 국가기념일로 지정되었다. 10.16은 6.10에 비해 12년, 5.18에 비해 22년이나 늦었다. 부마항쟁은 세 항쟁 중 시기적으로 가장 앞섰지만 기념일의 제도화라는 면에서는 역사의 지각생이 되었다.

부마항쟁은 왜 역사의 지각생이 되었을까? 부마항쟁은 오랫동

---

1) 홍명희 선생의 해방시에 나오는 구절.

2) 1979년부터 1987년까지 '8년'이라는 세월은 한국사에서 전무후무한 격변기였다. 10.16부마항쟁, 5.18, 6.10항쟁은 이 시기에 일어난 주요한 민주화운동이었다. '8년사' 연구만 제대로 되었다고 하더라도 부마항쟁 홀대는 없었을 것이다.

안 '잊혀진 항쟁'이었다. 1989년 이후 부마항쟁 기념사업이란 것은 늘 있었다.[3] 그럼에도 불구하고 부마항쟁은 사람들로부터 잊혔다. 부마항쟁을 아는 사람보다는 모르는 사람이 몇십 배는 더 많을 것이다. 수년 전 한 조사에 의하면 부산대학교 학생들은 5.18은 알아도 10.16은 모른다고 했다. 10.16의 발원지인 부산대조차 이런 실정이다.

필자가 생각하는 문제점은 이렇다. 첫째는 역사적 정체성 문제이다. 10.16부마항쟁은 5.18로 이어지면서 연속하는 역사적 사건의 서막이었다. 부마항쟁이 없었다면 5.18도 없었고 6월 항쟁도 없었다. 한홍구 교수가 적절히 지적한 것처럼 부마항쟁은 한국 민주주의의 디딤돌이었다.

지역적인 맥락에서 보건대 부마항쟁은 부산의 고유한 역사적 자산이다. 부산의 역사적 정체성을 묻는다면 첫 번째로 꼽을 수 있는 것이 부마항쟁이라고 생각한다. 부마항쟁은 1980년대 부산지역 민주화운동의 원형이었다. 부마항쟁은 부산의 6월 항쟁에도 영향을 주었다.[4]

그런데도 사람들은 부마항쟁을 하대했다.[5] 그들은 역사적 자산

---

3) 부마민주항쟁기념사업회 창립 시점은 1989년이다.

4) 고호석 씨의 언론 인터뷰 참조.

5) 필자는 오래전 부마민주항쟁기념사업회 창립을 위해 동분서주할 때 지역의 유력인사들이 보였던 냉소적인 태도를 잊을 수가 없다. 어떤 이는 "그런 걸 만들어서 뭐 하는데?"라고 물었고 어떤 이는 "부마는 별거 아닌데…."라며 고개를 저었다. 아이러니하게도 민주공원이 만들어지자 제일 먼저 관장 자리를 꿰찬 사람들은 이들이었다.

으로서의 부마항쟁의 고유성에 대한 인식이 없거나 불명(不明) 상태였다. 부산에 부마항쟁기념관 하나 없는 것은 우연한 일이 아닌 것이다. 자신의 역사적 정체성을 가질 수 없는 문화적 풍토! 이것이 가장 큰 문제였다.

둘째는 '포괄적' 기념사업론의 문제이다. 부산의 부마항쟁 기념사업에서 일대 사건은 기념사업회의 '명칭 변경' 사건이었다. 1989년 기념사업회 출범 당시 〈부산민주항쟁기념사업회〉란 명칭은 존재하지 않았다. 초창기 기념사업회의 명칭은 〈부마민주항쟁기념사업회〉였다. 그런데 어느 날 〈부마민주항쟁기념사업회〉란 간판은 없어졌다.[6]

새로 간판을 단 부산민주항쟁기념사업회는 '부산지역 민주화운동 전체를 기념하는' 단위로 변질되었다.[7] 달리 표현하면 부산판의 〈민주화운동기념사업회〉가 보수산에서 깃발을 올린 것이다. 이때부터 부산에서 부마항쟁 기념사업은 여러 민주운동 기념사업의 하나로 되었다. 4.19. 5.18. 6.10. 부마항쟁. 그리고 여타의 기념사업들…….

이것이 이른바 포괄적 기념사업이란 것이다. 포괄적 기념사업은 부마항쟁을 매몰하는 효과를 가져왔다. 부산의 고유한 역사자산 혹은 상징적인 역사브랜드가 묻혀버렸다는 의미에서 그렇다. 부산에서 '부마항쟁'이란 간판이 내려졌다는 것은 두고두고 심중한

---

6) 현재 〈부마민주항쟁기념사업회〉 간판은 창원의 10.18 주체들이 사용 중이다.
7) 이명곤의 "부산지역 민주화운동 기념사업과 지역문화"(2004) 참조. 차성환도 포괄적 기념사업론을 개진한 바가 있다.

문제였다.

셋째는 항쟁의 주역들을 주체화하지 못한 문제가 있다. 부마항쟁 관련자들은 지난 40년간 자신들의 조직조차 변변하게 꾸리지 못했다. 그도 그럴 것이 상당한 기간 동안 부마항쟁법 하나 제대로 없었고, 진상규명은 지체되었다. 부마항쟁 피해자들은 점점이 산재하면서 각자도생하는 처지에 있었다. 지난 40년간 어떤 기념사업이든 항쟁의 당사자가 주인공으로 참여한 경우는 드물었다. 부마항쟁의 주역들은 다수가 소외되었다.

## 2. 국가기념일 지정이 의미하는 것

부마항쟁은 민주화 관련 국가기념일로서는 일곱 번째다. 3.15를 비롯하여 최근 국가기념일로 지정된 2.28이나 3.8은 넓은 의미에서 4.19와 관련된 것이다. 이렇게 본다면 4.19 계열의 민주화운동 기념일이 4개이다. 4.19 계열 이외로는 5.18, 6.10, 부마항쟁이 있다. 문재인대통령의 헌법 전문 개정안에 포함된 5.18과 6.10 그리고 부마항쟁까지 모두 국가기념일로 지정된 것이다.

지금까지 10.16부마항쟁은 일부의 사람들 사이에서 4대 민주항쟁의 하나로 이야기되어왔지만 실제는 달랐다. 민주항쟁으로서의 역사적 평가, 제도적 기반, 그리고 관련자에 대한 예우라는 점에서 부마항쟁은 4대항쟁으로서의 내실을 갖지 못했다. 부마항쟁은 '창밖의 남자'였다. 4대항쟁이라고 하기에는 존재감이 약했다.

〈표1〉 민주화 관련 국가기념일 현황

| | 기념일 | 날짜 | 주관부처 | 지정연도 |
|---|---|---|---|---|
| 4.19 | **4.19혁명기념일** | 4. 19. | 국가보훈처 | 1973년 |
| | 2.28민주운동기념일 | 2. 28. | 국가보훈처 | 2018년 |
| | 3.8민주의거기념일 | 3. 8. | 국가보훈처 | 2018년 |
| | 3.15의거기념일 | 3. 15. | 국가보훈처 | 2010년 |
| 5.18 | **5.18민주화운동기념일** | 5. 18. | 국가보훈처 | 1997년 |
| 6.10 | **6.10민주항쟁기념일** | 6. 10. | 행정안전부 | 2007년 |
| | **부마민주항쟁기념일** | 10. 16. | 행정안전부 | 2019년 |

이런 상황에서 10.16이 법정기념일이 되었다. 국가기념일 지정은 부마항쟁의 위상을 제고(提高)하는 데 일조할 수 있을까? 필자는 그렇다고 답하고 싶다. 무엇보다 부마항쟁은 전국성(全國性)을 가지게 된다. 기념일 지정 이후 부마항쟁 기념사업은 전국적 범위에서 이루어진다. 부산, 창원(마산)만이 아니라 광주에서도 서울에서도 부마항쟁 기념사업을 개최할 수 있다.

부마항쟁은 시민학생의 직접 행동이 만들어낸 반유신의 민주화운동이었건만 이상하게도 대한민국의 역사로서 잊히고 말았다. 국가기념일 지정은 잊어버린 대한민국의 역사를 찾는 일이다. 잊음에서 기억으로! 그를 통해 우리를 새롭게 하고 나라를 새롭게 하는 것이다. 이것이 기념일 제정의 참된 의미일 것이다.

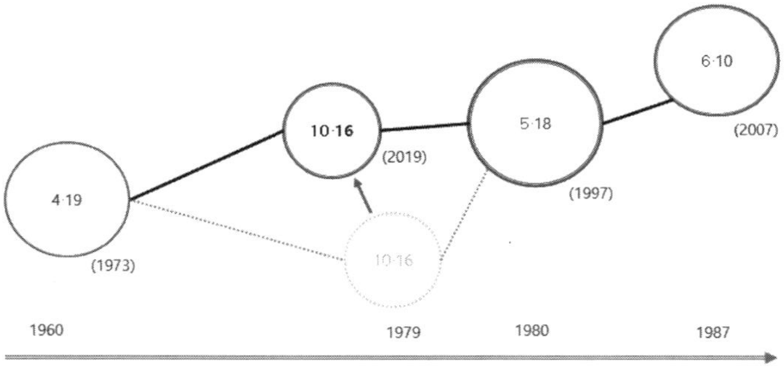


〈그림1〉 국가기념일 전후의 부마항쟁의 위상

### 3. 부마항쟁 기념사업의 새로운 과제

부마항쟁 기념사업은 달라져야 한다. 지금까지 부마항쟁 기념사업은 대체로 '부마' 없는 부마기념사업이었다. 부마관련자들은 어쩌다가 민주공원에 가보고는 크게 실망하고 돌아서는 경우가 많은데, 이구동성으로 하는 이야기가 있다.

"부마를 느낄 수 없었다."

'부마'라고 하는 것은 항쟁의 주역들이 갖는 '부마의 기억'일 터이다. '부마'가 없다는 것은 10.16부마항쟁의 '주체'가 없다는 이야기이기도 하고 당사자들이 느끼는 '시월정신' 같은 것이 없다는 것이기도 하다.

부마항쟁 기념사업은 이 지점에서 새로운 길을 찾아야 한다. 부마항쟁 기념사업에서 포괄주의는 더 이상 통용되지 않는다. 부마항쟁은 대한민국의 역사이자 부산의 고유한 역사브랜드이다.

이제부터 부마항쟁 기념사업은 '10.16'을 온전히 드러내는 방향으로 진행되어야 한다. 그러기 위해서는 다음의 요구를 적극적으로 고려해야 한다. 첫째는 부마항쟁기념관을 건립하는 것이다. 부산에 부마항쟁기념관이 하나 없다는 것은 말이 안 된다.[8)] 혹자는 민주공원이 있지 않는가 하고 반문할지 모른다. 민주공원은 포괄적인 시민교육의 공간이지 부마항쟁기념관이 아니다. 또 혹자는 부산대의 10.16기념관을 떠올릴지 모르는데 현재의 10.16기념관은 구 대학극장의 간판을 바꾸어 단 것에 불과하다.[9)] 부마항쟁기념관으로서의 내용물은 거의 전무하다. 우리는 범시민적인 10.16 기념관이 있어야 한다고 생각한다.

참고로 이야기한다면 법정기념일로 지정된 민주화운동은 모두 독립적인 기념관을 가지고 있다. 기념일 지정이 비교적 오래된 5.18이나 3.15는 각각 국립묘지가 있고 기념관도 있다. 2.28은 기념일 지정 이전에 국비를 투입하여 기념회관을 건립한 상태이다. 3.8은 현재 기념관 건립을 추진 중에 있다.

둘째, 부산광역시 차원의 각종 '10.16 조례'가 제정되어야 한다. 부끄러운 일이지만 부산에 10.16 조례는 없다. 민주화 관련 조례

---

8) 창원은 10.18기념관을 건립할 수도 있다.

9) 최근 일설에 의하면 부산대는 대학 내에 별도의 10.16기념관 건립을 추진하고 있다고 한다. 부산대의 10.16기념관 건립 문제는 사실관계를 확인해야 할 일인데, 그렇다고 하더라도 시민적인 부마항쟁기념관 건립의 필요성이 부정되는 것은 아니다.

로서는 1999년에 제정된 「부산민주공원 설치 및 관리 · 운영 조례」가 유일했다. 그리고 2017년에 「부산광역시 민주화운동 기념 및 정신계승에 관한 조례」가 제정되었다. 18년 만에 비로소 새 조례가 만들어졌는데 이 또한 포괄주의의 영향을 받은 탓인지 조례의 명칭에 10.16은 없다.

다른 자치단체와 비교해보면 부산시 자치조례의 '역사적 낙후성'을 알 수 있다. 광주광역시에는 5.18 조례가 14개나 있다.[10) ] 제주특별자치도에는 10개의 4.3 조례가 있다. 2.28이나 3.8민주의거와 비교하더라도 부산은 정체성이 약하다. 대구광역시는 「2.28민주운동 사업 조례」가 2005년에 제정되었다. 국가기념일 지정 이후 대구시는 올해 2.28 조례를 '전부 개정'했다. 대전광역시는 국가기념일 지정 이전인 2009년에 「3.8민주의거 기념 조례」를 제정했다.

셋째, 부마항쟁 관련자가 기념사업의 '주체'가 되어야 한다. 앞서 이야기했듯이 부산에서 부마항쟁 기념사업은 오랫동안 '부마 없는 부마기념사업'이었다. 수십 년간 부마항쟁 관련자는 '객(客)'이었다. 그것도 초대받지 못하는……. 초대장을 받더라도 사정은 크게 달라지지 않는다. 어쩌다가 기념사업 행사장에 가보면 무슨 의원이요 무슨 명망가요 하는 사람들이 상석을 차지하고 있다. 정작 관련자는 좌석도 없이 서서 눈만 멀뚱거리다가 돌아오는 일이 다반사다. 부마항쟁 기념사업의 주인은 운동기득권층이었다. 그야말로 주객전도였다. 이제는 달라져야 한다.

---

10) 광주광역시교육청의 5.18 교육활성화 조례, 광산구 · 북구의 5.18 지원 조례를 포함.

〈표2〉 법정기념일의 기념시설 및 조례 제정 현황

| 기념일 | 기념시설 | 조례 제정 |
|---|---|---|
| 5.18 | 5.18국립묘지<br>5.18기념문화관<br>5.18민주화운동기록관 외 10여 개 | 5.18 관련 조례 14개 |
| 3.15 | 3.15국립묘지<br>3.15기념관<br>3.15의거기념탑 | 「창원시 민주화운동 기념 및 지원에 관한 조례」 |
| 2.28 | 2.28기념회관<br>2.18기념공원<br>2.28기념탑 | 「대구광역시 2.28 민주운동 사업 조례」<br>「대구광역시 민주화운동 기념에 관한 조례」 |
| 3.8 | 3.8민주기념관(추진) | 「대전광역시 3.8 민주의거 기념조례」 |
| 10.16 | ? | 「부산광역시 민주화운동 기념 및 정신계승에 관한 조례」 |

## 4. 제언

10.16부마항쟁은 한국 민주주의의 새로운 길을 연 역사적 사건이었지만 잊혔다. 국가기념일 지정은 대한민국의 역사로서 부마항쟁의 위상을 찾는 전환적인 조치이다. 천신만고 끝에 여기까지 왔다.

이 귀한 기회를 놓쳐서는 안 된다. 대한민국의 대표적인 민주화운동의 하나로서 위상을 드높이기 위한 노력이 뒤따라야 한다. 그러기 위해서는 부마항쟁 기념사업의 '주체'를 정비해야 한다. 필자가 생각하는 새로운 주체는 〈10.16기념사업위원회〉이다.

10.16기념사업위원회는 부산의 부마항쟁 기념사업을 꾸리는 조직 주체다.[11] 여기에는 부산의 정 · 관 · 재계, 학계, 시민사회단체, 부마항쟁 관련자가 주요 구성원으로서 참여한다. 10.16기념사업위원회는 10.16기념관 건립, 10.16 조례 제정, 시민교육으로서 부마항쟁 교육프로그램 개발 추진을 주된 임무로 한다.

새로운 기념사업의 주체로서 필자가 크게 기대를 걸고 있는 층은 부마항쟁 관련자이다. 올 연말이면 관련자 인정을 받는 사람은 300명 내외에 달할 것으로 보인다. '부마항쟁 관련자 모임' 같은 것도 생각해볼 수 있다. 이들이 부마항쟁 기념사업의 주체가 된다면 얼마나 좋겠는가!

---

11) 부마항쟁 기념사업의 주체로서 '부마민주항쟁기념재단'이 있다. 재단은 부산과 창원(마산)이 공동으로 사업을 기획 · 집행하는 단위이다. 필자는 재단의 이사로 참여하고 있는데 재단과 관련된 이야기를 하기가 조심스럽다. 부마재단 문제에 대한 논의는 다음 기회로 미루고 싶다.

# 부록

# 부마민주항쟁 탄압 과정에서의 반헌법행위자들

정진태 · 한홍구(반헌법행위자열전편찬위원회)

2017년 10월 발족한 반헌법행위자열전편찬위원회는 대한민국 정부 수립 이후 주요 반헌법행위자들의 행적을 조사하여 열전으로 펴내려는 계획을 세웠다. 위원회는 정부 수립 이후 발생한 수많은 반헌법 사건 중 93개 사건을 엄선하여 사건별로 관련자들의 명단을 작성하여, 그중 헌법 위반 행위가 현저한 것으로 보이는 사람들을 A급으로 분류했다. 이들 A급에 해당하는 405명에 대해서는 그 행적을 상세히 조사하여 반헌법행위자열전 수록 여부를 검토하기 위해 집중 검토 대상자로 분류했다. 부마항쟁의 경우, 위원회는 90여 명의 관련자들을 검토한 결과, 박정희, 차지철, 김근수, 권정달, 최청림 등 5명을 집중검토 대상자로 선정했다. 이 글은 부마항쟁 관련 집중검토 대상자 5인 중 박정희를 제외한 차지철, 김근수, 권정달, 최청림의 부마항쟁 관련 행적을 정리한 글이다. 글 말미에는 위원회가 각종 자료에서 추출한 관련 인사 명단과 간략한 행적을 표로 정리했다. 이들 중에는 계엄령 선포를 반대하거나 연행자를 석방하는 등 긍정적인 역할을 했던 사람들도 포함되어 있다. 본고에서는 부마항쟁 관련 행적만 담았지만, 반헌법행위자열전은 부마항쟁에서의 행적만을 기록하지 않고, 이들이 어떤 과정을 거쳐 부마항쟁을 탄압할 수 있는 지위에 이르게 되었으며, 부마항쟁 탄압

이후 어떤 삶을 살았는지에 대해 출생부터 현재 또는 사망시점에 이르기까지의 일생을 다 담을 예정이다.
본 보고서의 목차는 아래와 같지만, 본고에서는 지면 관계상 **6. 진압 · 수사 관련 인물들의 행위**만을 수록하였다.

목차



## 6. 진압 · 수사 관련 인물들의 행위

### 1) 주요 인물별 행위

#### (1) 박정희

(생략)

### (2) 차지철과 부마민주항쟁

○ 박정권 지도부는 유신 7주년 기념만찬서 노래자랑대회

-1979년 10월 17일 오전 박정희는 金載圭 정보부장, 具滋春 내무장관, 金桂元 비서실장, 유혁인 정무1수석, 高建 정무2수석 비서관들을 불러 전날 있었던 부산 시위에 대해 보고를 들었다. 오후엔 부산에 갔다 온 朴瓚鉉 문교장관으로부터 보고를 받았다. 저녁 6시 청와대 영빈관에선 유신 선포 7주년 기념만찬이 열렸다. 모든 장관들과 유정회 공화당 의원 등 여당권 인사들이 참석했다. KBS 전속악단도 나와 있었다. 식사 뒤의 여흥 시간엔 위키 리가 사회를 보았다. 가수 현인, 백설희, 김정구가 나와 '신라의 달밤' 등 흘러간 옛 노래를 불렀다. 분위기가 무르익어가자 공화 대 유정의 노래 시합이 열렸다. 여흥시간부터 구자춘 내무장관이 박정희에게 부산 시위 항쟁 확대를 보고했다. 이날 박정희는 차지철을 3번 만났다.[1)]

○ 청와대 대책회의 비상계엄 선포

-유신 선포 기념 만찬을 서둘러 끝낸 박정희는 청와대에서 김계원, 김재규, 구자춘, 노재현과 수석비서관들 참석하에 계엄령 선포를 결정하고 육군참모총장 정승화를 불러 계엄선포를 지시했다. 정승화가 계엄사령관에 군수사령관 박찬긍을 추천하자 차지철이

---

1) 조갑제, 『박정희 12』, 조갑제닷컴, 2007, 286쪽

그 자리에서 전화를 해서 정승화에게 건네주었다. 박정희는 생각을 바꿔 정승화의 계엄 선포를 보류시키고 11시에 국무회의를 열어 계엄을 선포하기로 했다.

-박찬긍이 전화 통화에서 부산에는 실병력이 충분치 않다고 하자 박정희는 어느 부대를 신속히 투입할 수 있느냐고 물었다. 정승화가 공수여단이 신속히 투입할 수 있다고 하자, 박정희는 정승화가 아닌 차지철에게 1개 여단을 동원하라고 지시했다. 서울에서 1개 공수특전여단이 부산에 도착한 것은 10.18. 새벽이었다. 아침에는 1개 해병 연대가 도착했고, 10.19.에는 다시 2개 공수여단이 투입되어 계엄병력은 9,100명이 되었다. 경찰병력은 1,800여 명이었다.

부마사태 때 박정희는 육참총장 정승화, 경호실장 차지철이 함께 있는 자리에서 車에게 외쳤다.

"이봐, 공수단을 뽑아 보내."

정승화가 말했다. "각하, 공수단은 육참총장이 지휘하도록 돼 있습니다."

朴대통령은 "그렇던가?" 하면서 씩 웃었다고 한다.

특전사령관 정병주는 자신도 모르게 부대가 부산으로 징발된 뒤 허둥지둥 현지로 날아갔다고 한다.

車는 그토록 엄청난 박정희의 신임이라는 '힘'을 받고 있었지만 외형상 경호실이라는 작은 기구를 움직였으므로 손발이 모자랐다. 힘은 돈을, 돈은 사람을 불러 모았다. "車실장 휘하에 정보처라는 공식기구가 있었지만 인원이나 장비 면에서 보잘것 없었다. 그러다 보니 이규광 팀도 활용하게 되고 국회 야당 공작에는 주로 공화 유정회의 심복 의원을 썼다. 白 文 張 姜 高 尹 李 모의원 등 10여 명의 車실장 직계 인사들은 그 시절 힘과 돈깨나 썼다. 그리고 청와대 비서실이 車실장을 돕고…."(79년 정보부 간부 Q씨 증언)

-김충식, 『남산의 부장들 2』, 동아일보사, 1992, 290쪽

-밤 11:30 국무총리 최규하의 주재로 국무회의가 열려 부산 사태 진압을 위한 계엄령 선포를 논의했다. 김치열 법무장관은 계엄령을 선포하면 정부의 통치능력을 의심받을 수 있다면서 반대 의견을 제시했다. 신현확 부총리가 이에 동조했으나 다른 국무위원들의 이견이 없어 10분 만에 10.18 0시를 기해 비상계엄을 부산지역에 선포한다고 의결되었다. 통일원장관 이용희는 서명을 못 하겠다고 버텼다.[2] 이 비상계엄령 선포는 비상계엄은 전시, 사변에 있어서 적의 포위공격이 있을 때 선포한다는 당시 계엄법을 명백히 위반한 것이었다.

-더욱이 계엄병력은 계엄령이 선포되기 3시간 전이고, 대통령 박정희가 육군참모총장 정승화에게 계엄령 선포를 지시하기 1시

---

2) 조갑제, 『박정희 12』, 조갑제닷컴, 2007, 293쪽

간 전인 8시 30분에 이미 부산시내에 진입하고 있었다. 부산지역 2관구 사령부 소속 병력이 부산 시내인 부산 서면 지하도 부근에 이 시각에 진입한 것이다.(이날 부산진서 상황실 보고) 유신 기념만찬을 서둘러 끝낸 시각이 대략 8시 30분경이었다.

-누구의 지시에 의하여, 어떤 과정으로 부대가 이동하였을까? 육군 군수사령관 박찬긍 중장은 이날 한국을 방문한 대만 장성을 해운대 비치호텔에서 접대하고 밤 9시 30분경 숙소에 돌아왔다. 직후 경호실장 차지철로부터 전화가 와서 청와대에서 부산사태에 대해 협의 중에 있으니 계엄령 선포에 대비해 달라는 메시지였다. 박찬긍은 부산시장, 2관구 사령관, 군수기지사령부 참모장을 사령부로 불러 준비지침을 시달했다.

-중앙정보부장 김재규가 10.18. 새벽 2시에 부산에 도착하여 계엄사령관 박찬긍에게 전달한 박정희의 지시는 "다른 지역에서도 데모의 징후가 보이니 초기에 진압하라"는 것이었다.

○ 10.18. "내가 직접 발포명령을 내리겠다"

-김재규의 항소이유보충서(1980.1.28.)에 의하면, 김재규는 10.18 저녁 박정희가 김계원, 차지철과 저녁식사를 막 마친 식당에서 부산 사태에 대해 보고하면서, "부산사태는 불순세력이나 정치세력의 배후조종이나 사주로 일어난 것이 아니라 순수한 일반 시민에 의한 민중봉기로서 시민이 데모대원에게 음료수와 맥주를 날라다

주고 피신처를 제공하는 등 데모하는 사람과 시민이 완전히 의기투합하여 한 덩어리가 되어 있었고, 수십 대의 경찰차와 수십 개소의 파출소를 파괴하였을 정도로 심각한 것이었다. 체제저항과 정책 불신 및 물가高에 대한 반발에 조세저항까지 겹친 民亂(민란)이며, 전국 5대 도시로 확산될 것으로 보이며, 따라서 정부로서는 근본적인 대책을 강구하지 않으면 안 되겠다"고 말했다. 이에 박정희는 버럭 화를 내면서 앞으로 "부산 같은 사태가 생기면 이제는 내가 직접 발포명령을 내리겠다. 자유당 때는 최인규나 곽영주가 발포명령을 하여 사형을 당하였지만 내가 직접 발포명령을 하면 대통령인 나를 누가 사형하겠느냐"고 화를 냈고.

○ "데모대원 100~200만 명 죽인다고 까딱 있겠나"

-같은 자리에 있던 車 실장은 이 말 끝에 "캄보디아에서는 300만 명을 죽이고도 까딱없었는데 우리도 데모대원 100~200만 명 정도 죽인다고 까딱 있겠습니까" 하는 무시무시한 말들을 했다고 한다.[3)]

○ 박정희 직접 마산 시위 진압 당부

-10.19. 이틀째 마산에서도 격렬한 항쟁이 이어지자 박정희는 부산지구 계엄사령관 박찬긍 중장에게 전화를 걸어 "'마산은 당

---

3) 「김재규 항소이유보충서」(1980. 1. 28). 「김재규에 대한 제2회 오후 공판기록(1979. 12. 8)」, 김재홍, 『박정희 살해사건 비공개진술 전녹음 상』, 동아일보사, 1994, 153~154쪽에도 같은 진술이 있는데 표현은 약간 다르다.

신의 책임 구역이 아니지만, 현지 부대장과 의논하여, 자네의 책임 지역으로 생각하고 도와주라"면서 조속한 시위 진압을 당부했고, 박찬긍은 부산에 내려온 공수특전사 2개 여단 중 1개 여단을 마산으로 급파했다.[4] 마산지역 사단장인 조옥식 소장은 10월 20일 마산지역에 위수령을 발동하였다. 위수령은 해당 지역 시도지사의 요청에 의해 내려지게 되어 있는 것인데, 당시 경남도지사 김성주의 요청 없이 내린 불법적인 것이었다.

○ 부마사태의 원인 조사

-박정희는 10.20.경 공화당 신형식 사무총장에게 "시국 수습에 관한 당 의원들의 의견을 수집 보고하라. 발언 내용에 대한 일체의 책임은 내가 질 테니 정확한 보고를 올려라"고 명령했다. 정보부뿐만 아니라 경찰 검찰 행정 조직 그리고 車智澈의 사적인 정보기관까지 정권의 모든 촉각은 부마사태의 원인 규명과 그 대응책 수립 쪽으로 가동되었다. 김계원은 전 중앙정보부 국내담당 차장보 조일제 의원에게 의견을 물었고, 조일제는 대통령의 공화당적 이탈을 건의했다.[5] 10.22. 중앙정보부 현홍주 기획정보국장이 박정희에게 부마사태 중간보고. 10.24. 안보대책회의에서 유사한 내용 보고.

-공화당 의원들은 박정희의 지시에 따라 이틀간 무역회관 식당

4) 조갑제, 『유고 2』, 1979

5) 조갑제, 『박정희 12』, 조갑제닷컴, 2007, 307쪽

에서 시국대책을 논의했으나, 막판에 보고하지 말라는 지시가 내렸다. 박정희는 이미 부마사태의 원인이 신민당의 선동과 남민전 등 불순세력의 조종에 의한 것이라는 결론을 내려놓고 있었기 때문이었다.

朴대통령의 지시에 따라 공화당은 이틀간 무역회관 식당에서 상임위원회별로 모여 의원들의 시국수습책을 들었다. 식당 문을 닫아걸고 기지들의 출입도 막았다. 신형식 사무총장은 "발언내용은 내가 책임진다"는 朴대통령의 말을 전하고 "한 사람도 빠지지 말고 이야기해야 한다"고 했다. 오랜만에 언론자유를 얻은 여당 의원들은 솔직한 이야기들을 쏟아놓았다.

"정보부장을 바꾸라."

"청와대 비서실을 개편해야 한다."

"후계자를 빨리 부상시켜야 한다는 이야기에 이어 "각하께서 한번 쉬시는 게 좋겠다"는 말까지 나왔다.

申 총장은 이 발언들을 첨삭하지 않고 충실히 기록하여 두툼한 보고서를 만들었다. 청와대로 이 보고서를 가져가기 직전인 24일 대통령 비서실에서 전화가 왔다.

"각하께서 그 보고를 안 듣겠다고 하십니다."

白斗鎭 당시 국회의장은 이 무렵 金載圭의 직접 전회를 받았다.

"부마사태를 조종한 것은 공산계열인 南民戰 조직이라는 증거가 나오기 시작했다"는 내용이었다.

-조갑제, 『박정희 12』, 조갑제닷컴, 2007, 308쪽

-김재규. 79고군형항제550호(사형판결을 받은 후) 항소이유보충서

○ 부마사태 원인을 놓고 김재규와 대립

-김재규는 10.23경부터 신민당 김영삼 체제를 퇴진시키고 정운갑 대행체제를 수립하려는 공작을 재개했다. 김정섭 차장보를 통해 신민당 황낙주 총무에게 연락하고 10.24. 궁정동에서 만나 김영삼과 황낙주가 물러나지 않으면 구속하겠다고 협박했다. 그는 이후락 의원에게 부탁하여 최형우의 당직 사퇴를 설득했다. 이는 모두 사전에 박정희에게 보고되고 지시받은 사항이었다.[6] 김계원은 군검찰에서 "부산사태에 대하여 정보부는 남민전과 반정부 학생들의 조종에 의한 것이라고 보고했으나 박 대통령은 이를 배척하고 신민당이 배후조종한 것이라고 했는데 김재규는 이는 차지철이 각하에게 그렇게 선입견을 갖게 했기 때문이라고 생각했다"고 말했다.

문: 차지철 경호실장과 김재규와의 관계를 아는 대로 진술하시오.

답: 두 사람과의 관계는 5.16혁명 이후 각하를 측근에서 가까이 모시던 사람들이라 제 생각으로는 두 사람 간에는 대통령의

6) 조갑제, 『박정희 12』, 조갑제닷컴, 2007, 315쪽

신임을 얻으려고 서로 암투를 하고 있었던 것 같습니다.

두 사람 간의 극도로 관계가 악화된 것은 지난 5월 신민당 전당대회 때 총재선거 시 중앙정보부는 이철승을 총재로 당선시키고자 공작을 하고 있었는데 여기에 차지철이 별도로 신민당 신도환 의원을 통해 이철승 당선 공작을 벌이게 되었으므로 중앙정보부는 각하의 지시로 중도에서 공작을 중단하게 되었는 바 결국 신도환의 이철승 지지가 지연되므로 총재선거에서 탈락되어 차지철이 비난을 받아야 할 터인데 모든 비난이 중앙정보부에 집중되었으므로 차지철과 김재규는 서로 악화가 되었습니다. 또한 신민당 총재 김영삼 제명 후 법적으로 정운갑이 총재권한 대행으로 법원결정이 되자, 차지철은 정운갑이가 리더십이 있다고 생각했고 김재규는 좀 약하다고 생각되어 별도의 지원공작을 벌였으며, 특히 지난 10.26 부산에서 발생한 소요사태에 관하여 차지철은 각하에게 신민당이 배후조종한 폭동이라고 해서 선입견을 갖게 하고 중앙정보부는 조사결과 신민당이 아니고 남조선민족해방전선등 불온단체와 일부 반정부 학생들이 가담했다고 보고했으나 각하로부터 거절당하고 오히려 야단을 맞게 되자 김재규는 그 원인이 차지철의 농간에 의한 것이라고 눈치 채고 분노가 극도에 달한바 있습니다.

-「김계원 피의자신문조서 제1회」(1979. 11. 17)

○ 10.26에 이르는 과정

-10.24. 박정희는 車智澈 경호실장을 오전 9시 53분부터 10시

55분까지 만나는 것으로 日課(일과)를 시작했다. 그 직후 金載圭 부장을 불러 32분간 보고를 받았다. 朴대통령은 오후 2시엔 조지 볼 前美국무차관의 예방을 받았다. 오후 4시 50분부터 6시까지 金桂元 비서실장, 유혁인 정무1수석, 申植秀 특보, 김기춘 검사를 불러 시국대책에 대해서 논의했다. 이들은 오후 6시부터 저녁식사를 시작했다. 오후 6시 10분에는 면담신청을 했던 박종규가 합류했다.[7]

-10.25. 박정희는 9:40~10:15 사이 차지철로부터 시국에 대한 동향을 보고받는 것으로 일과를 시작했다. 그 직후 황낙주 의원을 접촉하고 있던 박종규 의원을 23분간 만났다. 오전 11시 김용식 주미대사가 출국인사차 朴대통령을 방문했다. 金대사를 위해서 점심식사를 마련했고 金桂元 비서실장, 崔洸洙 의전수석, 유혁인 정무수석, 그리고 박진환 별보좌관이 늦게 참석했다. 오후에 안보대책회의, 오후 4:50~5:38 동안 김재규 보고. 오후 5:38~6:12 최규하 총리 보고. 새벽 2시에 박종규 의원에게 전화하여 신민당 문제와 관련하여 내일 다시 이야기하자고 당부했다.

-박종규는 김영삼의 퇴진을 요구했고 황낙주는 긴급조치 9호 해제와 민주화가 선행되어야 한다는 김영삼의 뜻을 전달했다고 보고했다. 박종규가 나오는데 차지철이 김재규를 경질한다는 말

---

7) 조갑제, 『박정희 12』, 조갑제닷컴, 2007, 315쪽

씀은 없었느냐고 물었다.

金총재를 만나고 나온 黃의원은 朴의원에게 "金총재도 난국 수습엔 동감이다. 긴급조치 9호의 철폐와 민주화추진은 선행돼야 한다. 야당분열 공작도 중단돼야 한다"는 뜻을 전했다. 박종규는 朴대통령을 만난 자리에서 金泳三의 뜻을 전했다. 朴鐘圭는 생전에 "박 대통령께선 金총재가 제시한 조건을 거의 긍정적으로 받아들였다"고 말한 바 있다.

朴대통령은 "단, 앞으로 질서파괴와 폭력을 수반하는 불법행위는 없어야 한다"고 친필로 메모를 해주었다는 것이다. 박종규가 대통령 집무실에서 나오는데 입구에 車智澈 경호실장의 보좌관이 기다리고 있다가 "실장님이 점심을 대접하고 싶다고 하십니다"고 했다. 朴 의원은 "시간이 없으니 차나 한잔 들고 가자"면서 경호실장실로 들어갔다. 車실장은 朴의원을 '실장님'이라고 부르면서 깍듯이 대했다.

"이틀 동안 각하와 무슨 말씀을 나누셨습니까."

"중요한 이야기는 하나도 없었어."

朴의원은 퉁명스럽게 하대하는 말을 했다.

"혹시 金載圭 정보부장을 바꾸겠다는 말씀은 안 하셨습니까."

朴鐘圭는 '金과 車의 불화가 이 정도로 깊은가' 하고 탄식했다고 한다 박종규는 車를 높게 평가하지 않고 있었다. 그를 부하로 데리고 있을 때 그의 성품을 간파했기 때문이다.

-조갑제, 『박정희 12』, 조갑제닷컴, 2007, 317쪽

-10.25. 오후 청와대 소접견실에서 부마사태 관련 안보대책회의가 열렸다. 崔圭夏 총리, 金載圭 정보부장, 具滋春 내무장관 등 안보관련 책임자들이 참석한 가운데 玄鴻柱 정보부 企政국장이 종합보고를 했다. 玄 국장의 보고 중에 사태의 원인으로서 '장기집권'을 지적하는 내용이 나오자 朴 대통령은 "정부의 失政보다는 金泳三이의 영향이 더 크다"고 논평했다.

-이날 오전 8시 30분부터 오후 1시 30분 사이 수도경비사령부에서는 공안관계 각 시도 기관장들을 소집하여 시국문제에 대한 설명회를 가졌다. 李在田 경호실 차장과 청와대 金其春 검사가 나와서 서울 지역에서 시위가 일어날 경우의 대비책을 설명하고 부대에선 시위 진압을 시범했다. 이 모임에는 중앙정보부 지부장들도 참석했다.

-정보부장 김재규는 이날 오전 11시 20분부터 30분간 안전국장 김근수로부터 부마사태에 대한 수사상황을 보고받았다. 안전국장은 '反유신 및 총화저해사범'에 대한 수시를 담당했으며 부마사태가 터지자 부하 30명을 현지에 내려 보내 수사를 지휘하고 있었다. 그는 부마사태에서 신민당의 개입 여부에 대한 수사상황을 보고했다. 신민당 지구당의 선전 · 총무 · 부위원장급들을 검거하여 조사하라는 청와대 지시가 있었기 때문이었다. 金載圭 부장은 보고를 받는 자리에서 金국장에게 "청와대가 입수한 첩보라는데 오

는 10월 29일 전국적으로 대학가에서 시위가 벌어질 것이라 하니 정보 수집에 만전을 기하라"고 지시했다.[8)]

### (3) 김근수와 부마민주항쟁

○ 반유신 사범 수사중 부산 급파

-부마항쟁 직전까지 중앙정보부 안전조사국장 김근수는 '반유신 및 총화 저해사범'을 수사 중이었다. 10월 16일부터 벌어진 부산지역의 유신정권 반대 대중시위가 점차 격화되어 10월 17일 수만 명의 시위대가 야간에 부산의 관공서, 언론기관이 공격을 가하는 등 더욱 격렬해지자 박정희 정권은 18일 0시를 기해 당 부산지역에 비상계엄을 선포했다. 김근수는 수사 전문요원 30여 명과 함께 부산으로 급히 내려와 계엄사령부 합동수사본부를 실질적으로 지휘했다. 그는 불순분자들의 배후조정에 의한 폭동으로 규정하고 수사했으며 그 배후에 남민전이 있는 것으로 조작하려고 수사 방향을 잡았다.

-김근수는 권정달 합동수사단장(당시 부산보안대장)에게 남민전 조직도를 제시하면서 "부산 소요사태에 남민전 관련자가 배후조종했을 것으로 보인다. 여기에 맞춰 수사를 해주십시오."라고 말했다.[9)] 계엄사는 시위현장에서 1,563명을 영장 없이 연행하고 폭

8) 조갑제, 『박정희 12』, 조갑제닷컴, 2007, 316쪽
9) 진화위, 「부마항쟁과정에서 발생한 인권침해」, 『보고서 9권』(2010년 상반기 보고

행을 가했다.

-합수부는 수사결과를 이에 맞추기 위해 연행자들에게 폭행과 고문을 가했다. 부산대에서 10.15. 1차 선언문을 배포했던 이진걸(공대)은 "배후를 대라, 신민당이냐, 남민전이냐, 중부교회냐?"라는 추궁을 받으며 두 차례 통닭 고문과 여덟 번의 물고문을 받았다. 태백산맥서점 주인 노승일과 남사당주점 부인 조미화, 이진걸의 팀원 황선용도 고문을 받았다. 황선용은 투신자살을 시도했으나 미수에 그쳤다.[10] 부산대 10.16.의 2차 시위를 주도한 정광민(경제과 2년)은 10.19. 자수했는데, 당시 수사관들이 "수도공사"라고 부르던 물고문을 세 번째 받고는 경련이 일고 파랗게 되어 대동병원에 입원했다. 부산대 3년 권영일도 고문을 이기지 못하고 시멘트 모서리에 머리를 박고 자살을 기도했다.[11] 서울에서 내려온 외국어대 휴학생 황성권은 남민전 사건 관련자인 박미옥(외국어대생)과의 관계를 자백하라면서 어깨 꺾기 고문, 욕조에 눕히고 얼굴에 수건을 덮고 고춧물을 붓는 물고문을 받았는데 "서울에서 남민전 전문가들이 온 뒤로 차원이 다른 본격적인 고문을 받았다"라고 한다.[12] 고려대 법대생 김종철은 부산 보안대에서 구타당해 온몸이

---

서), 444쪽. 권정달은 진화위 진술에서, "당시 중정 모 국장이 대머리로 기억하는데 나에게 부마사태의 배후세력으로 남민전을 짜 맞추라는 식으로 요청을 하였다"라고 말했다. 김근수 국장이 대머리였다.

10) 조갑제, 『유고 2』, 98쪽

11) 조갑제, 『유고 2』, 99쪽

12) 조갑제, 『유고 2』, 100~103쪽

피투성이가 된 뒤 부산시경으로 옮겨졌다. "부산시경 수사관들은 서툴렀는데 2~3일 후 치안본부 남민전 수사팀이 왔다, 내 옆방에 부산대 앞 서점 사람이 전기고문을 받았는데 그때 내는 소리는 사람의 소리가 아니었다."라고 말했다.[13)]

-김근수는 10.25. 오전 중정부장 김재규에게 수사상황을 보고했다. 그는 부마사태에서 신민당의 개입 여부에 대한 수사상황을 보고했다. 신민당 지구당의 선전 · 총무 · 부위원장급들을 검거하여 조사하라는 청와대 지시가 있었기 때문이었다. 金載圭 부장은 보고를 받는 자리에서 金 국장에게 "청와대가 입수한 첩보라는데 오는 10월 29일 전국적으로 대학가에서 시위가 벌어질 것이라 하니 정보 수집에 만전을 기하라"고 지시했다.[14)]

-10.25. 오후 청와대 소접견실에서 부마사태 관련 안보대책회의가 열렸다. 崔圭夏 총리, 金載圭 정보부장, 具滋春 내무장관 등 안보관련 책임자들이 참석한 가운데 玄鴻柱 정보부 企政국장이 종합보고를 했다. 玄 국장의 보고 중에 사태의 원인으로서 '장기집권'을 지적하는 내용이 나오자 朴 대통령은 "정부의 失政보다는 金泳三이의 영향이 더 크다"고 논평했다.

-만약 박정희가 10월 26일 사망하지 않았다면, 타지역에서 반

---

13) 부마민주항쟁기념사업회 편, 『부산민주항쟁 10주년 기념자료집』, 206쪽

14) 조갑제, 『박정희 12』, 조갑제닷컴, 2007, 316쪽

유신 시위가 재연되었고, 김근수의 지휘하에 무자비한 고문과 가혹행위에 의한 조작 수사에 의해 "남민전 조직이 북괴의 지시를 받아 박정희 '합헌 민주정부'를 전복시키려고 무장봉기를 획책한 것"이라고 발표되었을 것이다.

### (4) 권정달과 부마민주항쟁

○ 부마항쟁에서 권정달이 수행한 역할

-권정달은 부마항쟁 발발 당시 부산지구 보안부대장이었는데 항쟁 발발 후 10월 18일 '부마사태 합동수사단장'에 임명되어 '시위 주동자 및 각종 범법자 색출'을 위한 합수단의 활동을 지휘하였다. 이 과정에서 대규모 불법 체포, 고문과 폭행을 동반한 조사, 사건 조작 등이 자행되었는데 합수단 단장으로서 권정달은 이 모든 과정에 대한 총책임자의 역할을 수행하였다.

○ 관련 자료

• 1978년 부산지구 보안부대장

-권정달은 1978년 부산지구 보안부대장직을 맡아 부산으로 내려갔는데, 당시 중앙정보부장이던 김재규가 보안사령부의 기능을 약화시키기 위해 "보안사가 민간에 대한 정보 보안활동을 일절 못하도록 하고 군과 관련된 정보수집만 하도록 제한"했기 때문에 보안부대 기능이 축소돼 예전에 비해 "크게 할 일이 없었다"고 한다. 권정달은 1979년 후반기 군무원 임재두를 시켜 부산지역 대학생

들 동향과 여론을 파악해 오게 했는데 부산 지역 민심이 4.19 이전과 유사하다는 보고를 받았다고 한다. 마침내 부마항쟁이 일어나자 차지철이 비상계엄 선포와 군을 동원한 진압을 재촉했다고 한다. 이와 관련 권정달은 회고록에서 다음과 같이 진술한다.

> 나는 보안사 근무를 마치고 부마사태가 일어나기 전인 1978년 부산지구 보안부대장을 맡아 내려갔다. 내가 부산으로 내려가기 전 현지 보안부대는 '삼일공사'라는 별칭으로 상당한 권력을 행사하고 있었다. 이 때문에 삼일공사는 부산 시민들이 그 이름만 들어도 겁먹을 정도로 공포의 대상이었다.
>
> 내가 부임하던 시점에 전임 보안부대장은 부대를 교외인 망미동으로의 이전 사업을 마무리하고 있었다. 그 무렵 중앙정보부장은 김재규였다. 그는 보안사령부의 기능을 약화시키기 위해 정보업무규정을 개정하는 작업을 벌였다. 보안사가 민간에 대한 정보보안활동을 일절 못하도록 하고 군과 관련된 정보수집만 하도록 제한했다. 보안사의 정보수집 기능을 제한하는 업무규정을 조정하는 작업은 당시 젊은 검사 출신으로 중정 5국장이었던 김기춘 현(現) 청와대 비서실장이 수행했다.
>
> 이런 상황과 맞물려 부산에 내려가 보니 보안부대 기능이 축소돼 과거의 '삼일공사'가 권력을 휘두른 때에 비해 크게 할 일이 없었다. 하루는 부산에 있었던 해역사령관(제독) 일행과 골프를 치러나갔다가 간첩선이 나타났다는 무전 연락을 받았다. 무전 내용은 우리 해군 PK고속정이 간첩선을 잡았다는 것이었다. 그래

서 급히 부대로 돌아와 보니 상황은 이미 종료돼 있었다. 얼마 후 간첩작전 전공자 시상식이 있었다. 그 자리에 나가봤더니 해군 해역사령관이 가장 큰 전공으로 상을 받는 것이 아닌가. 이를 보고 속으론 비웃음이 흘러나왔지만 겉으로는 해역사령관에게 "골프를 잘 쳤다고 상 받았느냐"고 농담을 건넨 적이 있다.

그 시기에 부산에는 이학수 공군비행단장의 후임으로 영화배우 신성일 씨 친형인 강신구 장군이 부임해 있었다. 해양경찰대장으로는 염보현 씨(훗날 치안본부장, 서울시장)와 공병단장인 안무혁 씨(훗날 국세청장, 안기부장)도 내려와 있었다.

난 부산 지역의 보안부대장으로서 지역 군 부대장들과 경찰, 정보기관장들과 원활한 업무협조 체계를 유지하면서도 사적으로는 어울려 돌아가며 술도 한 잔씩 하고 서로 가깝게 지냈다. 염보현 해양경찰대장은 사석에서 부산지역이 세 가지 점에서 좋다고 했다. 첫째는 서울보다 공기가 좋고, 두 번째는 생선이 싱싱해 맛있고, 셋째는 높은 사람이 없어서 좋다고 말하던 기억이 난다.

## 들끓는 부산민심, 부마사태 발발

1979년 후반기 난 부산 보안부대장으로서 오랫동안 정보활동을 해온 임재두 군무원을 중심으로 임무를 부여했다. 그 임무는 부산지역 대학생들의 움직임과 여론을 파악해 오라는 것이었다. 이들은 파악된 결과를 일주일에 2번 정도 나에게 보고했다. 수집된 정보들은 대체로 부산 민심이 4.19 직전의 상황과 유사하다는 것이었다.

당시는 김형욱 전 중앙정보부장이 외국에서 실종되고 서울에서는 YH무역 여공들이 신민당 당사를 점거해 농성을 하다가 강제해산 되는 불상사가 있었다. 야당인 신민당 김영삼 총재의 직무가 법원에서 가처분 정지된데 이어 국회에서 의원직까지 제명돼 정국은 그야말로 초긴장 상태였다.

임 군무관 등 보안부대 요원들의 보고에는 부산 산복도로 위에 살고 있는 서민촌 사람들의 생활이 어려운데다 정치적 상황까지 겹쳐 민심이 흉흉하게 나돌고 있었다고 했다.

들끓는 부산지역 민심은 결국 그해 10월 15일 부산대학교에서 민주선언문이 배포되고, 다음 날인 16일 부산대에서 동아대로 시위가 터져 나왔다. 여기에 시민들까지 합세해 40여만 명이 거리로 쏟아져 나오는 사태로 확대됐다. 부마사태의 시발점이었다.

이에 지역 주요 기관장들은 최석원 부산시장실에 모여 대책을 논의했다. 당시 나와 함께 이수영 부산 시경국장, 현지를 관할하는 울산 출신 정성만 2관구사령관도 함께 있었다. 그날 박찬긍 군수사령관은 대만에서 원로장성들이 부산으로 들어오는 바람에 같이 술을 마셔 많이 취해 있던 상태였다.

이날 부산 지역에 계엄령을 선포할 것이라는 박 대통령의 사전 지시를 들었다. 몇 시간 뒤 저녁 차지철 경호실장은 부산지역 주요 기관장들이 다 함께 모여 있던 시장실로 전화를 걸어 비상계엄령을 선포할 것이라고 통보했다. 참석자들은 당황한 낯빛으로 "경비계엄이 아니냐"고 되물었지만 차 실장은 다그치듯 다시 한

번 비상계엄이라고 말했다.

다음 날인 10월 17일 오전 내무장관 구자춘은 18일 0시를 기해 부산지역에 비상계엄을 선포한다고 발표했다. 이와 함께 초동 시위진압 실패 책임을 물어 이수영 시경국장을 해임하고 후임에 육사 8기 송제근을 임명했다. 이때까지만 해도 박찬긍 군수사령관이 계엄사령관을 맡았다.

그런데 비상계엄 선포 하루 만인 19일 차지철 실장이 정성만 2관구사령관에게 전화를 걸어 계엄사령관을 교체해야겠다고 말했다. 차 실장은 화가 단단히 났는지 경고하듯 엄포를 놓았다.

"지금 군을 동원해서 사태를 진압해야지 무엇을 하고 있느냐!"

차 실장의 벼락같은 말에 잔뜩 겁을 먹은 정 사령관이 "큰일 났다"며 급히 나를 찾았다. 그는 "우선 공병단(단장 안무혁)을 부산진역으로 출동시켜 놓았다"고 했다. 그런데 공병단이 들고 나간 장비라고 해봐야 삽이나 곡괭이였다. 난 보안부대 요원들에게 매일 보고를 받았기 때문에 시위 현장 상황을 어느 정도 감지하고 있었다. 하지만 정 사령관은 시위가 얼마나 격렬해지고 있는지 제대로 인지를 못하고 있었다.

"군인들이 나타나면 시위 군중들이 모두 물러갈 것이다."

"사령관님 군중들이 흥분해 있습니다. 군부대가 나타나면 분위기가 오히려 험악해질 수 있습니다."

"그래도 일단 부산진역으로 나가보자."

공병대원들은 이미 역 앞에 대기하고 있었기에 정 사령관의 말에 어쩔 수 없이 따라 나섰다. 헌병 차를 앞세우고 그 뒤를 덮개가 없는 무개 작전 차량에 정 사령관이 타고, 마지막에 내가 탄 짚차가 따라 갔다. 부산 중앙동에 도착해보니 건널목 다리 계단에 사람들이 꽉 차있었다. 군용차를 본 시위 군중의 일부가 화염병을 던지기 시작했다.

청년들이 긴 목봉을 들고 휘두르는 바람에 앞에서 달리던 헌병 짚차가 순식간에 박살이 났다. 무개 짚차를 탔던 정 사령관이 탄 짚차가 공격의 표적이 됐다. 그는 운전병만 남겨두고 내가 탄 차로 갈아탔다. 앞뒤가 가로막힌 상태에서 우리가 탄 짚차는 좌우 충돌 속에 방향을 돌려 아수라장 같았던 시위 현장을 뚫고 겨우 빠져 나올 수 있었다.[15)]

-권정달은 부마항쟁 진압을 위해 3개 공수여단과 포항의 1개 해병여단이 증강 투입되어 시위 · 진압 강도가 높아진 상황에서 경질된 박찬긍 후임으로 계엄사령관에 임명된 정성만 2관구사령관에게 더 이상의 상황 악화를 막으려면 "군복을 벗는 한이 있더라도 발포해선 안" 된다고 조언했다고 한다. 이에 정성만이 "군 병력을 차에서 내리지 못하도록 지시"했으며 "이런 조치로 시위 군중과 계엄군 간에 충돌이 일어나지 않았고 사상자도 발생하지 않았다"는 것이다. 권정달은 "당시 무엇보다 시위 군중이 무장을 하려고 경찰 무기고와 예비군 무기고를 습격했는데 군과 경찰이 죽을 각오로 지켜냈"고 이로 인해 부마항쟁이 "큰 희생자를 내지 않고

---

15) "[권정달 회고록] 5共 비화(秘話) #1-불안한 유신말 정국", 『일요서울』, 2013. 9. 2.

진정됐다. 이는 시위대에 무기를 탈취당하지 않았기 때문에 가능했던 일이다"고 주장한다. 권정달은 회고록에서 이와 관련 다음과 같이 진술한다.

> 부산 지역의 시위가 연일 격화되자 서울의 3개 공수여단과 포항의 1개 해병여단이 증강 투입돼 시위진압 강도도 높아졌다.
>
> 비상계엄이 선포된 지 며칠 안 돼 박찬긍 군수사령관이 계엄사령관직에서 직위 해제되고 정성만 2관구사령관이 계엄사령관으로 임명됐다. 군 병력이 투입된 초기 계엄군은 가위를 들고 와서 말 안 듣는 사람들을 꿇어 앉혀놓고 삭발하는 일까지 있었다. 난 이런 현장을 보고 이래서는 안 된다는 생각이 들어 정 사령관에게 군인들이 트럭에서 내려오지 못하도록 해야 한다고 건의했다.
>
> 그러나 앞서 차지철 경호실장이 박찬긍 전 계엄사령관에게 "필요하면 발포를 해서라도 진압하라"는 지시를 내렸기 때문에 후임인 정 사령관이 이를 무시할 수는 없는 처지였다. 그렇다고 해도 나는 더 이상 상황을 악화시키지 않으려면 시위 군중과 계엄군이 대치하는 일만은 막아야 했다.
>
> "국민의 세금으로 무장한 군인이 국민에게 총을 쏠 수는 없습니다. 우리로서는 군복을 벗는 한이 있더라도 발포해선 안 됩니다."
>
> 결국 정 사령관은 군 병력을 차에서 내리지 못하도록 지시했고, 시위 수준을 지켜보면서 병력을 한 쪽에 집결시켰다가 숙영지로 복귀시켰다.

이런 조치로 시위 군중과 계엄군 간에 충돌이 일어나지 않았고 사상자도 발생하지 않았다. 다만 급한 상황에서 군정비창에 수리하러 온 탱크 한 대를 몰고 무력시위하다가 서면에서 택시를 들이받는 차량 파손 사고가 있었을 뿐이다.

당시 무엇보다 시위 군중이 무장을 하려고 경찰 무기고와 예비군 무기고를 습격했는데 군과 경찰이 죽을 각오로 지켜냈다는 것이다. 부산에서 일어난 시위가 마산으로 번져갔지만 결국 부마사태는 큰 희생자를 내지 않고 진정됐다. 이는 시위대에 무기를 탈취당하지 않았기 때문에 가능했던 일이다.[16]

-그러나 이러한 권정달의 주장은 '부마민주항쟁진상규명 및 관련자명예회복심의위원회'에서 작성해 2018년 7월 6일 국회 제42차 본회의에 제출한 「부마민주항쟁 진상조사보고서(안)」(이하 「부마보고서」)의 내용과 정면으로 배치된다. 부마민주항쟁이 처음 일어난 부산에서는 경찰의 시위 진압 노력에도 불구하고 시위가 격렬해지자 경찰이 "점차 시위대에 가혹하게 대응하기 시작하였다. 경찰은 시위대를 폭행하는 한편, 일반 시민을 시위대로 오인하여 체포하기도 하였다."[17] "효과적으로 시위를 진압할 수 없게 되자 경찰은 당시 진압 수칙에 경찰봉을 사용할 때에는 상대편의 어깨

---

16) "[권정달 회고록] 5共 비화(秘話) #2-10.26사건 이후 군부 분열", 『일요서울』, 2013. 9. 10.

17) 부마민주항쟁진상규명 및 관련자명예회복심의위원회, 『부마민주항쟁 진상조사보고서(안)』, 2018(이하 「부마보고서」), 149쪽

아래를 가격하도록 되어 있었음에도 불구하고, 무차별적으로 시위대를 폭행하며 시위를 진압하고자 하였다. 경찰의 무자비한 폭행으로 인해 부상자 대부분은 머리 부분에 부상을 입었다."[18] 그런데 부산에 불법적으로 투입된 계엄군은 권정달의 주장과는 달리 "경찰보다 더욱 강경하게 시위를 진압하기 시작"했다는 것이다.[19]

-즉 "시위 군중과 계엄군 간에 충돌이 일어나지 않았고 사상자도 발생하지 않았다"는 권정달의 주장과는 달리 시위 진압에 투입된 계엄군은 시위대를 무차별적으로 폭행하였고 심지어 시위와 관계없는 일반 시민들까지 구타하였다고 한다. 이로 인해 일부 시민들이 심각한 중상을 입게 되었다는 것이다. 부산지구 보안부대장이자 부마항쟁 발발 후 '부마사태 합동수사단장'이 된 권정달이 이러한 계엄군의 폭력적인 진압행위와 피해상황을 몰랐을 리 없기 때문에 회고록에서 진술한 것은 가해자 진영의 책임 있는 지위에 있던 자신을 정당화하기 위한 거짓말일 개연성이 크다.

-다음은 「부마보고서」의 관련 내용이다.

> 10월 18일 0시를 기해 비상계엄이 선포되고, 계엄군이 시위를 진압하면서 부상자는 더 많이 발생하였다. 부산시의 부상자 통계

18) 「부마보고서」, 161쪽. 10월 16일과 17일 양일간에 걸친 경찰의 무자비한 진압에 대해서는 「부마보고서」, 161~163쪽 참조

19) 「부마보고서」, 153쪽

에 따르면 16일에서 19일 사이에 197명이 부상을 입었다. 그 중 경찰 부상자 117명(약 88%)은 16일과 17일의 시위 진압 과정에서 부상을 입었으나, 시민과 학생 부상자의 약 66%는 계엄군이 주둔한 18일 이후에 부상을 입었다.

계엄군은 진압 작전의 유의사항으로 급소 부분의 가격이나 해산된 시위대를 추격하여 구타하는 행위 등은 금지되어 있었음에도, 계엄군은 이를 무시한 채 무차별적으로 시위대를 폭행하였고 도망치는 시위대를 쫓아가서 시위와 관계없는 일반 시민들까지 구타하였다.

공수특전여단은 평소 시위 진압을 목적으로 훈련을 받아왔으나, 해병대는 시위 진압을 위한 부대는 아니었다. 그러나 공수특전여단과 해병대는 모두 개머리판으로 시위대를 구타하는 등 시위 진압에 있어서 큰 차이를 보이지는 않았다. 다만 당시 탄약 지급 현황을 보면 공수부대에는 최루탄만 지급이 되었고, 해병대에는 4,000발의 공포탄이 지급되었다.

계엄군의 강경 진압으로 인해 다수의 사람들이 부상을 입었고, 부상당한 시민들의 대부분(80% 이상)은 머리에 상처를 입었다.

전병진(금은세공업체 종업원)은 10월 18일 19시경 퇴근길에 시위대에 합류하여 서면로터리 인근에서 시위를 하다가 이를 진압하는 계엄군에게 개머리판으로 구타당하여 치아 다섯 개가 부러졌고, 머리뼈에 골절이 생기는 부상을 입었다.

신희철(회사원)은 10월 18일 20시경 퇴근길에 시위 군중을 만나 함께 행진하다가 20시 50분경 계엄군을 피해 충무동 2층 상록다방으로 피신하였으나, 쫓아온 계엄군 3~4명에게 개머리판과 진압봉 등으로 온몸을 구타당하고 두개골이 함몰된 채 쓰러졌으며, 뇌좌상 및 뇌경막 손상을 당해 수술을 받았다.

김재용(대광화학 실험실장)은 시위에 참여하지 않았으나 계엄군에게 폭행당했다. 남포동 소재 향촌다방에서 약속이 있어 기다리던 중, 시위대를 쫓아 다방으로 들어온 계엄군 4명에게 개머리판으로 왼쪽 머리와 온몸을 폭행당하여 부산대학병원으로 이송되었으며, 3일 후 혼수상태에서 깨어나 이후 6개월가량 입원 치료를 받았다.

신정규(무직)도 남포동 동명극장 앞에서 계엄군 7~8명에게 아무런 이유 없이 구타당하였고, 인근 지하 다방으로 도피하였으나 뒤쫓아 온 군인 2명에게 체포되어 중부경찰서로 연행되었다.

김종길(동남금속 직원)도 시위와 관련 없이 계엄군에게 폭행당해 부상을 입었다. 10월 19일 광복동 육교를 지나가지 못하게 하는 계엄군과의 시비과정에서 폭행을 당했으며, 그로 인해 장파열과 급성복막염으로 수술을 받았다.

강○○(자영업)은 10월 18일 야간에 버스정류소에서 줄을 서라는 군인들의 명령에 머뭇거리자 개머리판으로 머리를 폭행당해 피를 흘렸고, 이를 제지하는 아내 유○○도 함께 폭행당했다. 강○○은 머리를 여섯 바늘 꿰매는 치료를 받아야 했다.

최○○(회사원)은 상공회의소 앞에서 계엄군에게 개머리판과 곤봉으로 머리와 어깨 등을 구타당했고, 안경 낀 얼굴을 폭행당해 유리조각이 눈 밑에 박혔다.

이와 같이 시위 진압 및 연행 과정에서 다수의 부상자가 발생하자 부산시와 계엄사에서는 민심수습 차원에서 부상당한 시민들에게 보상하기로 결정하였다. 10월 19일 08시 30분 계엄관계관 회의에서 부산시장은 시민들에게 보상을 하겠다고 하였고, 계엄사에서는 행정처 지불장교와 계엄행정처장이 부상자들에게 위로금을 전달하였다. 계엄사에서는 입원환자 18명, 통원환자 45명, 완치된 환자 119명으로 부상자를 총 182명으로 파악하였고, 이 중 전병진, 김종길, 안○○ 등 입원환자 18명에게 위로금을 지급한 것이 확인되었다. 지불장교는 당시 약 2,000만원을 인출하여 관련 피해자들에게 50~100만원씩 지급하였다고 진술하고 있으나, 계엄사 자료에 의하면 계엄사 행정부장과 계엄행정처장이 10월 23일경 20만원씩 경찰 8명, 일반시민 8명, 학생 2명 등 총 18명에게 위로금 360만원을 지급한 것으로 확인된다.[20)]

-권정달은 또한 자신의 조언으로 계엄군이 자제함으로써 "시위 군중과 계엄군 간에 충돌이 일어나지 않았고 사상자도 발생하지 않"은 한편 "시위 군중이 무장을 하려고 경찰 무기고와 예비군 무기고를 습격했는데 군과 경찰이 죽을 각오로 지켜냈다"고 주장한다. "부산에서 일어난 시위가 마산으로 번져갔지만 결국 부마사태는 큰 희생자를 내지 않고 진정됐다. 이는 시위대에 무기를 탈취당하지 않았기 때문에 가능했던 일"이라는 것이다. 그러나 이 역

20) 「부마보고서」, 163~165쪽

시 허위 진술로 보인다. 당시 언론에 파출소 등 '공공건물 습격·파괴·방화', '사제총기·화염병 사용' 등에 대한 보도는 있었지만, 시위대가 무기 탈취를 시도했다는 보도는 한 건도 없었다.[21] 실제 그러한 시도가 있었다면 부마항쟁을 '폭동'으로 규정한 박정희 정권 쪽에서 시위대의 정당성을 훼손시키고 잔혹한 진압을 정당화하기 위해 이를 대대적으로 보도했을 것이다.[22] 현재 '부마민주항쟁진상규명 및 관련자명예회복심의위원회'에서 상임위원직을 맡고 있는 차성환은 부마항쟁 당시 시민들이 무기를 탈취한 사실이 알려진 바 없으며 다만 시위에 참여한 일부 시민이 총기를 취득하려 시도하자 주변의 다른 시민들이 이를 만류·제지한 사례가 있었다는 얘기를 전해 들은 바 있다고 말했다.[23] 즉 시민들이 "무장을 하려고 경찰 무기고와 예비군 무기고를 습격했는데 군과 경찰이 죽을 각오로 지켜"낸 일은 없었다는 것이다. 게다가 당시 마산경찰서장 최창림이 마산 지역 시위에 대해 "배후에 조직적 불순세력이 개입된 징후가 농후하다"면서 그 근거로 "사제총기와 화염병의 사용"을 들었고 이를 당시 언론이 그대로 받아 "합의한 듯 일면에 눈에 띄게 실었"지만 진실화해위원회의 조사를 통해 조작된 것

21) "治安本部(치안본부)발표 '釜山(부산)·東亞大生(동아대생) 3千(천)여 명 16, 17 연이틀 都心(도심)서 示威(시위)'", 『동아일보』, 1979. 10. 18.; "釜山(부산)사태 治安本部(치안본부) 발표 '大學生(대학생) 등 都心(도심)서 연이틀 亂動(난동)'", 『경향신문』, 1979. 10. 18.; "마산서장 회견 공공건물 파괴 등 18, 19 연이틀 소요", 『동아일보』, 1979. 10. 22.

22) "단순 시위 아닌 폭동 마산 경찰서장 성명", 『매일경제』, 1979. 10. 22.

23) 차성환 상임위원은 2019년 6월 7일 16시 30분경 진행된 전화 인터뷰에서 이와 같이 얘기했다.

이었음이 밝혀졌다.[24] 즉 "아무런 조사와 근거 없이 시위대가 사제 총기와 화염병을 사용했다고 주장한 경찰의 언론 발표는 사실무근의 내용을 과장하여 발표한 것으로 부당한 공권력의 행사로 볼 수 있다"는 것이다.[25]

-다른 한편 권정달의 이러한 주장에는 광주 민주화운동이 "큰 희생자"를 낸 이유가 "시위대에 무기를 탈취당"했기 때문이라는 암묵적인 주장이 담겨 있다. 즉 시위대가 무기고를 습격하여 무기를 탈취했기 때문에 큰 희생자가 생겼다는 주장이다. 권정달의 이러한 주장은 광주 민주화운동 당시 계엄군이 잔혹한 시위 진압을 넘어 5월 21일 도청 앞에서 시위대를 향해 무차별 사격함으로써 수십 명을 살해한 일을 자행했고 이것이 시위대의 일부가 스스로를 시민군으로 무장하는 결정적 계기가 됐다는 인과관계를 생략한 채 광주에서 '큰 희생자'가 발생한 책임을 시위대(의 무기탈취)에 돌리려는 의도를 가지고 있는 것으로 보인다.

-계엄사령부는 1979년 10월 18일 "시위 주동자 및 각종 범법자 색출을 위해 합동수사단을 편성"하고 제501보안부대장 권정달을 합동수사단장으로 임명하였다. 다음은 합수단 편성도이다.

---

24) 「부마보고서」, 249~252쪽

25) 진실화해위원회, 「부마항쟁 과정에서 발생한 인권침해 사건」, 『2010년 상반기 조사보고서』 19권, 2010, 457~458쪽(「부마보고서」, 252쪽으로부터 재인용)

〈그림21〉 합동수사단 편성[420]

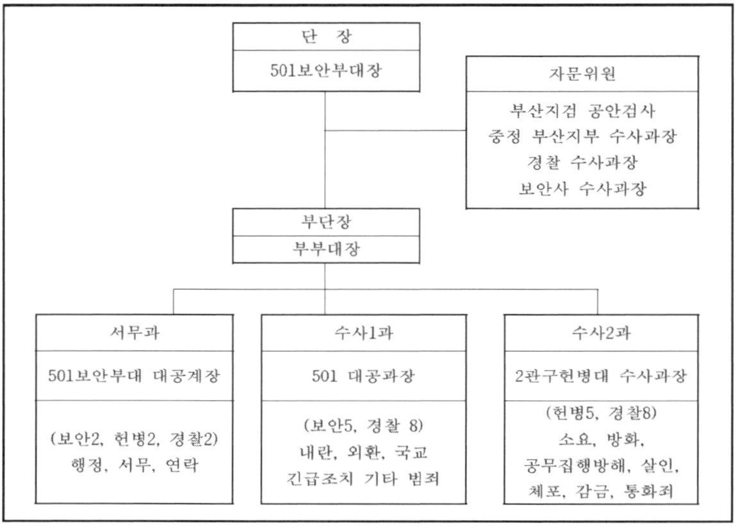


-합수단은 "보안부대 7명, 헌병 16명, 경찰 25명, 검찰 2명 등 총 50명으로" 구성되었다. "합동수사단은 계엄법 제16조 중 수사관할을 달리하는 사건, 기타 중요 사건으로 합동수사가 필요한 사건, 긴급조치 위반 사건 등을 전담하여 수사하기로 하였다. 그러나 실질적으로 합동수사단은 시위 배후 주모자 색출을 위해 조직되었으며 중앙정보부에서 30명이 배치되었다"[26)]

-권정달은 합수단이 "시위 현장에서 시민 1000명 이상을 연행"

26) 「부마보고서」, 188~189쪽

했는데 "시위가 얼추 가라앉자 중정 8국장이라는 사람이 부마사태의 주동자가 미리 설정돼 있는 수사체계도를 합수단으로 가져왔"지만 자신은 "중정의 요구를 받아들일 수 없었다"고 주장한다. "중정의 문건에는 김영삼(YS) 총재와 추종세력, 남민전 사건 관련자, 인권운동을 주도했던 김광일 변호사가 중심이 된 양서(良書)조합 등이 부마사태의 주동자로 꾸며져 있었다"는 것이다. 그런데 권정달은 중정 8국장이 문제의 문건을 합수단에 가져오기 전에 합수단에서 연행된 시민들을 대상으로 자행한 가혹행위와 고문에 대해서는 침묵하고 있다. 이와 관련해 「부마보고서」는 다음과 같이 기술하고 있다.

> 그런데 합동수사단이 편성되어 조사가 시작되기 전인 10월 18일 정부는 대통령 특별담화를 통해 "지각없는 일부 학생들과 이에 합세한 불순분자들이 엄연한 국가현실을 망각 외면하고 공공질서를 파괴하는 난폭한 행동으로 사회혼란을 조성하였다"고 밝혔고, 같은 날 치안본부는 "우발적인 군중 시위행동이 아닌 조직적인 폭거로, 조직적인 불순세력이 개입한 징후가 농후하다"라며 시위가 사전에 치밀하게 계획된 것으로 불순세력이 개입되었다고 발표하였다.
>
> 따라서 합동수사단은 불순세력의 개입을 증명하기 위하여 10월 19일 개최된 1차 회의에서 당시 부마민주항쟁 관련 배후나 주동자에 대한 어떠한 정보도 없었고 관련자 조사도 이루어지지 않

아 아무런 증거도 없음에도 불구하고 ① 부산대 데모 주모자 이진결 사건, ② 동아대 데모 주동자 이동관 사건, ③ 신민당 한의명 사건, ④ 통일당 권삼쾌 사건, ⑤ 남조선민족해방전선준비위원회 사건, ⑥ 불순 종교인 사건, ⑦ 양서조합 사건 등을 중요사건으로 선정하였다. 그리고 수사기관을 분담하여 북한, 신민당, 통일당, 부산지역 재야단체 인사, 양서조합 관련자들이 부산민주항쟁 배후에 있다는 내용으로 짜맞추기 위한 수사를 진행하였다.

6) 합동수사단의 중요사건 선정 및 처리

합동수사단이 직접 취급한 중요 사건은 ① 계엄사령관의 관심사항 ② 불온세력, 정치, 종교, 노조 등 배후 조직 세력 ③ 사건 주동자에 대한 것이었다. 구체적으로는 부산대학교 시위 주모자와 동아대학교 시위 주동자, 신민당 한의명 사건, 통일당 권삼쾌 사건, 남조선민족해방전선준비위원회(이하 '남민전') 사건, 불순 종교인 사건, 양서조합 사건 등 7개의 중요 사건을 중점적으로 분담하여 수사하였다. 합동수사단은 위 사건들을 중요 사건으로 조사, 처리하면서 야당, 김영삼, 북한 등을 부산 지역 시위의 배후로 연계시키려고 하였고, 고문을 통해 자백을 강요하고 증거를 조작하였다.

10월 20일경부터 피의자들에 대한 고문과 폭행을 동반한 조사가 진행될 무렵, 중앙정보부 8국장은 시위 주동자가 미리 설정되어 있는 수사체계도를 합동수사본부로 가져왔다. 그 문서에는 김영삼, 남민전 관련자, 김광일 변호사가 중심이 된 양서조합 등이 부마사태의 주동자로 꾸며져 있었다. 이와 관련하여 당시 수사과장 이○○이 연행자를 조사하였으나 중앙정보부에서 작성된 문서와는 조사 결과가 일치하지 않았다. 중앙정보부는 김영삼, 남민전, 양서조합 관련자들을 부마민주항쟁 배후로 연계시키고자 하였다. 그러나 10월 26일 박정희 대통령 사망과 함께 합동수사단에서의 7개 중요사건 조사는 더 이상 진행되지 않았고, 피의자들은 석방되었다.[27]

-이처럼 중정 8국장이라는 사람이 문제의 문건을 들고 오기 전부터 합동수사단은 정부가 내린 지침대로 "불순세력의 개입을 증명하기 위하여" 사전 어떠한 정보나 관련자 조사도 없이 중요 사건을 선정한 후 이 사건들을 조사한다며 이미 고문과 가혹행위를 자행하기 시작했다. 그 구체적인 사례로 '신민당 한의명 사건'을 들 수 있다. 「부마보고서」는 이와 관련 다음과 같이 기술하고 있다.

신민당 한의명 사건은 합동수사단에서 부산 지역 시위의 배후를 신민당, 김영삼과 연관 짓기 위해 처리한 사건이었다. 합동수사단은 1979년 10월 18일 9시경 김영삼 신민당 총재 비서로 활동하던 한의명을 '10월 16일 시내 광복동 데모 시 학생 선동 및

27) 「부마보고서」, 190~191쪽

데모 가담' 혐의로 체포하였다. 서부산경찰서 정보과 경찰에게 체포되어 서부산경찰서 정보과 구석진 자리에 앉혀진 후 아무런 조사도 없었으며, 19일 오전 소위 닭장차에 실려 망미동 보안대(삼일공사)로 이송되었다. 도착 후 바로 옷을 벗고 군 작업복으로 갈아입으라고 하였으며 지하 2층 감옥에 넣어졌다. 그날 밤 23시경 지하 1층 심문실에 경찰과 합동수사단 조사관들이 들어왔고 '누구의 지시를 받았느냐, 돈은 누구에게서 얼마를 받았느냐, 학생은 누구누구를 만났느냐, 데모 계획은 어떻게 짰느냐, 정부를 전복할 음모를 주모한 자는 누구냐'며 한의명을 추궁하였다. 밤새 2명이 교대로 반복하여 진술을 강요하였고, 며칠을 잠도 재우지 않았다. 계속된 고문과 폭행, 그리고 협박으로 인해 한의명은 조사관들에게 죽여달라고 사정하기도 하였다. 4~5일 후에 사무실로 불려가니 보안사에 연행되어 온 사실 자체를 잊으라는 내용의 각서를 쓰게 하였고, 시키는 대로 각서를 쓴 후 다시 서부산경찰서로 이송되었다.[28]

-권정달은 회고록에서 부마항쟁 당시 연행된 사람들에 대한 고문과 가혹행위 및 사건 조작의 책임이 자신이 이끌던 보안부대나 합수단이 아니라 중앙정보부에 있었으며 자신은 중정이 요구하는 '짜 맞추기식 수사'를 거부했다고 주장한다. 그러나 부산의 보안부대 및 합수단 역시 박정희 정권의 지침에 따라 부마항쟁의 '배

---

28) 「부마보고서」, 196~197쪽

후'와 관련 연행한 사람들에 대한 고문 등을 통해 조작을 시도했음은 위에서 이미 지적한 바 있다. 즉 합동수사단이 중요 사건으로 설정한 사건들과 관련해 "조사를 받은 사람들의 대부분은 폭행과 함께 고문을 당하였다. 배후 세력이 있으므로 철저히 조사하라는 박정희 대통령의 지시가 있었기에 이를 밝혀야만 하는 것이 조사의 목적이었고, 원하는 진술을 얻기 위해 '통닭구이', 물고문 등의 강압적인 방법이 사용되었다. (…) 중요사건 대상자를 제외하고도 대부분의 연행자들은 고문과 폭행을 당하며 조사받았다."[29] 권정달은 이와 관련해 다음과 같이 진술한다.

> 시위가 얼추 가라앉자 중정 8국장이라는 사람이 부마사태의 주동자가 미리 설정돼 있는 수사체계도를 합수단으로 가져왔다. 그런데 중정의 문건에는 김영삼(YS) 총재와 추종세력, 남민전 사건 관련자, 인권운동을 주도했던 김광일 변호사가 중심이 된 양서(良書)조합 등이 부마사태의 주동자로 꾸며져 있었다. 하지만 부마사태 합동수사단장(대령)이었던 나는 중정의 요구를 받아들일 수 없었다.
>
> 보안사 이학봉 수사과장도 부산에 파견 나와 있었는데 내가 이 과장에게 중정 문건을 건네주면서 철저히 따져보라고 했다. 이 과장 역시 연행한 사람들을 조사한 뒤에 "중정에서 작성된 문건은 현실과 맞지 않습니다"라고 보고했다.

---

29) 「부마보고서」, 203쪽. 연행된 사람들에 대한 수사기관의 고문 등 가혹행위와 사건 조작 시도에 대해서는 203~206쪽 참고

전두환 보안사령관, 김재규 중정부장이 사태 수습을 위해 현지에 내려왔다가 상경했다. 중정은 YS와 그 추종세력이나 남민전, 양서조합 사람들을 부마사태 발발의 책임을 전가할 희생양으로 몰아가려고 했다. 하지만 난 "합수단은 군인으로서 명예를 걸고 짜 맞추기식 수사는 할 수 없다"며 거부했다. 이런 원칙에 따라 일부 방화 파괴자들을 제외하고 모두 석방했다.[30)]

○ "10.26 밤 이학봉 긴급 공수 상경작전"

-권정달은 1979년 10월 26일 늦은 밤 보안사령부로부터 이학봉을 급히 상경시키라는 긴급전화를 받았다. 이학봉은 몇 명의 특전사 장교와 함께 부산 수송비행단의 수송기를 타고 상경했는데 권정달이 이학봉에게 서울에 올라가자마자 어떤 상황인지 알려달라고 거듭 부탁했음에도 아무 소식도 받지 못했다고 한다. 권정달은 회고록에서 이에 대해 다음과 같이 진술한다.

부마사태 과정에서 나의 업무를 도와주기 위해 사령부에서 이학봉 대령(수사과장)이 부산지구 보안부대에 와 있었다. 그는 부산고 출신이어서 부산에 친구도 많아 활동범위가 넓었다. 나는 소요진압 후속 조치에 몰두하면서 검찰-경찰과의 협조와 계엄사의 유기적인 업무협조를 위해 뛰어다녔다. 이 대령과는 주로 저녁시간에 만나 시위 상황을 논의하고 업무 보고를 받았다.

---

30) "[권정달 회고록] 5共 비화(秘話) #2-10.26사건 이후 군부 분열", 『일요서울』, 2013. 9. 10.

그런데 10월 26일 늦은 밤 보안사령부로부터 이 대령을 자정이 넘기 전에 서울로 올려 보내라는 긴급 전화를 받았다. 한밤중이라 기차나 비행기 편이 없어서 부산 수송비행단(단장 강신구)에 협조를 구했다. 이렇게 이 대령은 급히 수송기를 타고 상경했다. 그 수송기에는 특전사 장교도 몇 명 동승했던 것으로 기억한다. 나는 이 과장의 긴급 호출을 지켜보면서 서울에서 중대 사건이 일어났음을 직감할 수 있었다.

다만 예측하기로는 차지철 경호실장이 평소 지휘관을 모아 놓고 국기강하식을 하는 등 사실상의 군령권을 장악하고 월권을 휘둘렀던 점을 미뤄 예고됐던 사단이 일어난 것으로 생각했다.

박 대통령이 차 실장에 의해 시해당했거나 감금된 것이 아닐까 하는 이른바 '궁정동 쿠데타' 사건이 결국 터진 것으로 짐작했다.

그래서 이 과장을 올려 보내면서 도착하는 즉시 어떤 상황인지 나에게 꼭 알려 달라고 거듭 당부했다. 그러나 이 과장은 서울로 올라간 뒤로 감감무소식이었다. 뒤에 알고 보니 그는 서울공항(성남 공군부대)에 도착하자 곧바로 서빙고 분실로 가서 그곳에 잡혀온 김재규를 수사하고 있었다. 내게 상황을 전할 겨를이 없었던 것이다.[31)]

○ 10.26 이후 부마항쟁 신속 처리

-권정달은 부마항쟁의 사후 처리와 관련 10.26이라는 "급박한

31) "[권정달 회고록] 5共 비화(秘話) #2-10.26사건 이후 군부 분열", 『일요서울』, 2013. 9. 10.

국가비상위기 상황을 맞아 처벌은 다소 느슨하게, 사태 처리는 신속하게 종결지을 수밖에 없었다"고 진술한다. 권정달은 회고록에서 이와 관련 다음과 같이 진술한다.

다음 날이 돼서야 난 박 대통령이 지난 밤 사이 김재규에게 시해당했다는 급보를 전해 들었다. 이 와중에도 부마사태에 대한 사후처리는 법률적인 절차에 따라 진행됐지만 10.26사건이라는 급박한 국가비상위기 상황을 맞아 처벌은 다소 느슨하게, 사태 처리는 신속하게 종결지을 수밖에 없었다.

박 대통령의 유고로 부산-마산 지역에 내려졌던 비상계엄은 제주도를 제외하고 다시 전국으로 확대됐다. 군령권은 계엄사령관이 된 정승화 육군참모총장에게로 넘어갔고, 부마사태에 대한 처리 보고도 부산지역 관구사령관이 아닌 정승화 참모총장에게 해야 했다.

**국가비상위기 상황 속 부마사태 처리 속전속결**

나는 그해 11월 초 부마사태 최종보고서를 작성해서 서울로 올라갔다. 직속상관이었던 전두환 보안사령관(합동수사본부장)에게 먼저 보고한 뒤 계엄사령관인 정승화 참모총장에게 마지막으로 보고하기 위해 당시 용산구에 위치했던 육군본부(현 전쟁기념관)로 갔다. 육군본부 참모총장실에는 함께 갔던 전두환 보안사령관만 들어가고 나는 문 밖에서 대기하고 있었다.

당시 군 수뇌부는 묘한 긴장감이 감돌았다. 노재현 국방장관, 정승화 육군 참모총장 등 군 원로급에서 '전두환 사령관을 인사 조치해야 되는 것 아니냐'는 소문이 떠돌았다. 얼마 지나지 않아 이들 원로그룹 내에서 전 사령관을 동해안 경비사령관으로 보내야 한다는 논의가 있었다는 후문이 나돌기 시작했다.

반면 합수부로서는 10.26 당일 사건 현장인 궁정동 안가에 있었던 정 참모총장을 반드시 조사해야 할 대상이었기 때문에 어떻게 신병을 처리할지 고심하고 있었다. 자연히 군부 내 신·구세력 간에 묘한 긴장상태가 조성될 수밖에 없었다. 이런 미묘한 시점에 전 사령관은 정 참모총장에게 부마사태를 최종 보고하기 위해 육군본부로 들어간 것이다. 정 참모총장 방에서 두 사람이 어떤 대화를 나눴는지는 몰라도 보고를 마치고 나온 전 사령관의 표정은 들어갈 때 역력했던 긴장이 다소 풀린 듯 보였다. "어이! 이거 뭐 알아서 잘 처리해." 나는 속으로 '더 이상 부마사태에 대해선 추가로 보고할 필요가 없겠구나' 하는 생각이 들었다.

나는 부산으로 내려가 부산지검의 수사부장(김두희)과 특수부장(조우현), 지역 계엄사령부 법무참모, 보안부대 대공수사과장, 지방경찰국 수사국장, 정보국장을 비롯해 10개 경찰서 수사과장, 정보과장 등을 내 사무실로 소집했다. 이 회의에서 국가원수가 시해당한 비상시국임을 감안해 검찰-경찰-군 관계자의 건의에 따라 시위 연행자 1000여 명 대부분을 훈방 처리하고 부마사

태를 모두 종결지었다.[32)]

-권정달은 "시위 연행자 1,000여 명 대부분을 훈방 처리하고 부마사태를 모두 종결지었다"고 주장하지만 실제 연행자 수는 이보다 훨씬 많았으며 또 대부분 훈방 처리된 것도 아니다. '부마민주항쟁진상규명 및 관련자명예회복심의위원회'가 2018년 발표한 진상조사보고서(안)에 따르면 부마항쟁 당시 부산과 마산 지역에서 시위에 참여하여 검거된 시위 인원이 총 1,564명 이상임이 확인된다. "부마민주항쟁 당시 부산 지역 경찰과 계엄군은 총 1,058명이 검거되었다고 발표하였으나 공식 통계 확정 후 연행된 사람까지 포함하면 연행자 수는 당국에서 발표한 1,058명보다 훨씬 더 많았던 것으로 파악된다."[33)] 마산 지역에서 검거된 사람은 구속자 60명을 포함하여 총 506명으로 확인된다.[34)] 연행자 수와 처리 실태는 다음과 같다.

---

32) "[권정달 회고록] 5共 비화(秘話) #2-10.26사건 이후 군부 분열", 『일요서울』, 2013. 9. 10.

33) 「부마보고서」, 262쪽. '부마민주항쟁진상규명 및 관련자명예회복심의위원회'의 비공식 추정에 따르면 연행자수는 부산여대 학생 56명과 시민 126명 등이 더해져 1,800여 명이 된다. 「부마보고서」, 166쪽; "'부마항쟁 당시 박정희 대통령 마산 지역 특전여단 투입 지시'. 부마민주항쟁진상규명위원회 진상조사보고서 발표", 『뉴스1』, 2018. 2. 20.

34) 「부마보고서」, 262쪽

35) 「부마보고서」에는 부산 시위 연행자와 관련해 어떤 곳에서는 '입건'된 사람 수를 64명으로, 다른 곳에서는 구속된 사람 수를 61명으로 밝히고 있다. 구속자 수로 볼 경우 즉결심판을 받은 사람 수가 526명으로 3명 늘어난다. 「부마보고서」, 112쪽; 166쪽. 마산의 경우 60명 모두 구속된 사람 수이다.

| 구분 | 입건 또는 구속[35] | 즉결 심판 | 훈방 | 합계 |
|---|---|---|---|---|
| 부산 | 64 | 523 | 471 | 1,058 |
| 마산 | 60 | 125 | 321 | 506 |
| 합계 | 124 | 648 | 792 | 1,564 |

-또한 권정달은 "이 와중에도 부마사태에 대한 사후처리는 법률적인 절차에 따라 진행"됐다고 주장하지만 이는 사실과 다르다. 연행된 사람들 대부분이 불법 구금 상태에서 조사를 받았기 때문이다. 10.26 이후에도 연행된 사람들 상당수가 적어도 며칠간 불법 구금 상태 속에 놓여 있었을 것으로 추정된다. 또한 수사 및 재판과정에서 연행된 사람들이 당한 가혹행위에 대해 어떠한 구제조치도 취해지지 않았다. 「부마보고서」는 이와 관련 다음과 같이 기술하고 있다.

부마민주항쟁으로 검거된 사람들은 불법 구금 상태에서 조사를 받았다. 군법회의법이나 형사소송법에 따르면 48시간 이내에 구속영장을 청구해야 했으나 부마민주항쟁 연행자들은 대부분 구금된 후 3일~15일이 지나 구속영장을 발부받았기 때문에 7일~15일의 기간 동안 불법 구금 되어 있었다. 즉결심판자의 경우에도 최대한 빠른 시간 내에 석방하고 특정 날짜를 지정하여 즉결심판소로 출석하도록 해야 했지만, 실제로는 불법 구금 상태에서

최소 2일에서 최대 10일이 지나 즉결심판을 받았다.[36)]

즉결심판자와 훈방자 역시 불법으로 구금되어 있었다. 즉결심판에 회부된 526명 중 155명은 4~5일, 341명은 7~8일, 나머지 30여 명은 최장 10일간 구금된 상태에서 각각 즉결심판에 회부되었다. 훈방된 사람도 마찬가지로 바로 석방되지 못하고 불법 구금되었다가 10월 21~24일경 훈방 조치되었다. 최성묵(중부교회 목사), 김광일(변호사), 박상도(부산 도시산업선교회 총무), 김형기(학생정보사 총무부장) 등 계엄사 합동수사단에서 중요사건으로 분류한 불순종교인 사건과 양서조합 사건 관련자 등은 10월 30일경에야 훈방 조치되었다.

당시 검사나 판사들은 수사 및 재판과정에서 피고인들이 가혹행위를 당해 허위 진술을 하였음을 주장하였음에도 어떠한 구제 조치도 취해주지 않았다.[37)]

-물론 10.26 이후 합동수사본부는 조사를 중단하였으며 연행된 사람들에 대해 더 이상의 고문이나 가혹행위는 가해지지 않았던 것으로 보인다. 이와 관련 「부마보고서」는 다음과 같이 기술한다.

연행 · 구금자들의 조사 과정 및 구속영장 청구일 등을 살펴보면, 연행된 모든 사람들은 10월 26일까지 구속, 즉결심판, 훈방조차 결정되지 않은 채 배후 세력에 대한 조사를 받으며 폭행 및 고

36) 「부마보고서」, 261쪽
37) 「부마보고서」, 167~168쪽

문을 당했다. 하지만 10월 26일 박정희 대통령이 사망하자 합동수사본부의 조사는 중단되고, 조사를 주도했던 중앙정보부 조사관 등은 철수하였다. 또한 고문이나 폭행이 없었으며, 단지 범죄사실을 특정하기 위한 조사가 부드러운 분위기 속에서 이루어졌다. 이때부터 훈방자들이 석방되기 시작하였으며 10월 30일경 구속자와 즉결심판자가 대부분 결정되며 조사가 종결되었다.[38]

-국방부 과거사위의 조사보고서에 따르면 부마항쟁을 진압한 후 보안사는 「부마지역 학생소요사태 교훈」이라는 문건을 작성하는데 여기에는 '시위 발생 시 초동단계에서 강경하게 진압해야 된다'는 내용이 담겨 있었고 이것이 5.18광주민주화운동 당시 시위대에 대한 무자비한 진압과 관련해 시사하는 점이 있다고 한다. 부마항쟁 이후 공수부대원들은 광주에 투입되기에 앞서 시위진압 목적으로 '충정훈련'이라는 매우 강도 높은 훈련을 받았다고 하는데 이는 「부마지역 학생소요사태 교훈」의 내용을 실행에 옮기기 위한 준비였을 것이다. 국방부 조사보고서에 따르면 이 문건은 "보안사 정보처 정보 1과장 한용원 중령이 실무자 2명과 함께 부산을 방문해서 작성했다"고 하는데 당시 부산지구 501보안부대장이자 부마항쟁 발발 후 '부마사태 합동수사단장'이 된 권정달이 부마항쟁 관련 정보수집과 정세분석의 책임자로서 이 문건의 작성에 적어도 간접적으로 관여했을 것으로 추정된다.[39]

---

38) 「부마보고서」, 207쪽

39) 국방부 과거사진상규명위원회, 『종합보고서 제2권: 8개 사건 조사결과 보고서

### (5) 최창림과 부마민주항쟁

○ 30여 년간 경남북 지역 경찰

-전 마산경찰서장 최창림은 경남 출신으로 알려졌다(『사천시사』, 역대 삼천포경찰서장). 그러나 출생년도와 상세한 출생지 및 학력을 확인할 자료는 아직 찾지 못했다. 2019년 현재 사망한 것으로 확인되는데(부마항쟁증언편집위원장 박진해), 사망 시기는 확인하지 못했다.

-경찰 경력으로는 1952년 경북 군위경찰서에 경위로 근무했다는 기록이 처음 보인다(국편위, 한국데이터베이스, 직원록자료). 1948~1852년간 경찰간부 양성기관인 경찰전문학교의 신임 경위를 양성하는 본과 제1부와 경사 중 추천받은 자로 경위가 될 자를 교육하는 본과 제2부의 졸업자 명부에 최창림 이름은 없다.[40] 나이 등으로 추정컨대 근속승진은 아닐 것이고, 당시 군인 출신이나 우익단체 활동자를 경찰로 특채한 사례가 많았음에 비추어 그러한 경우일 수도 있으나 확실하지는 않다.

-최창림은 1961.9.28. 경감으로 경북 영양경찰서장을 한 것을

(상)』, 2007, 378~379쪽

40) 한국경찰사편찬위원회, 『한국경찰사 Ⅱ(1948~1961)』, 내무부 치안국, 1973, 1409쪽 이하 "경찰간부후보생과정졸업자명단"

시작으로 1969.1.14.까지 영덕, 청송, 봉화 등 경북 북동부 지역 경찰서장을 했다고 신문에 나온다. 1966.2.5. 영덕경찰서장을 할 때 군 산림 불법 도벌 사건의 책임을 물어 영덕군수와 함께 대기발령을 받고 중앙징계위원회에 회부되었으나, 1966.6.4. 다시 청송경찰서장으로 발령받았다.

-1969.1.11. 기존 경감과 총경 사이에 신설된 계급인 경정으로 승진되고, 1969.1.14 부산시경찰국으로 전속되었다. 1969.6.17. 총경으로 승진되고 다시 경북도경찰국으로 전속되고 경북 청도서장에 임명되었다. 1971.8.18. 하동경찰서장을 한 뒤 1979.2.19.까지 합천, 양산, 진해, 삼천포 등 경남 서남부 지역 경찰서장(총경)을 했다.

-1979.2.20.부터 1980.1.28.까지 마산경찰서장(총경)을 했고, 1980.1.26. 경상남도경찰국 근무로 발령되었다. 이후 경찰 인사 기사가 보이지 않는 것으로 보아 그 얼마 후 퇴직한 것이 아닌가 추정된다. 당시 경찰서장급은 거의 1~2년에 한 번씩 이동했고, 이동사항은 항상 신문에 보도되었었다. 그는 1950년대 초부터 1980년대 초까지 30여 년간 경찰을 했으며, 20년 가까운 기간은 주로 경남·북 군단위 지역에서 경감, 총경 계급을 달고 경찰서장을 했다.

○ 마산민주항쟁 폭력 진압 지휘

-부산에 이어 마산에서 1979.10.18. 경남대생 1천여 명이 시위

를 벌이고 18:00경부터 시내 중심가에서 학생과 시민이 결합한 민주항쟁이 거세게 벌어지자 마산시장으로 부임한 지 1년도 안 된 최창림 서장은 진압을 지휘했다.

-마산 경찰들은 곤봉으로 시위대를 가격할 때는 어깨 아래를 가격해야 한다는 규정(『다중범죄 진압교범』)을 어기고 머리와 얼굴을 내리쳤다.[41] 주대환 등은 머리를 맞아 피투성이가 되었다. 여성을 연행할 때는 욕설과 함께 머리채를 잡고 옷을 찢었다. 경남대학생 최갑순은 증언집에서 "그때 뒤에서 요년들 하는 소리와 함께 억센 손이 우리 둘의 긴 머리카락을 한손에 움켜쥐었다. 한 사내가 동료 옥○○(옥정애-조사자)의 옷을 찢으며 심한 욕을 퍼부었다. 옥○○가 기절하는 것 같았다. 시멘트 바닥에 쓰러졌다. 한 여학생이 내 신발을 주워 들고 내 치마를 바로잡아 주려다가 연행되어 차에 강제로 태워졌다."[42]

-최창림 서장은 데모대들이 1979.10.18. 밤, 지역 국회의원이던 동성동 박종규 의원 집에 투석하여 일부를 파손시킨 데 이어(18:55), 공화당 사무실을 목표로 사무실 유리창을 깨고 공화당 나무 현판을 떼내 불 지르고 있다는 급보를 받고 20:00경 경찰 병력을 진두지휘하여 현장에 도착했다. 데모대들은 이미 양덕동 파출

41) 조갑제, 『유고 1』, 한길사, 1987, 289쪽

42) 부마민주항쟁기념사업회, 『부마민주항쟁 10주년 기념 자료집』, 부마민주항쟁기념사업회, 1989, 180쪽

소로 이동하여 습격하고 있었다. 이날 오동동 허민영 의원 집과 국민회의 대의원 창원지역회의 사무실도 공격을 받았다.[43)]

-마산보다 인구가 6배 많은 부산에서 1,058명이 연행되었는데 마산에서는 505명이 연행된 것은 그 만큼 마산의 시위가 격렬했음과 동시에 마산의 진압이 더 무차별적이고 폭력적이었음을 보여준다.

○ 폭행 · 고문 수사 지휘

-경남대 최갑순은 연행 때 찢겨진 옷으로 마산경찰서에서 복도에 지날 때마다 도열한 군인들로부터 성추행을 당했으며, 조사받을 때는 발가벗기고 구타하는 등 고문을 받았다.[44)] 김효영과 지경복(17세)은 눈에 띠를 감고, 마산경찰서 지하실로 끌려간 뒤 수갑 찬 손목에 붕대를 감아, 거꾸로 매달렸다. "돌을 던졌다, 불을 질렀다"는 자백을 강요당하면서 경찰들이 드라이버와, 돌멩이를 가져와 제시하면서 자신이 사용한 것임을 인정하라고 강요하면서 구타와 고문을 되풀이했다.

-경남대 2년 정인권은 10.20 체포된 뒤 마산경찰서 3층 수사과 사무실에서 수사과장 안경근으로부터 경찰봉으로 살과 옷이 뒤

---

43) 이은진, 『1979년 마산의 부마민중항쟁』, 민주화운동기념사업회, 2008

44) 부마민주항쟁기념사업회, 『부마민주항쟁 10주년 기념 자료집』, 부마민주항쟁기념사업회, 1989, 176~179쪽

엉킬 정도로 구타당해 척추 · 골반 이완, 늑골 골절로 진단될 정도의 부상을 입혔다. 지하실로 옮겨 발가벗기고 손발을 묶어 바비큐처럼 매달고 얼굴에 수건을 덮은 뒤 물을 부었다. 두 번 기절할 때까지 물고문을 한 뒤 앉혀 놓고 심문하였다. "김일성을 몇 번 만났느냐, 돈은 언제 얼마를 받았느냐"고 물어 "그런 사실이 없다"고 하면 다시 고문을 했다. 그다음은 "김영삼을 몇 번 만났느냐, 김대중은 언제 만났느냐", "그런 사실 없다"고 하면 또 고문하는 식이었다. 그다음은 "간첩의 사주를 받았지, 언제 누구를 만났느냐"면서 끝없이 고문을 했다. 정인권은 "나는 드디어 신체의 한계를 느끼고 모두 만났고, 돈도 다 받았으며, 다 썼다, 재야인사와의 접촉, 마산 학생들과의 접촉, 사전 지령사실 등 원하는 대로 다 써주고 나니 휴식이었다"고 회고했다. 다음 날이 되자 전날과 같은 질문이 계속되고 맞고 물고문을 당했다. 정인권은 이어 "고문팀은 매번 바뀌었다. 다음 날은 교우관계, 시위 준비관계를 추궁했다. 다 불 수밖에 없었다"고 말했다. 다음 날(4일째 되던 날) 그들이 모두 불려와, 그중에 마산 폭동과 방화의 주범 5명이 결정되었다고 한다. 그는 처음에는 직접 간첩이 되었다가, 다음은 야당 지도자의 사주를 받고 돈을 받아 주동한 자로 되었다가, 다음은 재야 불순세력의 지시하에 주동한 자로 되었다가, 최후에는 학원에 침투한 간첩의 선동을 은연중에 받아 주동한 자가 되었다가, 끝내는 처음에 자신이 주장한 대로 우발적으로 저지른 충동적 주동자가 되었다.[45)]

45) 부마민주항쟁기념사업회, 『부마민주항쟁 10주년 기념 자료집』, 부마민주항쟁기념사업회, 1989, 174~175쪽

-경남대 국어교육과 3년 옥정애가 마산경찰서에 강제 연행된 지 3일째 되던 날(10.23. 또는 22.-조사자) 서울에서 내려온 젊은 수사관 5명(옥정애는 증언집에 검사라고 썼으나, 아직 검찰 조사가 진행될 시기가 아니어서, 남민전과의 관계를 캐고 있던 중앙정보부나 치안본부 수사관이었을 가능성이 있다-조사자)이 3층 수사과로 불러 직접 심문했다. 그들은 이번 시위를 누가 계획하고 주동했는지를 주로 심문했다. 뒤에는 마산경찰서장 최창림이 앉아 있었다고 한다.[46)]

○ "시위대 사제총기 발견," 배후 조작 기자회견

-마산경찰서장 최창림은 1979.10.20. 기자회견을 열어 "마산 시위는 단순한 시위가 아니라 불순분자들이 합세한 폭동에 가까운 소요였다. 사제총기가 사용되었음이 확인되었다"고 발언하여 마산시위가 극렬세력이나 용공세력의 배후조종에 의한 것이라고 몰아가고자 했다.

-그는 발표에서 "지난 18일과 19일 양일간 일부 학생과 불순분

---

46) 부마민주항쟁기념사업회, 『부마민주항쟁 10주년 기념 자료집』, 부마민주항쟁기념사업회, 1989, 192쪽. "10월 22, 23일쯤 되었을까? 우리는 밤 9시쯤 다시 3층으로 끌려 올라갔다. 우리들 뒤에는 마산경찰서장 **최창림**이 앉아 있고 앞에 5명의 젊은 검사(서울에서 내려왔다고 했던가, 하여간 마산 사람들은 아니었다)가 차례로 우리를 심문했다. 그들은 대체로 이번 사건이 어느 누구의 계획적 의도와 시나리오대로 일어난 사건이 아니고 우발적이고 자발적으로 일어난 사태라고 결론짓는 것 같았다. 내게는 특히 가톨릭과 관련을 지어볼 생각으로 여러 사람의 우리들에게서는 더 이상 캐낼 것도 없다는 쪽으로 굳어져 감이 확실했다."

자들이 합세해서 소요를 일으키고 공공건물을 방화, 파괴하고 공용장비를 파괴하고 상가 점포를 파괴하는 등 난동을 일으킨 바 있다. 이번 소요의 특징은 단순한 시위가 아닌 폭동에 가까운 소요였고 방화, 파괴 등을 자행했으며 화염병, 각목 등을 사용하고 사제총기를 사용한 것이다. 사제소형총기 발견경위는 18일 밤 10시 마산시 창동 황금당 골목 소요현장

지난18·19일 사태를 설명하고있는 崔昌林 馬山경찰서장。 【馬山=聯合】

에서 불순분자가 총기를 발사, 도주하는 것을 보고 이것을 목격한 시민이 추격하자 현장에 유기하고 도주한 것이다. 이 총기 성능은 스프링 식으로 탄환 1발씩 발사가능하고 인명살상용으로 사용할 수 있고 한 손에 쥐고 발사할 수 있으며 사정거리는 50m이고 탄환을 교체할 때는 계속 사용이 가능하다. 사용목적은 소요군중 속에 섞여 소요가담자를 배후에서 사격, 살상하여 군중을 흥분시켜 사태를 악화시키고 발포 책임을 당국에 전가하려는 것으로 보인다. 이번 소요배후에 조직적 불순세력이 개입된 징후가 농후하고 따라서 부화뇌동 등 경거망동을 삼가고 질서유지에 적극 협조해

줄 것을 당부한다."고 말했다.(경향신문)[47] 동아일보에 의하면 최창림 서장이 이날 제시한 사제총기 실물은 사인펜 크기 정도의 원통형이었다.

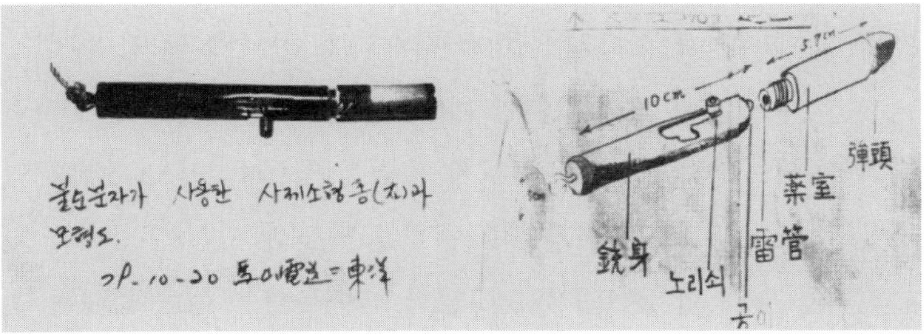

마산경찰서장 최창림이 기자회견에서 제시한 사제소총(진실화해위원회, 진실화해위원회, 「부마항쟁과정에서 발생한 인권침해 사건」, 『2010년 상반기 조사보고서 제9권』, 456쪽)

○ 사제총기 기자회견은 완전 날조

-그러나 부마항쟁 사건을 기소, 심판한 육군 제2관구 계엄군법회의 검찰 기록과 공판 기록에는 사제소총 발견과 관련된 기록이 어디에도 존재하지 않는다. 다만 마산경찰서 수사기록 중 북마산파출소의 방화 등을 목격하였다는 목격자 김점갑(건축업)이 "사제소총을 가진 사람을 보지 못했다"고 진술하였고, 북마산파출소 방화 목격자 강영자(주점업)가 "신문에는 총이 나왔다고들 하나, 북마산파출소를 방화할 때는 보거나 들은 일이 없다"고 한 참고인 진술 2건이 있을 뿐이다.[48]

---

47) "방화 등 폭동성격, 사제총기까지 사용," 『경향신문』, 1979. 10. 22.

48) 진실화해위원회, 「부마항쟁과정에서 발생한 인권침해 사건」, 『2010년 상반기 조

-사제소총과 관련해서는 기소와 재판 회부가 없었을 뿐만 아니라 수사도 없었다. 마산경찰서 수사과장 안경근은 진실화해위원회 조사에서 "총이 발견되었다는 이야기가 있는데 기억나지는 않는다. 수사과에서는 사제소총 관련 수사를 한 사실이 없다. 현장에서 총이 발견된 것이었다면 수사기록에 관련 수사내용이 편철되어 있을 것인데 없다면, 수사가 없었던 것이다."라고 진술하였다.[49] 경찰서장이 시위대가 사제총기를 발사한 사실이 있다고 기자회견을 열어 발표했는데 수사과장은 수사한 사실이 없다는 것이 있을 수 있는 일인가?

-『경남매일』 사회부 기자 공○○은 진실화해위원회 조사에서 "당시 마산서장의 사제소총 기자회견을 내가 직접 취재하였는데 발견되었다는 사제소총이 쉽게 말해서 딱총 수준이었다. 우리가 어렸을 때 딱총에 화약을 넣어 못을 발사하도록 하는 것 같은 그 정도 수준이었다. 총신이 15센티미터 정도였는데 완전 장남감 수준이었다. 당시 서장은 불순분자가 사용하였다고 했지만 사용한 사람이 누구인지도 확인되지도 않았다. 시위진압의 명분을 찾기 위해 조작한 것이라고 당시 취재기자들이 모두가 생각했다."고 진

---

사보고서 제9권』, 2010, 456쪽. 그러나 만약 10.26사건이 없었다면, 유신시대 간첩사건 조작의 역사로 볼 때 이 허위 기자회견이 남민전 구성원, 또는 남파간첩과 연계된 증거로 조작되었을 가능성은 충분하다.

49) 진실화해위원회, 「부마항쟁과정에서 발생한 인권침해 사건」, 『2010년 상반기 조사보고서 제9권』, 2010, 456쪽

술하였다. 마산문화방송 보도부 기자 신○○는 부마항쟁기념사업회 『증언 자료집(가제)』에서 "사제 총기가 아주 조악스러운 건데 그걸 보여주면서 이것이 시위대가 발포했던 사제총기라고 했다. '물증이다.' 그래서 내가 질문을 했다. '이것 하나만 발견된 것이냐? 시위대가 의도적으로 만든 것이면 사전에 계획적으로 만들었다는 것인데 철공소에서 주문제작을 했든지 하지 않았겠느냐? 오히려 시위대를 음해하기 위한 수단이 아닌가?' 하고 질문을 해버렸다. 급작스럽게 날조를 했다는 느낌이 직감으로, 그리고 직감뿐만 아니고 상식적으로, 시위대가 경찰에 대항하기 위해 사전에 만들었다는 기미는 전혀 보이지 않았다. 최창림 서장이 얼굴을 붉히고 당황해 했다. 답변을 못했다. 어째든 사제총기가 발견된 것만 방송이 됐다."고 증언하였다. 『경남매일』 사회부장 남○○는 진실화해위원회 조사에서 "느닷없이 사제소총이 발견되었다고 신문사로 연락이 왔다. 그러면서 발표를 불순불자가 사용한 사제소총이라고 했다. 취재 기자 보고에 의하면 순 엉터리라는 것이었다. 한마디로 총이라고 볼 수 없다는 것이었다. 취재기자들이 모두 어이가 없다는 것이었다. 발표를 하라고 했기 때문에 어쩔 수 없이 발표하기는 했지만 엉터리였던 기억이 있다."고 진술하였다.[50)]

-『경남도민일보』 2001년 기사에도 유사한 내용이 있다. "당시 최창림 마산경찰서장은 기자회견에서 이 같은 내용을 발표했다.

---

50) 진실화해위원회, 「부마항쟁과정에서 발생한 인권침해 사건」, 『2010년 상반기 조사보고서 제9권』, 2010, 456~457쪽

그러나 이날 기자회견에서 '사제총기가 발견됐다면 그 근처에 탄피가 남아 있을 것이고 총기에 격발 흔적이 남아 있을 것 아닌가? 또 사정거리가 50m라고 하는데 직접 실험을 해봤느냐'는 질문에 대해 경찰서장은 '지금 이 자리에서 답변할 수 없다'며 대답을 회피했다. 또한 경찰은 연행자 중 주동자로 지목된 사람들에게도 사제총기 관련 수사를 하지 않아 스스로 경찰의 발표가 허위임을 입증했다. 이와 관련 박영주 씨는 '10월 9일 발표된 남조선민족해방전선 검거와 연결시키기 위한 포석이었을 가능성이 높다'고 분석했다."[51]

-언론에 지역경찰 책임자가 시위대가 사제총기를 발사했다고 실물까지 들고 나와 기자회견을 했는데, 정작 수사도 하지 않았고, 기소도 하지 않았다. 이와 관련해 연행자들을 심문하지도 않았다. 그러나 당시 방송에는 최창림 서장이 기자회견 하는 모습과 총기의 모습이 생생하게 보도되었다. 박정희 정권은 집권 18년 내내 정권비판 시위 배후에 폭력적 국가전복세력, 공산주의 세력이 있다고 조작해서 국민들을 두렵게 만드는 방법을 공식처럼 사용했다. 만약에 박정희가 사망하지 않았더라면 예비군 훈련장에서 총을 훔친 남민전 소속원이 여기에 연결되어 사제총으로 폭동을 조성하려 했다고 이어졌을 가능성도 배제할 수 없다.

---

51) "지역사 다시읽기 80: 부마항쟁", 『경남도민일보』, 2001. 7. 10.

-이러한 박정권의 성격과 부마민주항쟁이 소강상태에 들어간 10.19 이후에도 박정희와 중앙정보부 등이 시위가 전국으로 확산, 재발되지 않을까 전전긍긍하면서 대책마련에 분주했던 사실을 상기해보면, 또한 기자들의 질문에 최창림 서장이 얼굴을 붉히고 당황해 하면서 제대로 답변을 못했던 사실과 아래에서 소개하는 부산 경찰의 총알파편 부상 사건을 보면 이 기자회견이 최창림 서장 단독의 아이디어가 아니라 정보기관 등의 배후가 있었을 가능성도 있으나 확인하지는 못했다.

○ 다른 사제총기 의심 소동

-조갑제 책에 따르면, "가장 크게 다친 경찰관은 제1기동대의 문정규 순경(25). 16일 오전 11시께 부산대학교 앞에서 돌에 맞아 안면찰과상을 당했고 정체가 밝혀지지 않은 파편이 왼쪽 발꿈치 위 종아리에 박혀 전치 5주의 중상을 당한 것이다. 경찰은 문순경의 종아리에서 뽑은 파편을 감정했다. 이 감정 결과 이 파편은 길이 1센티미터 가량, 구리로 만든 것으로 밝혀져 한때 사제총에서 발사된 총알이 아닌가 하여 경찰을 긴장시켰다. 사냥용 산탄 총알은 물체에 부딪치면 모양이 바뀌는데 문제의 이 파편은 그런 자취가 없고 사냥용 산탄 총알은 납인데 대해 이것은 구리로서 사제총이라면 단발식으로 3미터쯤 앞에서 쏜 것이라고 경찰은 분석, 사제총에 대한 수사를 일선 경찰서에 지시하기도 했었다. 경찰에 따르면 문제의 파편은 문순경의 목긴 구두를 뚫고 들어와 박혔다는 것이었다. 끝내 이 파편의 출처는 밝혀지지 않고 10.26을 맞았

다."[52]

-다음과 같은 해프닝을 보면 당시 군장교나 경찰간부들은 권력 핵심에서 원하는 정보가 무엇인지 알고 이를 제공하고자 노력하는 분위기 속에 있었다고 할 수 있겠다. "(부산 지역에서) 10.20 밤 9시 다방 주방장 김석만(18세)이 계엄군의 폭행에 대한 화풀이로 옥상에서 공병 3개를 던지자 현장에 있던 공수부대 소령이 공수부대원 40여 명을 지휘하여 건물을 샅샅이 뒤지기 시작했다. 부산진 경찰서 수사과장 서동백과 형사들을 호출하여 앞세웠다. 플라스크, 비커, 약품병 따위 실험기구가 많은 공해 관련 회사 사무실을 발견하자 소령은 '사제 폭탄을 만드는 비밀공장을 드디어 발견했다!'고 기고만장해하였다. 30년 동안 경찰관 생활을 하면서 온갖 풍상을 다 겪은 서 과장은 '이 장교가 돌았구나'는 생각이 퍼뜩 들었다. 소령은 '비밀폭탄공장'을 샅샅이 수색하게 했다. 자신의 추리를 뒷받침할 아무 단서도 발견하지 못하자 지하실로 몰아넣은 민간인들을 족쳤다. 김석만은 자기 때문에 수많은 민간인들이 고통을 당하는 것을 보다 못해 '내가 했다'고 나섰다. 소령은 부산진 경찰서 상황실에 있던 여단 임시지휘본부로 달려가 이 사실을 여단장에게 보고했다."[53]

52) 조갑제, 『유고 2』, 한길사, 1987, 66쪽
53) 조갑제, 『유고 2』, 한길사, 1987, 80쪽

## 2)관련 인물

| 소속 | 등급 | 이름 | 당시 직책 | 관련 행위 |
|---|---|---|---|---|
| 정부 | A | 박정희 | 대통령 | -10.17. 21:00 불법 병력동원, 계엄 선포 지시<br>-정승화에게 계엄 먼저 선포하고 국무회의 추인 받으라 지시<br>-차지철에게 1개 공수여단 동원하라고 지시(조갑제)<br>-10.18. 저녁 김재규에게 "내가 발포명령 내리겠다"<br>-10.19. 부산지구 계엄사령관에게 2회 전화, "마산 진압 협조하라" |
| | | 김계원 | 비서실장<br>(78.12.22.~) | -10.17. 17:15 2관구사령관 정상만에게 무력시위 지시<br>-1960년 육군대학 총장시절 김재규가 부총장. 1965년 1군사령관 때 김재규는 예하 6사단장 |
| | A | 차지철 | 대통령경호실장 | -10.17. 국무회의 계엄 의결(23:30) 전인 21:30경 부산군수사령관에 전화, 정승화를 바꿔주었거나(정승화), 계엄 대비하라고 직접 지시(조갑제)<br>-10.18. 새벽 서울 1개 공수여단에게 부산으로 이동하라고 불법으로 직접 지시<br>-10.18. 저녁 대통령에게 "데모대원 1~2백만 명 죽여도 까딱없다"고 주장 |
| | | 신직수 | 청와대 특보 | -김영삼 제명, 선별 수리 등 강경책 조언 |
| | | 유혁인 | 정무1수석 | |
| | | 고건 | 정무2수석 | |
| | | 최규하 | 총리 | -비상계엄법의 요건이 안 됨에도 계엄령 의결 국무회의 주재 |
| | | 노재현 | 국방장관 | -국무회의에서 부산 비상계엄령 선포안 제안 |

| | | | | |
|---|---|---|---|---|
| | | 구자춘 | 내무부장관 | -신속 진압 지시<br>-10.17. 오전 기자회견 “지각없는 행동에 단호히 대처” |
| | | 박찬현 | 문교부장관 | -10.16. 부산대, “어용교수 비난 두려워말고 위대한 영도자 밀어주라”<br>-부산 출신, 제헌 국회의원, 부산대 박기채 총장과 친구 |
| | | 손달용 | 치안본부장 (78.12.~ 80.5.) | -수사 전인 1979.10.18.과 10.20.에, “우발적인 군중 시위행동이 아닌 조직적인 폭거”, “조직적인 불순세력이 개입한 징후가 농후하다”고 발표 |
| | | 정승화 | 육참총장 | -10.17. 21:00, 박에게 계엄사령관에 박찬긍 추천 |
| | | 전두환 | 보안사령관 | -10.18. 12:20 부산계엄사를 방문하여 박찬긍, 최세창, 권정달, 조정채와 회의, 강력한 수단을 사용하여 조기 진압토록 요구(『한겨레』) |
| 지방 관리 | | 김성주 | 경남 도지사 | -불법 마산 위수령 사후 합법화 조치 가담 |
| | | 최석원 | 부위원장, 부산시장 | -10.16. 20:30, 10.17. 밤 2관구 사령관에게 시위 진압을 위한 군 병력 출동을 요청.(진상규명위, 2019, 183)<br>-구자춘 회견 배석. *시민 부상자 모든 병원에서 무료 치료 조치. 10.26. 뒤 부상자 위문 및 보상금 지급<br>-계엄위 부위원장<br>-71.~72. 치안국 제1부국장 73.1.~74. 치안국장 |
| 중앙 정보 부 | | 김재규 | 중앙 정보부장 | -10.18. 02:00 부산군수기지사령관에게 “빨리 진정시키라” 박의 지시 전달<br>-10.18. 09:00 계엄위 회의에서 “4.19 때 군이 시민과 합세한 것 잘못. 이번에는 군의 본분 철저” 강조<br>-남민전과 연결시키도록 조작 수사 지휘 |
| | | 전재덕 | 중앙정보부 제2차장 | -10.18, 20. 시국대책회의를 주재하면서 “고교생들이 소요를 일으킬 가능성이 높으니 선도대책을 세우라”고 지시(진상규명위, 349) |

| | | | | |
|---|---|---|---|---|
| | | 김정섭 | 제2차장보 | -배후는 ①남민전, ②기독교, ③불평세력이라 허위 보고<br>-신민당 당직자 사퇴 공작 중<br>-YH농성 때 김재규의 강경진압 지시를 받아 실행 |
| | | 현홍주 | 기획정책 국장 | -10.22. 청와대 보고(미래비전 제시, 예방정보 강화 건의)<br>-검사. 김재규의 지시로 긴조 10호 초안 |
| | A | 김근수 | 안전조사국장(79.3.2.~) | -'반유신 및 총화 저해사범' 수사 담당, 청와대로부터 신민당 지구당 부위원장들을 검거 조사하라는 지시 받고 조사 중<br>-부산에 수사관 30명을 파견하여 합수단 수사 전체 지휘<br>-권정달에게 "남민전으로 짜맞추라고 지시"<br>-10.25. 김재규에게 수사상황 보고 |
| | | 유○○ | 계엄사 합수단 파견 연행자처리 평정자 | 합수단 수사기록 연행자처리평정표 작성 |
| | | 최○○ | 중정 수사관, 대령, 파견 | -10.21. 김광일 심문<br>* 동아대 이동관은 영도경찰서 수사과장에게 구타당한 뒤 중정 국장과 직원에 의해 통닭 고춧물 고문 |
| | | ○○○ | 중정 직원 | 경남대 정모(22세). 남민전 관련 대라며 통닭구이 물고문 |
| | | 유의열 | 중정 부산지부장 | -10.16. 소속 정보부원에게 "시민 속에 섞여 시위 동참하라"고 지시<br>-계엄위원 |
| 계엄군·위수군 | | 박찬긍 중장 | 부산군수 사령관, 부산지구 계엄사령관 | -10.16. 21:00 2관구 사령관의 협조 요청을 받고 진압 위한 병력 출동 준비, 대기(진상규명위, 2019, 183)<br>-10.17. 22:30경 부산시장, 2관구사령관, 군수기지사령부 참모장 불러 계엄 준비 시달<br>-폭력 진압, 조사 중 가혹행위 책임<br>-김재규 3군단장 때 산하 사단장 |

| | | | | |
|---|---|---|---|---|
| | | 이재희 소장 | 군수사 참모장, 부산 계엄사령부 참모장 | |
| | | 박홍정 대령? | 계엄사 보도처장 | -외신기자의 취재를 봉쇄하고 5분 단위로 감시 보고(진상규명위, 2019, 215. 누가 담당했는지는 밝히지 않음) |
| | | 조정채 대령 | 계엄사 작전처장 | -10.18. 12:20 전두환 보안사령관 소집 회의에 참석 |
| | | 정병주 소장 | 특전사령관, 계엄군 배속 | -10.19. 11:40 사령부 직속 병력 86명과 함께 부산 투입 |
| | | 정상만 소장 | 제2관구 사령관, 계엄군 배속 | -10.16. 20:30 부산시장의 병력 출동 요청을 받고 잠정 저투부대를 편성하고 출동대기(진상규명위, 2019, 183)<br>-10.17. 21:00경 김계원 지시로 현장 시찰. 공격당해 차를 버리고 피신. 23:00부터 진압 작전 개시(조갑제, 1987) |
| | | 문대연 중령 | 제2관구 헌병대장 | -10.19. 신민당 국회의원 6명이 내려와 조사를 벌이자 밀착 감사하면서 돌아갈 것을 강권하는 등 방해(진상규명위) |
| | A | 권정달 대령 | 부산501보안부대장, 부산계엄사령부 합동수사단장 | -불법구금, 고문 지휘 |
| | | 박희도 준장 | 제1공수 여단장, 계엄군 배속 | -10.19. 14:40 부산에 추가 투입<br>-10.20. 00:45 2대대를 계엄지역이 아닌 마산에 투입.(진상위, 202)<br>-육사 12기(하나회)<br>*전두환, 박희도, 최세창, 장기오는 차지철과 함께 1960년 미국 레인저스쿨 함께 수료 |

| | | | | |
|---|---|---|---|---|
| | | 최세창 준장 | 제3공수 여단장, 계엄군 배속 | -육사 13기(하나회), 12.12, 5.17 핵심인물, 국방부장관. 차지철과 가까움. *3공수는 5.18 진압 핵심<br>-10.18. 07:50 1,551명 동아대 진주<br>-10.18. 13:30부터 주간 무력시위 및 야간 시위 진압, 개머리판 등 강도 높은 폭력 사용<br>-10.18. 야간 남포동→시청 시위를 진압한 것은 3공수 13대대(대대장 변길남)이고, 매우 잔인한 폭력 행사<br>-휘하 대대장 중령 김해운, 김길수, 변길남, 김완배, 김수원(진상규명위, 207쪽) |
| | | 장기오 준장 | 제5공수 여단장, 계엄군 배속 | -10.19. 부산에 추가 투입<br>-10.20. 13:50 경남대학 진주<br>-육사 13기 |
| | | 박구일 대령 | 해병 제1사단 제7연대장, 계엄군 배속 | -7연대 2개 대대와 2연대 2개 대대 2,153명으로 잠정편성부대 구성<br>-10.18. 15~18시 부산대 진주. 야간 시위 진압, 개머리판 등 강도 높은 폭력 사용<br>-휘하 대대장 중령 오상근, 주도채, 최진호, 황영람 |
| | | 전구성 준장 | 제2해역 사령부, 계엄군 배속 | |
| | | 조옥식 | 39사단장, 소장, 마산 위수사령관 | -위수령 없이 불법 병력 동원, 도지사 병력 요청 거짓 발표<br>-불법 진압, 조사 중 가혹행위 |
| 군 수사 기관 | | ○○○ | 부산보안대 대공과장 | -불법구금, 고문 실행 |
| | | 구본무 | 부산보안대 대공과 수사계장, 준위 | -불법구금, 고문 실행<br>-남민전 관련 조사하라고 파견 경찰에게 지시 |
| | | 김석규 | 부산보안대 대공과 대공계장 | -연행자 신병인수 참여 |

| | | | | |
|---|---|---|---|---|
| | | 정종택 | 부산보안대<br>대공과<br>수사관 | -불법 구금, 고문 실행<br>-"황성권은 중정이 먼저 조사한 뒤 보안대로 인계되었다"<br>*황성권은 부산보안대에서 구타, 어깨꺾기, 물고문 |
| | | ○○○ | 해병대 | -불법연행 |
| | | ○○○ | 해군 보안대 | -서점운영자 노모, 남민전 일원이라고 고문 허위자백(유고)<br>*노승일은 해군 보안대에서 구타, 고문으로 남민전이라고 허위 진술 |
| | | 백동림 | 마산 · 창원<br>지구 보안부<br>대장, 대령 | -39사단 투입에 반대<br>*서울대 주대환은 보안대에서 중정수사관에 의해 구타 고문<br>-73년 윤필용사건 수사. 10.26 직후 김재규 심문 위해 보안사 남웅종 대공처장에 의해 서울로 차출(김재홍). 12.12 후 정승화 수사 책임자 |
| 경찰 | | 송재근 | 부산시경<br>국장, 치안감 | -육사 8기, 치안국 정보과장. "다중범죄진압의 권위자"<br>-치안본부 제2부장으로 부산 급파, 현지 진압지휘<br>-10.23 계엄사령관에게 "전문대학 이상은 자숙상태로 보이나 고교생은 징후가 있다"고 보고(진상규명위, 349쪽) |
| | | ○○○<br>○○○ | 치안본부<br>대공수사관<br>(남민전<br>수사팀) | -남민전 연결 조작, 고문 지휘<br>-고대 법대 김모 옆방 전기고문<br>*황성권은 반도호텔방에서 경찰에게 물고문, 어깨꺾기 당한 뒤 보안부대로 인계됨 |
| | | 이수영 | 전 부산시경<br>국장 | -10.17. 대기 발령 |
| | | 김석등 | 시경<br>보안과장,<br>총경 | -10.16. 야간 진압 참모회의 참석 |
| | | 홍인표 | 부산시경<br>기동대<br>제1중대장,<br>경감 | -돌에 맞아 부상<br>-70여 명 검거.<br>검거 많이 했다고 **표창** 받음 |

| | | | | |
|---|---|---|---|---|
| | | 안연세 | 부산진<br>경찰서 서장 | 10.16. 12시 미남로터리 진압 |
| | | 이무영 | 부산진서<br>경비과장,<br>경정 | 진압 |
| | | 이성희 | 부산진<br>경찰서 | 10.16. 부산대 교내 연행 |
| | | 김성수 | 부산진<br>경찰서 | |
| | | 백봉래 | 부산동래서<br>형사과,<br>합수단 파견 | 불법 구금, 고문 실행<br>*이진걸은 온천장파출소에서 물고문, 보안 부대에서 구타 |
| | | ○○○ | 동래서<br>정보1과<br>2계장 | 부산대에 유인물 계획 알려 사전저지 지시 |
| | | 김의관 | 장전<br>파출소장,<br>경위 | -"부산대 학내 정보의 백과사전," 부산대 졸. 재학생들이 형이라 부름.<br>-10.15. 유인물 사건 수사 |
| | | 윤호석 | 경남도경<br>수사과, 순경 | -등에 스프레이로 "X", "극렬" 표시, 마구잡이 연행 |
| | A | 최창림 | 마산경찰서<br>서장 | 시위대가 사제총기를 사용했다고 허위 기자회견 |
| | | 안경근 | 마산서<br>수사과장 | -불법 구금, 고문 실행<br>-진화위에서 조사과정 중 구타는 절대 없었다.<br>*경남대 정성기는 마산서에서 통닭물고문. 정인근 폭행, 늑골 골절 |
| | | 백정행 | 마산서<br>수사과 순경 | -박모 지갑속 돌맹이 조작 작성(피해자 박자점)<br>-이 돌은 최갑순의 것이었음(최갑순) |
| | | 주영동 | 마산서<br>수사과 순경 | 진압조와 연행조로 나뉨 |
| | | 조○○ | 마산서 형사 | 경남대 여학생 조사중 성추행 |
| | | (딱불이) | 마산서 형사 | 경남대 옥정애, 최갑순 각목으로 때리고 얼굴을 구둣발로 참(옥정애 진화위) |

| | | | | |
|---|---|---|---|---|
| | | 윤정길 | 고성경찰서 수사과장, 경장 | (마산서 지원) 최갑순 조사하는 데 마산서 형사들이 저년이 악질이라며 구타하려 해서 내가 막았다. |
| 검찰·법원 | | 송재흥 | 부산지구 계엄보통 군법회의 재판장 | 대령 |
| | | 구충서 | 계엄보통 군법회의 검찰관, 해군대위 | 서울법대 졸 |
| | | 전병덕 | 부산 지방법원장 | 계엄위원 |
| | | 정태근 | 부산 지검장 | |
| 교육계 | | 구용현 | 부산시 교육감 | -계엄위원<br>-구자춘 회견 배석 |
| | | 박기채 | 부산대 총장 | 시위학생들에 자제 당부, 과격 행동 비난 |
| | | 이충걸 | 부산대 학생처장 | 동래서 지시받고 유인물 배포 저지 조치 |
| | | 홍준섭 | 부산대 상담관실장 | 동래서 지시받고 유인물 배포 저지 조치 |
| | | | | |
| | | 손창원 | 경감 | "황성권, 남민전 성원 아닌 것 같다" |
| | | 이기태 | 부민파출소, 경장 | 10.16. 서부서 부민파출소 사수 |
| | | 김치열 | 법무장관 | 10.17. 밤 국무회의에서 계엄령 반대 |
| | | 이용희 | 통일원장관 | 계엄령 선포 부서 거부 |
| | | 서동백 | 부산진서 수사과장 | -10.16. 12시 미남로터리 진압<br>-김광호 석방 |

이 책이 나오기까지 후원해주신 다음 분들께 감사드립니다.

BNK금융지주　부산대학교　한국주택금융공사

강현철　김동래　김진욱　서원열　송명국　이규헌　이종만　정광민　최명숙

김광회　김미정　문기명　손영일　신장군　이미영　이주홍　조명제　최자영

김기정　김민정　박승찬　손영훈　엄태언　이재술　이청연　조민제　홍태용

김대곤　김봉섭　박준석　손진수　유영국　이정섭　임창언　진계식　황선용

# 다시 시월 1979

초판 1쇄 발행 2019년 10월 15일
2쇄 발행 2020년 2월 15일

엮은이 10·16 부마항쟁연구소
펴낸이 강수걸
편집장 권경옥
편집 박정은 윤은미 이은주 강나래
디자인 권문경 조은비
펴낸곳 산지니
등록 2005년 2월 7일 제333-3370000251002005000001호
주소 부산시 해운대구 수영강변대로 140 BCC 613호
전화 051-504-7070 | 팩스 051-507-7543
홈페이지 www.sanzinibook.com
전자우편 sanzini@sanzinibook.com
블로그 sanzinibook.tistory.com

ISBN 978-89-6545-626-1 03910

* 책값은 뒤표지에 있습니다.
* 이 도서의 국립중앙도서관 출판예정도서목록(CIP)은 서지정보유통지원시스템 홈페이지(http://seoji.nl.go.kr)와 국가자료공동목록시스템(http://www.nl.go.kr/kolisnet)에서 이용하실 수 있습니다.(CIP제어번호: CIP2019036633)